Konrad Dussel
Forst
1161–2011: Geschichte und Gegenwart
der speyerisch-badischen Gemeinde

Konrad Dussel

Forst

1161–2011: Geschichte und Gegenwart der speyerisch-badischen Gemeinde

verlag regionalkultur

Bibliographische Information der Deutschen Bibliothek
Die Deutsche Bibliothek verzeichnet diese Publikation in der Deutschen
Nationalbibliographie; detaillierte Daten sind im Internet über
http://dnb.ddb.de abrufbar.

Autor:	Prof. Dr. Konrad Dussel
Herausgeber:	Gemeinde Forst
Titel:	Forst
Untertitel:	1161–2011: Geschichte und Gegenwart der speyerisch-badischen Gemeinde
Herstellung:	verlag regionalkultur (vr)
Redaktion:	Prof. Dr. Konrad Dussel, Forst
Satz:	Jochen Baumgärtner (vr)
Umschlaggestaltung:	Jochen Baumgärtner (vr)

ISBN: 978-3-89735-673-3

Diese Publikation ist auf alterungsbeständigem und säurefreiem Papier
(TCF nach ISO 9706) gedruckt entsprechend den Frankfurter Forderungen.

Korrespondenzadresse:
Bahnhofstraße 2 · 76698 Ubstadt-Weiher · Telefon 07251 36703-0 · Telefax 36703-29
E-Mail: kontakt@verlag-regionalkultur.de · Internet: www.verlag-regionalkultur.de

Inhaltsverzeichnis

Geleitwort des Bürgermeisters	8
Vorwort des Autors	9
Der Ortsname	11
Die urkundliche Ersterwähnung	11
Graue Vorzeit	13
Jahrhunderte lange Besitzzersplitterung	15
Flurneuordnung im 21. Jahrhundert	16
Alte Abgaben, Lasten und Pflichten	17
Die Schrecken der Kriege des 17. Jahrhunderts	18
Alte Gassennamen	19
Wiederaufbau durch Zuwanderer	23
Bischöfe als Landesherren	24
Der Almosenfonds	25
Das Jägerhaus	27
Der Heimat- und Kulturverein	30
Das Ende des Hochstifts. Forst wird badisch	33
Sexueller Wandel im 18. und 19. Jahrhundert	36
Auswanderungen	37
Die Forster und die Gefangenenbefreiung vom 13. Mai 1849	40
Vom Wandel der alten Landwirtschaft	44
Forster Qualitäts-Hopfen	44
Von Tabakbauern und Zigarrenfabriken	46
Der Wald als Wirtschaftsfaktor	49
Die Kronen- und die Josefstraße. Das Werden eines Neubaugebiets im späten 19. Jahrhundert	52
Das Schwesternhaus und der Kindergarten an der Josefstraße	54
Schwester Ulrika	56
Moderne Pflegedienste	56
Die St. Barbara-Kirche und ihre Vorgänger	56
Katholizismus im Lebenslauf	60
Kleine Post-Geschichte	65
Raubüberfall auf das Forster Postamt	67
Forster ‚Kriminal-Statistik'	67
Reichs- und Landtagswahlen im Kaiserreich	69
Der Erste Weltkrieg	72
Neue Zeiten	74

Viel Zentrum, aber auch viele Linke. Landtags-Wahlergebnisse in der Weimarer Republik 76

Als das Geld zu nichts zerfiel 77

Vom Darlehenskassenverein zu Volksbank und Sparkasse 78

Der Essen-Bauer. Oder: Essen auf Rädern in den 1920er und 1930er Jahren 80

Kommunalwahlen 81

Der holprige Start der NSDAP-Ortsgruppe 81

Die Auswirkungen der Weltwirtschaftskrise in Forst 82

Die Reichstagswahlen 1930 bis 1933 84

Das Scheitern der Demokratie vor Ort: die misslungenen Bürgermeisterwahlen 1932 85

Die nationalsozialistische Machtergreifung 87

Die nationalsozialistische Herrschaft im Dorf 88

Autobahn und Autobahnraststätte 89

Das „badische Baku". Erdölförderung in Forst 91

Ehrenbürger Hermann von Rautenkranz 91

Krieg und Kriegsende 92

Der politische Neubeginn 1945/46 94

Motorisierung 1945 95

Altbürgermeister Hermann Wiedemann 97

Heimatvertriebene und Flüchtlinge 98

Das Wachstum der Gemeinde 99

Weichenstellungen durch neue Bürgermeister 106

Die Entstehung der Forster Seenplatte 106

Ehrenbürger Bürgermeister a. D. Alex Huber 107

Freizeitpark „Heidesee" 111

Waldseehalle, Modellanlage „Waldsee" und Waldseestadion 113

Der Tennisclub 115

Von den „Kapitollichtspielen" zur „Filmbühne Forst" 116

Neue kulturelle Einrichtungen: Die Musikschule ... 118

... und die Gemeindebücherei 119

Die Finanzkraft der Gemeinde 120

Der Wandel der Erwerbstätigkeit 121

Wachsende Pendlerzahlen 122

Ronal und seine 40jährige Erfolgsgeschichte 123

Die letzten Landwirte 124

Der Erdbeer- und Spargelhof Böser 127

Das Ende des Kolonialwaren-Handels 128

Großbrand vernichtet Netto-Filiale 131

Die Umstrukturierung des Handwerks 131

Der Wandel der Gastronomie 132

Der Gewerbeverein 134

Der Ausbau der medizinischen Versorgung 135

Die St. Barbara-Gemeinde vor neuen Herausforderungen 137

Die evangelische Gemeinde und ihre Kirche 141

Der neue Friedhof 143

Bundes- und Landtagswahlergebnisse 145

Gemeinderatswahlergebnisse 147

Forst bleibt selbstständig 148

Rathaus-Modernisierung und neue Verwaltung 149

Neue Gemeinde-Aktivitäten jenseits klassischer Verwaltung 150

Neue Verkehrswege 152

Dorfentwicklung und Dorfsanierung 154

Die Absturz-Katastrophe 157

Patenschaft mit Landsberg 158

Demografische Veränderungen 159

Altenbetreuung und Seniorenheim 160

Das Jugendzentrum 163

Immer mehr Kindergärten 163

Die Lußhardtschule 165

Die Astrid-Lindgren-Schule 167

Ein gutes Jahrhundert Vereinsgeschichte 169

Die ältesten Vereine:

(M)GV – MV – Die Feuerwehr und ihr Gerät – TV – DRK-Ortsverein – FC – Radfahrerverein 169

Das alte Feuerwehrhaus als Vereinsheim 172

Vereinsgründungen in der Weimarer Republik:

VdK, Kleintierzüchter, OGV, Schützen, Reiter 179

Vereinsgründungen 1945–1981:

Tauben-, Hunde-, Vogelfreunde, Tier- und Vogelpark, ATC, Schachfreunde, Taucher, DLRG, AC 182

Vereinsgründungen seit 1982:

FFC, Stobblhobblä, Uffmugga, Gospelchor, Billardfreunde, Zirkus Confetti 188

Geleitwort des Bürgermeisters

850 Jahre sind vergangen seit der erstmaligen, gesicherten Erwähnung unserer Gemeinde. 1982 wurde ihre Geschichte ausführlich dargestellt. Nun wird ein Werk vorgelegt, das die Entwicklung komprimiert wiedergibt und bis in die Gegenwart verfolgt. Illustriert mit vielen Bilddokumenten, die unsere Gemeinde lebendig in allen Facetten zeigen, hat der Leser schnell Informationen zur Hand, sei es über die Geschichte, einzelne Bauwerke und Vereine oder Handel, Handwerk und Gewerbe.

Viele Forster werden sich selbst, ihre Verwandten, Freunde und Bekannten in den Aufzeichnungen wiederfinden. Für die jüngere Generation und die Neubürger ist die neue Chronik eine gute Grundlage, sich mit den Entwicklungen in unserer Gemeinde besser vertraut zu machen. Sie wird so zu einer Brücke, die Vergangenheit und Gegenwart miteinander verbindet, denn viele Besonderheiten unseres dörflichen Lebens haben ihre Wurzeln in meist weit zurückliegenden Ereignissen.

Dabei hat diese Chronik nicht nur Bedeutung für die alteingesessenen und die neuen Bürger von Forst; sie zeigt vielmehr ganz allgemein auf, welch schwere Schicksalsschläge unsere Vorfahren gemeistert und wie sie in Bescheidenheit mit zähem Fleiß und besonderem Gemeinsinn unseren Ort aufgebaut und ihre Existenz gefestigt haben.

Mein besonderer Dank gilt Herrn Professor Dr. Konrad Dussel, der nach umfangreichem Studium von Urkunden, Chroniken und Aufsätzen, der Auswertung von Verwaltungsakten und Rechnungsbüchern, nach vielen Gesprächen mit älteren Forster Mitbürgerinnen und Mitbürgern, der Sammlung von Aufzeichnungen und Fotos sowie von Darstellungen des kirchlichen, des schulischen und des Vereinslebens dieses Buch verfasst hat.

Ich danke allen Mitbürgerinnen und Mitbürgern von Forst, die einen Beitrag zur Erstellung dieser neuen Chronik geleistet haben, die uns interessante und kurzweilige Einblicke in die Geschichte unseres Heimatortes gibt.

Es ist sicher gut, dass wir uns mit der Vergangenheit beschäftigen, auch um Erkenntnisse daraus zu gewinnen und Zuversicht und Kraft zu schöpfen, Gegenwart und Zukunft besser zu bewältigen. Es ist wichtig und gut Tradition und Zukunft miteinander zu verbinden: Tradition als richtig verstandene Rückbesinnung auf Vergangenes, als Erklärung für gegenwärtiges Handeln. Zukunft als planbare zu erreichende Ziele oder auch Visionen zu verstehen, ist ein wichtiges Anliegen unserer Zeit.

„Eine Chronik schreibt nur derjenige, dem die Gegenwart wichtig ist", schrieb schon vor über 250 Jahren der große deutsche Dichter Johann Wolfgang von Goethe. Die vorliegende neue Chronik soll nicht nur an Vergangenes erinnern, sondern die Geschichte von Forst für alle interessierten Leserinnen und Leser greifbar und verständlich machen. Die Leistungen der Vergangenheit mit all ihren hervorragenden Wertsubstanzen (aber auch mit ihren Fehlern), sollten positiv belebende Elemente für unser Handeln in der Gegenwart sein. Wir sind verpflichtet, Gutes zu bewahren, aber auch fortzuentwickeln.

Die Geschichte unserer Gemeinde ist zu allen Zeiten die Geschichte unserer Bürgerinnen und Bürger. Alles, was aus unserer Gemeinde geworden ist, was geschaffen wurde und noch wird, verdankt sie allein ihrem immer lebendigen Bürgersinn. Der ausgeprägte Gemeinschaftssinn und die Eigenleistungen für das Allgemeinwohl sind die Trumpfkarten unserer Gemeinde. Wir wollen und müssen darauf achten, dass dieser Gemeinschaftsgeist erhalten bleibt als ein gutes und festes Fundament, auf dem die Zukunft von Forst ruht.

Reinhold Gsell
Bürgermeister

Vorwort

Wie runde Geburtstage im Leben des Einzelnen Anlass geben Rückschau zu halten, so motivieren große Jubiläen einer Gemeinde, ihre Geschichte zu durchstreifen und das Erinnernswerte hervorzuheben. Im vorliegenden Falle geschieht dies mit eindeutigen Schwerpunkten. Zwar wird ein Überblick über die gesamte Forster Geschichte gegeben, doch war es nicht nötig, die 1982 erschienene umfangreiche, äußerst akribisch gearbeitete „Chronik der Gemeinde Forst in Baden" ausführlich zu wiederholen. Was sie behandelte, wurde nur knapp zusammengefasst eingebracht. Damit war Raum gewonnen, sich zum einen jenen Themen zu widmen, auf die in der älteren Darstellung nicht oder nur knapp eingegangen wurde. Dabei waren verschiedene andere, seit 1982 angefertigte Arbeiten von großem Nutzen. 1994 konnte ich das im Auftrag der Gemeinde erstellte Buch „Forster Familien 1700 – 1900" veröffentlichen und in den Jahren 1992 bis 2001 präsentierte die „Forschter Drehscheib'" des Heimat- und Kulturvereins eine ganze Fülle von Artikeln zu eher alltagsgeschichtlichen Themen. Zum anderen sind seit dem Erscheinen der ersten „Chronik" schon wieder fast dreißig Jahre vergangen, die selbst eine Menge berichtenswerter Veränderungen mit sich brachten. Wie viel sich ereignete, wird so recht erst deutlich, wenn man die lange Reihe der dem Mitteilungsblatt jeweils beigelegten Jahresrückblicke durchblättert. Stand am Anfang eher die zögernde Frage, ob wirklich genug Material für diese Fortschreibung der Ortschronik zusammenkäme, so mussten schon bald ganz im Gegenteil immer strengere Maßstäbe an das zu Berichtende angelegt werden, um mit dem zur Verfügung stehenden Platz auszukommen.

Von vornherein war nämlich klar, dass die neuen Möglichkeiten der Drucktechnik voll und ganz genutzt werden sollten; schließlich wurde der Druck von Bildern und speziell von farbigen Bildern drastisch vereinfacht. So konnte nicht nur die Trennung zwischen den Prinzipien der bildarmen „Chronik" und dem 1985 erschienenen fast textlosen Bildband „Forst. Vergangenheit und Gegenwart in Bildern ab 1888" aufgehoben werden, das neue Modell einer reich illustrierten Chronik war ohne weiteres auch durchweg in Farbe zu drucken. Dazu bedurfte es jedoch vielfältiger Unterstützung, denn die Gemeinde besitzt zwar ein mittlerweile wohl geordnetes Archiv für ihr altes Schriftgut, nicht jedoch für Bildmaterial. Selbstverständlich wurden etliche aktuelle Fotos zur Gegenwartsdokumentation eingestreut, bei den nötigen historischen Aufnahmen war allerdings die Hilfe vieler Bürgerinnen und Bürger erforderlich, die hier gar nicht im Einzelnen genannt werden können. Stellvertretend sei nur einem Mann namentlich gedankt, der durch Jahre lange Aktivität eine beeindruckende Sammlung

historischer Postkarten mit Gemeindemotiven hat zusammentragen können: Ohne die Abbildungen von etlichen Ansichtskarten Manfred Kratzmaiers würde diesem Band viel fehlen. Die Herkunft der Bilder wurde ansonsten nur bei den urheberrechtlich relevanten Fällen angegeben.

Noch größeren Dank verdienen selbstverständlich Bürgermeister Reinhold Gsell, der das Projekt von Anfang an mit großem Interesse begleitete; die Mitarbeiterinnen und Mitarbeiter der Gemeindeverwaltung, die bei zahlreichen Fragen und Bitten Antwort gaben bzw. behilflich waren; und nicht zuletzt der gesamte Gemeinderat, der großzügig finanzielle Unterstützung bewilligte.

Prof. Dr. Konrad Dussel

Als Henry Sengre Ende des 17. Jahrhunderts in Paris seine Landkarten des deutschen Südwestens veröffentlichte – für unsere Region gibt es einen Nachdruck beim verlag regionalkultur –, war die Lußhardt noch immer ein riesiges, ziemlich undurchdringliches Waldgebiet. Anders als „Hambrick" und „Kirloch" lag Forst aber nur noch an seinem Rand.

Der Ortsname

Forst besitzt keinen Ortsnamen, an dem schon ein Stück weit das Alter der Gemeinde ablesbar wäre; bei „Mingolsheim" oder „Heidelsheim" beispielsweise macht schon die „-heim"-Endung klar, dass die Siedlungen in frühmittelalterlich-fränkischer Zeit entstanden. Auf den ersten Blick scheint die Bezeichnung allerdings für sich selbst zu sprechen. Gängigerweise meint „Forst" soviel wie „Wald". Forst wäre damit nur eine Siedlung am (oder: im) Wald.

Die Herleitung des Wortes „Forst" ist jedoch nicht ganz eindeutig. Das Internet (etwa bei www.etymologie.info) präsentiert eine einfache Lösung. „Forst" sei wie das französische „foret" und das englische „forest" auf lateinisch „forestis" zurückzuführen, in dem wiederum die Wurzel „foris" = „außerhalb" stecke. „Forestis" und später „Forst" meine damit einfach das außerhalb der Zivilisation Befindliche. Schon das „Deutsche Wörterbuch" der Brüder Grimm (das mittlerweile auch online genutzt werden kann) hatte diese Deutung jedoch ausdrücklich zurückgewiesen und gerade umgekehrt die Bildung der lateinischen Form aus der deutschen Wurzel behauptet. Das deutsche Wort wurde von ihm auf den althochdeutschen Ausdruck „forha" für Föhre zurückgeführt, die mit der germanischen Bildungssilbe „-istra" ein Urwort „forhist" für Föhrenwald ergäbe, das dann sein „h" verliere und einen Bedeutungswandel über „Nadelwald" hin zu „Wald" erlebe.

Von diesem Streit um die Wortbildung einmal abgesehen war der „Forst" jedoch schon seit merowingischer Zeit ein ganz bestimmter Wald. Der Begriff bezeichnete den Bann- oder Herrenwald, der der besonderen Verfügung des Königs vorbehalten war und nicht für die Nutzung durch Gemeine bereit stand. Schon früh hatten sich daraus unterschiedliche Typen von Wäldern entwickelt. Weil die Gemeinwälder eine wichtige Rolle für das Vieh der Bauern spielten, herrschten in ihnen Buchen und Eichen vor, während die Herrenwälder mehr von Nadelgehölzen bestimmte „Schwarzwälder" waren. Für das „Deutsche Wörterbuch" ist dies ein Grund mehr für seine „Forst"-Herleitung.[1]

Der wortgeschichtliche Befund passt gut zur urkundlichen Überlieferung in der Region: Für Bruchsal lässt sich ein Königshof seit 976 nachweisen. 1056 wurde er von Kaiser Heinrich III. samt dem dazugehörigen Lußhardt-Wald Bischof Konrad I. von Speyer geschenkt. Die Urkunde erwähnt aber leider keine weiteren Ortsnamen. Die Frage, ob es die Siedlung „Forst" damals schon gab, lässt sie unbeantwortet. Auch als Heinrichs Nachfolger, sein Sohn Heinrich IV., die Schenkung seines Vaters 1063 bestätigt, findet Forst keine Erwähnung.[2]

Die urkundliche Ersterwähnung

Nur für sehr wenige Orte gibt es ein eindeutiges Gründungsdatum wie in unserer Region etwa für Wiesental. Die meisten Gemeinden entstanden ohne direktes schriftliches Zeugnis. Erst im Laufe der Zeit ergab sich irgendein Anlass, zu dem der Ortsname dann erstmals genannt wurde. Die urkundliche Ersterwähnung ist damit keine Geburtsurkunde, aber doch ein gewisses Identifikationsmerkmal. Und das ist umso interessanter, wenn es sich dabei auch noch um eine Kaiser-Urkunde handelt.

Im Jahr 1161 hatte das um 1100 begründete Kloster Odenheim bereits einen beachtlichen Besitz angesammelt, dessen Rechtmäßigkeit es sich nun von Kaiser Friedrich Barbarossa bestätigen ließ. Über Forst selbst erfährt man in der zu diesem Zweck ausgestellten Urkunde überhaupt nichts - nur, dass die Odenheimer Mönche im Ort über Besitz verfügten. Dasselbe galt für 32 weitere Orte, viele in der Umgebung gelegen, einige auch im Württembergischen. Die meisten wurden jedoch bereits in älteren Urkunden erstmals erwähnt, Nur für Forst und Hambrücken ist es die Ersterwähnung. Für Hambrücken hat diese Urkunde deshalb dieselbe Bedeutung wie für Forst.

Sichtet man die schriftliche Überlieferung aus dem Mittelalter ganz genau, stößt man darüber hinaus noch auf eine weitere wichtige Quelle, die noch weiter in die Vergangenheit zurückverweist.[3] Um das Jahr

1 Vgl. ergänzend: Maria Diemer, Die Ortsnamen der Kreise Karlsruhe und Bruchsal. Stuttgart 1967, S. 23f.

2 Thomas Adam, Kleine Geschichte der Stadt Bruchsal. Leinfelden-Echterdingen 2006, S. 17ff. Die Texte der Urkunden von 1056 und 1063 finden sich in den Bänden 5 (S. 503f) bzw. 6 (S. 131f) der „Urkunden der deutschen Könige und Kaiser" in der Reihe „Monumenta Germaniae Historica", die komplett im Internet zu nutzen sind.

3 Zum Folgenden ausführlich und mit detaillierten Belegen: Chronik der Gemeinde Forst. Forst 1982 (im Folgenden immer nur: Chronik), S. 46–54.

Die riesige, im Generallandesarchiv unter der Signatur A 141 aufbewahrte Urkunde mit dem Siegel Kaiser Friedrich Barbarossas zu entziffern und zu übersetzen ist eine Herausforderung, die für das Dorf Forst nur enttäuschende Ergebnisse bringt. Der Ort ist nur in einer Aufzählung genannt – und noch dazu ist gerade an dieser Stelle die Schrift ziemlich verblasst.

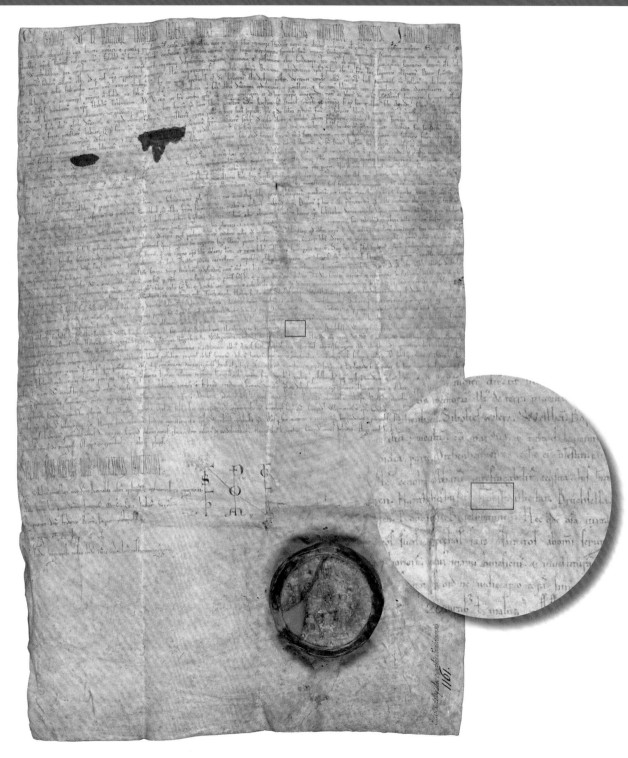

1500 entstand eine Schrift, die die Besitztümer des Klosters Hirsau festhielt. Allerdings handelte es sich ziemlich sicher nur um die Abschrift eines im 12. Jahrhundert entstandenen Originals. Derartige Zusammenstellungen waren weit verbreitet, die wohl berühmteste stammt aus dem Kloster Lorsch, der so genannte Lorscher Codex. Der „Hirsauer Codex" ist dem Lorscher Codex nun insgesamt sehr ähnlich, allerdings gibt es einen gewichtigen Unterschied: Während die Lorscher Mönche genau notierten, wann sie welche Schenkung erhielten, beschränkten sich die Hirsauer darauf, bloß die Tatsache der Schenkung festzuhalten. Ganz nüchtern schrieben sie etwa nur *Reginhart de Calwa dedit hubam unam ad Forst* (Reginhart von Calw gab eine Hube bei Forst).[4] Ähnliches gilt von Helnwig von Neuhausen und Adalbert, Priester in Möttlingen (nordöstlich von Calw). Bloß die vierte Nennung weicht etwas ab. Reginher von Calw schenkte seine Huben in Forst und Weilderstadt nicht einfach her, er tauschte sie gegen zwei andere Güter in Sinsheim und dem dortigen Rohrbach.

Weil jegliche Zeitangaben fehlen, können die Besitzwechsel leider nur ganz ungefähr datiert werden. Die Schenkungen mögen um 1150 erfolgt sein, der Tausch früher, vielleicht sogar schon Ende des 11. Jahrhunderts. Dies bestätigt nur, dass Forst 1161 nicht etwa gegründet wurde, sondern schon länger bestand. Ein eindeutiges Jubiläumsdatum kann daraus jedoch nicht abgeleitet werden. Das liefert nur die Kaiser-Urkunde von 1161.

Der Hirsauer Codex sollte deshalb aber nicht gering geschätzt werden. Immerhin liefert er doch gewisse Informationen über das frühe Forst. Er zeigt, dass es sich nicht nur um ein einzelnes Gehöft gehandelt haben kann, sondern dass mindestens vier Höfe vorhanden waren, und vielleicht bildeten sie noch nicht einmal den eigentlichen Ort, sondern lagen nur in seiner Nähe. Wörtlich heißt es nämlich immer nur „ad Forst" (bei Forst) und nicht „in Forst" (wie in vielen anderen Fällen). Wie groß diese Höfe waren und wer sie konkret bewirtschaftete, verrät der Codex nicht. Die genannten Namen waren nämlich nur die der Grundherren, einer spezifisch mittelalterlichen Art von Über-Eigentümern.

Graue Vorzeit

Die Kaiser-Urkunde von 1161 und der Hirsauer Codex trennen für Forst Geschichte von Frühgeschichte – jenen Zeiten zwar ohne spezifische schriftliche Überlieferung, aus denen aber doch immer wieder archäologische Zeugnisse beigebracht werden können. Leider sind sie für Forst sehr selten und lassen lange Jahrhunderte ganz im Dunkeln.

Die ältesten Spuren dauerhafter Besiedlung in unserer Region sind etwa fünftausend Jahre alt und finden sich auf dem Michaelsberg bei Untergrombach.[5] Vielleicht haben die Menschen von dort auch bereits die Forster Gemarkung durchstreift. Zeugnisse davon wurden allerdings noch keine gefunden. Die ältesten Funde sind wesentlich jünger, aber immerhin auch schon rund dreitausend Jahre alt. Drei Grabhügel bewahrten zahlreiche Gegenstände aus der Zeit um etwa 1.000 vor Christus. Sie bezeugten auch einen tief gehenden kulturellen Wandel. Die Menschen waren bereits zu einfacher Metallverarbeitung fähig. Die (jüngere) Steinzeit wich der Bronzezeit.[6]

Die Grabhügel an der Grenze zwischen Forst und Karlsdorf, zwischen Waldsee und Burgweg, waren so unspektakulär, dass es lange dauerte, bis sie überhaupt als solche wahrgenommen wurden. Erst als Karlsruher Archäologen 1897 auf der Suche nach einer Römerstraße die Gegend durchstreiften, fiel ihnen auf, dass die drei kreisrunden, in einer Reihe angeordneten Gebilde nicht natürlichen Ursprungs sein konnten. Zwei Jahre später wurden dann systematische Grabungen vorgenommen, die so erfolgreich waren, dass sogar der damalige Prinz (und spätere König) Gustav von Schweden einen Ausflug nach Forst unternahm, als er gerade bei seinen Großeltern im Karlsruher Schloss zu Besuch war.

Zu den schönsten Stücken zählten Scherben im ersten Hügel, die sich zu verschiedenen Gefäßen zusammensetzen ließen, die heute im Depot des Badischen Landesmuseums aufbewahrt werden. Imposant ist aber auch ein aus Bronze gefertigter Armring mit Rippenmuster.

Die meisten Funde waren zwar so unauffällig, dass sie von ungeübten Augen kaum wahrgenommen wor-

4 Zitate aus Quellen sind grundsätzlich kursiv gedruckt. Sie halten sich strikt an den dortigen Wortlaut und übernehmen deshalb gegebenenfalls sämtliche Schreibfehler oder sprachlichen Unvollkommenheiten.
5 Chronik, S. 9–11.
6 Zum Folgenden: Chronik, S. 12–18.

Neue Fotos der Gefäße und des Armrings waren leider nicht so ohne weiteres anzufertigen, weil die Forster Stücke in den riesigen Beständen des Landesmuseums nicht auffindbar sind. Glücklicherweise gibt es immerhin noch die kunstvollen Zeichnungen aus dem 1902 in den „Veröffentlichungen des Karlsruher Altertumsvereins" publizierten Fundbericht Karl Schumachers.

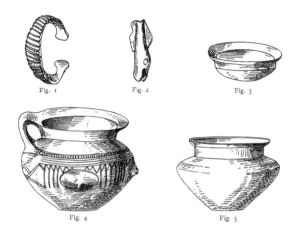

Fig. 1 Fig. 2 Fig. 3 Fig. 4 Fig. 5

den wären, den Kundigen vermittelten sie jedoch wertvolle Aufschlüsse. Das Bruchstück einer menschlichen Hirnschale, mehrere ausgeglühte Knochenteilchen, angeschmolzene Metallfragmente und Scherben zeigten, dass am Platz der beiden ersten Hügel Tote mit Beigaben verbrannt worden waren. Da diese Hinweise beim dritten Hügel fehlten, kann von einer Erdbestattung ausgegangen werden. Anzunehmen ist, dass dieses Nebeneinander unterschiedlicher Bestattungsformen die Überlagerung einer ansässigen Bevölkerung durch Zuwanderer widerspiegelt. Während die Eingesessenen noch an ihren Erdgräbern festhielten, hatten sich die Neuankömmlinge, die ihre Wurzeln wahrscheinlich im schlesisch-böhmischen Raum hatten, für die Verbrennung entschieden.

Die nahe liegende Frage, wo die Menschen lebten, die da ihre Toten bestatteten, muss leider unbeantwortet bleiben. Man hatte schon um 1900 die Gegend erfolglos abgesucht. Vielleicht lässt sich mit modernen Methoden doch noch einmal ein Hinweis finden; die Chancen sind jedoch minimal.

Die meisten Funde sind sowieso glücklichen Umständen zu verdanken, wie auch die für Forst bekannten Zeugnisse aus römischer Zeit belegen. Friedrich Bacher drängten sie sich geradezu auf, als er 1939 seinen Garten Wiesenstraße 8 bearbeitete.[7] Als den ersten Spuren systematisch nachgegangen wurde, fand sich ein ganzes Gräberfeld mit Überresten von 13 Feuerbestattungen.

Die Grabungsarbeiten waren eine Attraktion, die gleich per Foto festgehalten wurde.

7 Chronik, S. 23f.
8 Chronik, S. 19–23.

Leider sind die ins Bruchsaler Schloss verbrachten Funde bis auf eine einzige Ausnahme bei der Zerstörung Bruchsals im Zweiten Weltkrieg vernichtet worden.

Besser ist es um die Reste bestellt, die Dr. Ludwig Boer 1952 bei einem Spaziergang in der Nähe der Feldkapelle entdeckte.[8] Dort wurde von der Gemeinde bis in eine Tiefe von etwa zwei Metern Sand abgegraben. Allerdings hatte man ein Stück Boden auslassen müssen, weil allzu viele Steine darin steckten. Zwischen diesen Steinen fand Boer nun Scherben, die sich schnell als spezielles Töpfergut aus römischer Zeit, so genannte terra sigillata, erwiesen. Gründlichere Untersuchungen förderten Reste eines ehemaligen Fachwerkhauses, eine größere Menge von Tonscherben und sogar eine römische Silbermünze zutage. Diese Münze war von besonderer Bedeutung, ermöglichte sie doch

Glücklicherweise hat zumindest der wunderschöne Faltenbecher (Höhe 12,85 cm) die Zerstörung Bruchsals 1945 überstanden (Museum Bruchsal, 39/24) – Becher (Höhe: 6,5 cm), Teller (ø 19,9 cm bzw. 29,9 cm) und Topfdeckel (ø 16,4 cm) stammen aus der Grabung 1952 im Gewann Hatzel (Museum Bruchsal, 52/27/25/29).

aufgrund ihrer Prägung eine eindeutige Datierung: Es handelte sich um einen Denar aus dem Jahr 194 nach Christus, der unter Kaiser Septimus Severus (193–211) entstanden war. Aus den vielen Scherben waren mit viel Mühe leider nur sechs Gefäße zu rekonstruieren. Dies legt den Schluss nahe, dass es sich bei der Fundstelle nur um eine Abfallgrube gehandelt hatte.

Die Funde bei der Feldkapelle und in der Dorfmitte beweisen zwar zweifelsfrei, dass die Gemarkung in römischer Zeit besiedelt war. Genauere Aussagen lassen sie jedoch nicht zu. Ob es nur ein paar zerstreute Häuschen gab, einen größeren Gutshof oder vielleicht sogar eine kleine Siedlung (und wo die sich gegebenenfalls befanden), muss offen gelassen werden. Ein Zusammenhang zwischen den hier lebenden Menschen – wohl keine Römer, sondern nur romanisierte germanisch-keltische Bauern – und der nahe gelegenen größeren römischen Siedlung in Stettfeld ist jedoch anzunehmen.[9]

Aus dem Strom der Frühgeschichte ragen damit nur zwei kleine Inseln heraus, die noch dazu durch einen Abstand von rund tausend Jahren voneinander getrennt sind. Und noch einmal fast tausend Jahre mussten vergehen, bis es zur ersten erhaltenen schriftlichen Erwähnung des Ortsnamens kam. Sicherer ortsge-

schichtlicher Grund ist auch damit noch nicht erreicht. Zu bruchstückhaft sind die Informationen, um mehr als ein paar vage Hinweise gewinnen zu können. Erst allmählich verdichtet sich die schriftliche Überlieferung, können zumindest die Grundzüge des Vorhandenen und seiner Entwicklung beschrieben werden. Vieles davon ist jedoch immer nur aus den erhaltenen Rückblicken rekonstruierbar, jenen Aufzeichnungen, die im 17. oder 18. Jahrhundert angefertigt wurden, um traditionelle Rechtsverhältnisse vor dem Vergessenwerden zu bewahren. Geschichte sollte damit nicht geschrieben werden. Viele Fragen zu den lokalen Gegebenheiten während des Mittelalters und der frühen Neuzeit bis ins 19. Jahrhundert hinein sind damit nicht zu beantworten.

Jahrhunderte lange Besitzzersplitterung

Die Landwirtschaft der Gegenwart unterscheidet sich in vielerlei Hinsicht von der vergangener Zeiten; darauf ist später noch näher einzugehen. Ausgerechnet mit den Anfangszeiten gibt es jedoch einen Berührungspunkt: Waren es einmal vier Großgüter, die über

9 Vgl. dazu ausführlich: Peter Knötzele, Das vorgeschichtliche und römische Stettfeld. In: Thomas Adam/Konrad Dussel/Peter Knötzele, Stettfeld. 2000 Jahre Geschichte. Heidelberg u. a. 2003, S. 13–90.

weite Teile der Gemarkung verfügten, so sind es fast tausend Jahre später drei (oder vier, wenn man den Erdbeer- und Spargelhof Böser noch hinzunimmt) Aussiedler-Höfe als Hauptnutzer. Der jahrhundertelange Trend zu immer größerer Landschaftszersplitterung scheint gestoppt, mit einem großen Flurbereinigungsverfahren wurden zudem die Besitzverhältnisse neu geordnet.

Möglicherweise stand am Anfang der Forster Geschichte sogar nur ein einziges großes Gut, aus dem heraus sich die Urbarmachung des „Forstes", dieses Lußhardt-Teiles, vollzog.[10] Aber schon im Laufe des Mittelalters wurde es in vier Teile aufgespalten und diese immer weiter zerlegt, so dass aus alten Abgabenverzeichnissen nur noch die Namen und die Größen dieser vier Güter zu rekonstruieren sind, nicht aber mehr ihre genaue Lage. Nur vom „Großgut", das etwa 65 Morgen

umfasste, ist bekannt, dass sein Haupthof unweit des Finkengäßleins lag. Vom fast 50 Morgen großen „Schwöbelshof" weiß man dagegen so gut wie nichts mehr, und genauso auch vom 40 Morgen umfassenden „Bachußengut" sowie dem „Helfenberger Gut", zu dem sogar 70 Morgen gehörten. Alles in allem ergäbe das 225 Morgen für das vielleicht anzunehmende Ur-Gut, mehr als 50 Hektar.

Zur Bewirtschaftung einer solchen Fläche war in alten Zeiten eine Menge Menschen erforderlich. Und so verwundert es nicht, dass die großen Höfe in immer kleinere Teile zerlegt wurden. Im ältesten erhaltenen Besitzverzeichnis, das aus dem Jahre 1667 stammt, aber den Stand des Jahres 1586 widerspiegelt, sind es schon 125 Teile, aus denen die ursprünglich nur von vier Gütern aufzubringenden Abgaben zu entrichten waren. Von weniger als einem halben Hektar Fläche

10 Chronik, S. 105ff.
11 Alle Daten nach dem von der Teilnehmergemeinschaft und den zuständigen Flurbereinigungsbehörden herausgegebenen Faltblatt.

Flurneuordnung im 21. Jahrhundert

An das Großprojekt der Flurbereinigung erinnert ein in der Nähe der Wiesenkapelle aufgestellter Gedenkstein.

Die Zerschneidung der Gemarkung durch die Schnellbahntrasse Mannheim-Stuttgart und die Verlegung der B 35 erzwang eine grundlegende Neuordnung verbunden mit der Anlage eines neuen Wegenetzes und verschiedenen Landschaftsschutzmaßnahmen. Berücksichtigt man, dass auf einer Fläche von 485 Hektar 3.132 Grundstücke von 941 Besitzern betroffen waren, ist klar, dass die 1983 angeordnete Maßnahme nicht im Handumdrehen zu bewältigen war. Zwar konnte bereits am 25. Januar 1989 der grundlegende Wege- und Gewässerplan im Jägerhaus vorgestellt und von insgesamt 39 (!) Behörden und Verbänden gebilligt werden, jahrzehnte lange Kleinarbeit war jedoch erforderlich, bis alle Details ausgearbeitet, von allen Beteiligten akzeptiert und nach und nach verwirklicht waren. 2005 begann die Einweisung der Teilnehmer in ihre 1.622 neuen Flurstücke, 2007 trat der neue Rechtszustand in Kraft. Zwei Kilometer Asphalt-, acht Kilometer Schotter- und elf Kilometer Erdwege wurden neu angelegt, acht Kilometer alte Wege rekultiviert, fast viertausend Sträucher und mehr als fünfhundert Bäume gepflanzt.

Rund 1,1 Mio. Euro mussten für das Projekt aufgebracht werden, etwa die Hälfte für den Wegebau sowie jeweils ungefähr ein Viertel für die Landschaftspflege und die Bodenneuordnung im engeren Sinne. Die Teilnehmer wurden dadurch jedoch nicht belastet. Den größten Teil der Kosten finanzierten die Unternehmensträger der Bahn und der Bundesstraße. Nach Abzug erheblicher Zuschüsse blieb nur ein kleiner Rest von 45.000 Euro, der von der Gemeindekasse übernommen wurde.[11]

konnte sich jedoch niemand ernähren, und eine Familie schon gar nicht. Parallel zur Zerstückelung der alten Fluren mussten deshalb ständig neue Flächen urbar gemacht werden, damit die wachsende Bevölkerung überleben konnte. Eng ineinander verwoben sind damit zwei Prozesse: die Zunahme landwirtschaftlich genutzter Gemarkungsteile einerseits, die Zersplitterung der einzelnen Parzellen andererseits. Schon im 17. Jahrhundert war die Forster Gemarkung ein Flickenteppich von kaum glaublicher Kleinräumigkeit. Es bildete keine Ausnahme, wenn eine ursprüngliche Vier-Morgen-Parzelle in drei Teile geteilt und diese wiederum auf insgesamt neun Besitzer entfielen. Angesichts des Fehlens von Landmaschinen mag das auf den ersten Blick noch nicht einmal allzu unangemessen erscheinen. Das Hauptproblem, das sich aus der Zerstückelung damals ergab, waren die langen Strecken, die zwischen den einzelnen Parzellen lagen, und die ohne nennenswerte angelegte Wege zumeist mit Kuhfuhrwerken oder ganz zu Fuß bewältigt werden mussten. Das schluckte eine Menge Zeit.

Alte Abgaben, Lasten und Pflichten

Der Versuch, das moderne System von Steuern und Sozialabgaben, in das jeder eingebunden ist, mit wenigen Worten angemessen beschreiben zu wollen, ist zum Scheitern verdammt. Nicht anders sieht es aus, wenn man sich den mittelalterlichen und frühneuzeitlichen Jahrhunderten zuwendet. Auf knappem Raum ist deshalb nicht mehr als eine unvollkommene Skizze zu liefern, die nur wenige Grundlinien herauszuarbeiten vermag. Im Mittelpunkt soll dabei die Perspektive der Leistungspflichtigen stehen.

Das einfache Volk im Alten Reich sah sich grundsätzlich mit drei ganz verschiedenen Typen von Forderungen konfrontiert: von Seiten der Grundherren, von Seiten der Kirche und von Seiten der Landesherrschaft. Eigentlich wäre auch noch ein vierter Typ anzuschließen: von Seiten des Leibherrns. Die Leibeigenschaft im Fürstbistum Speyer war jedoch sehr mild und im ur-

sprünglichen Gebiet der Stadt Bruchsal, aus dem sich nicht nur Forst, sondern auch Neuthard und Büchenau ausdifferenzierten, fehlte sie ganz.

Am Schwierigsten sind im Rückblick die Abgaben an die Grundherren zu verstehen, weil dieses Rechtskonstrukt im 19. Jahrhundert im Zuge der „Bauernbefreiung" abgeschafft wurde. Als entfernter Verwandter hat sich nur noch die Pacht erhalten: Der eigentliche Besitzer stellt einem anderen beispielsweise Grund und Boden zur Bewirtschaft zur Verfügung und erhält dafür einen zuvor vereinbarten Geldbetrag. Ähnlich war es bereits im Mittelalter, nur dass statt Geld bestimmte Mengen an Naturalien geliefert werden mussten. Die Herren der im letzten Abschnitt genannten Hofgüter, der Johanniterorden, erhielten vom Großgut beispielsweise zehn Malter Korn und vom Schöbelshof sechs Malter.[12] Obwohl sich immer festere Formen von Eigentum entwickelten, die vererbt, verkauft oder beliehen werden konnten, blieb so gut wie jeder Grundbesitz abgabepflichtig.

Geradezu als Sinnbild für die Fülle der alten Pflichten ist der Zehnte in Erinnerung geblieben. Schon im Alten Testament formuliert, fand er im Zuge der Christianisierung weite Verbreitung, um damit die Seelsorge zu finanzieren. Schon früh wurde dabei der große und der kleine Zehnt unterschieden – jener vom Fruchtertrag der Felder, also vor allem des Getreides, dieser von der Ernte der Gärten, also von Gemüse, Flachs, Mohn, Raps und ähnlichem. Häufig – so auch in Forst – floss der kleine Zehnt unmittelbar dem örtlichen Pfarrer zu, während der große Zehnt dem Zehntherrn vorbehalten blieb, ursprünglich den großen Grundherrn, die daraus den Bau und die Unterhaltung der Kirchen zu finanzieren hatten. Diese Mittel erwiesen sich jedoch schnell als recht disponibel: Man konnte sie verschenken, beleihen oder verkaufen. Und dies nicht nur im Ganzen, sondern auch nur teilweise. Ritter Gerhard von Ubstadt, der im 13. Jahrhundert zweifelsfrei Zehntherr in der Mark Bruchsal war, zu der auch Forst gehörte, verkaufte so im April 1299 ein erstes Drittel seines Zehnten an das Kloster Herrenalb, und im Mai desselben Jahres ein zweites Drittel. Das letzte Drittel schenkte er im Januar

12   Chronik, S. 120 & 122.

1300 den Johannitern in Bruchsal. Die Anteile Herrenalbs kamen später nach und nach in die Hände der Bischöfe von Speyer, während die Johanniter ihren Anteil Jahrhunderte lang behielten.[13]

Als drittes ist schließlich der Bereich der Abgaben an die Landesherrschaft zu betrachten, schon in früheren Zeiten ein sehr schwieriges Kapitel. Sie bestanden zunächst in Dienstleistungen und Naturalien, erst später trat Geld hinzu. Der schlechte Klang des Wortes „Fron" wird kaum der Vielfalt und den konkreten Realitäten der damaligen Dienstpflichten gerecht. Wie gesagt, gab es in Forst keine Leibeigenschaft und damit auch keine persönliche Fron. Die Fronpflicht lastete nur auf der gesamten Gemeinde, die die zu erledigenden Arbeiten auf die einzelnen Bürger zu verteilen hatte. Weil die Herrschaft dafür aber eine gewisse Entschädigung (zumeist als Tagesverpflegung) zu leisten hatte, war der normale Frondienst in Forst zeitweise sogar so beliebt, dass sich mehr Leute zur Verfügung stellten, als benötigt wurden.[14] Eine Naturalabgabe war dagegen der so genannte Hühnerzins. Im 18. Jahrhundert wurde er zunehmend in Geld entrichtet, denn nicht immer war die Herrschaft in der Lage allein aus Forst zweihundert und aus dem gesamten Amt Kislau gar fast zweieinhalb tausend Hühner zu verarbeiten.[15]

Jüngere, nun schon in klingender Münze zu entrichtende Abgaben waren die Bede und die Schatzung.[16] Wie bei der Fron handelte es sich auch hier um Lasten, die der Gemeinde insgesamt auferlegt wurden. Die Gemeinde wiederum musste sehen, wie sie die geforderten Gelder zusammenbekam. Vor allem bei der Schatzung wurde dabei der konkrete Besitz aller Bürger zugrunde gelegt und dann eine bestimmte Quote, der so genannte Schatzungsfuß, erhoben.

Dieser zugegebenermaßen sehr kursorische Überblick müsste nun schließlich noch durch eine Art Zusammenfassung abgeschlossen werden, die die letztlich zentrale Frage beantworten sollte, wie groß denn die Belastung der Forster Leistungspflichtigen insgesamt war. Eine solche einfache Abgabenquote kann jedoch nicht angemessen berechnet werden, weil sie nicht nur von Bürger zu Bürger, sondern auch von Jahr

zu Jahr wechselte. Anders als bei heutigen Gehaltsempfängern war das „Bruttoeinkommen" damals fast völlig von den Ernteergebnissen abhängig, die von gravierenden Schwankungen geprägt waren.[17] Abgaben, die in guten Jahren ohne weiteres zu bewältigen waren, konnten deshalb in schlechten geradezu Existenz bedrohend sein. Nicht vergessen werden darf nämlich, dass die „Produktionskosten" nicht steuerlich absetzbar waren, wie wir heute erwarten. Das heißt, dass der Zehnte tatsächlich der zehnte Teil der Ernte war und erst vom Rest die Saat für das nächste Jahr beiseite gelegt werden konnte. Beträgt die Relation zwischen Aussaat und Ernte 1:20 ist diese Einschränkung fast bedeutungslos; bei einem Verhältnis von 1:3 ist sie jedoch gravierend,[18] weil aus dem Zehnten dadurch eine effektive Abgabe von 15 Prozent wird.

Alles in allem wird man resümieren dürfen, dass die Abgaben in Friedenszeiten zu bewältigen waren, denn sonst wäre die Bevölkerung nicht gewachsen. Ganz anders sah die Sache in Kriegsjahren aus. Wenn Vieh getötet und Ernten geraubt oder vernichtet wurden, war nicht nur die unmittelbare Versorgung gefährdet, auch die der folgenden Jahre war zutiefst bedroht. Und trotzdem mussten Abgaben entrichtet werden. Im 17. Jahrhundert gab es gleich mehrere katastrophale Kriegsphasen.

Die Schrecken der Kriege des 17. Jahrhunderts

Lange Zeit wurde mit Verachtung auf das „finstere" Mittelalter zurückgeblickt, in der eine verweltlichte Kirche die Menschen in Unmündigkeit hielt, damit sie sich klaglos in ihre Unterdrückung durch Adel und Klerus fügten. Reformation und rationale Staatsorganisation beseitigten zwar etliche Missstände. Paradiesische Zeiten brachten sie jedoch nicht. Kriege bis dahin unbekannten Ausmaßes prägten vor allem das 17. Jahrhundert.

Schon ein Blick auf die Bauernunruhen des frühen 16. Jahrhunderts zeigt ein komplexes Bild – genauer

13 Chronik, S. 129f. Näheres zu früheren Zehntherren, Ritter Gerhard und den Johannitern in Chronik, S. 131–142.
14 Chronik, S. 205.
15 Chronik, S. 223.
16 Chronik, S. 212–223.
17 Die mittleren Ernteschwankungen betrugen noch im 18. Jahrhundert 20–40 Prozent vom langjährigen Mittel (Friedrich-Wilhelm Henning, Landwirtschaft und ländliche Gesellschaft in Deutschland. Bd. 1, 2. Aufl. Paderborn u. a. 1985, S. 141).
18 Bis ins 18. Jahrhundert mussten zwischen 25 und 30 Prozent einer normalen Ernte für die nächste Saat aufgehoben werden (ebda, Bd. 2, S. 95).

Als sich im 18. Jahrhundert die Zeiten besserten, mussten auch die steuerlichen Grundlagen überprüft werden. Auf Befehl Kardinal von Huttens wurde in Forst 1757 ein neues Schatzungsbuch angelegt, das sich durch glückliche Umstände bis heute erhalten hat und eines der ältesten Dokumente im Gemeindearchiv bildet (B 79). Eröffnet wird das monumentale Werk durch einen wunderschönen, von Nikolaus Hoffmann gezeichneten Ortsplan.

Der ausführliche „Vorbericht" des Schatzungsbuchs (wörtlich in Chronik, S. 218–223, wiedergegeben) beginnt mit einer eindrucksvollen Kalligraphie.

Alte Gassennamen

Geometer Nikolaus Hoffmann trug in seinen Ortsplan des 18. Jahrhunderts keine Straßennamen ein. Aber vielleicht verwandte man schon damals jene Ausdrücke, die sich bis heute neben den offiziellen Bezeichnungen erhalten haben. Die Lange Straße wurde nicht als solche empfunden, vielmehr war sie die „kloi Gass'" – im Gegensatz zur „groß' Gass'", d. h. der Schwanenstraße. Durch die enge Stelle zwischen „Ritter" und Pfarrhaus pfiff immer der Wind. Deshalb hieß die Finkengasse „Schlucht". Und auch die Querstraße hatte ihren Spitznamen. Weil dort ärmere Leute wohnten, die sich keine eigenen Backöfen am Haus leisten konnten, hieß sie „koi Backofe-Gass'" oder „Back-selde-Gässl".

gesagt: viele komplexe Bilder, weil sich die Gegebenheiten fast von Ort zu Ort und auf jeden Fall von Herrschaft zu Herrschaft erheblich unterschieden. Aber keineswegs waren es gequälte und ausgemergelte Bauern, die sich da in letzter Verzweiflung erhoben, sondern relativ selbstbewusste Landbewohner, die ihre althergebrachten Rechte durch die neuen Zeiten in Gefahr gebracht sahen. Und genauso unterschiedlich waren die Reaktionen ihrer Herren. Gerade der Speyerer Bischof erwies sich als recht verständnisvoll, und selbst als er seinen Bruder, den Kurfürsten von der Pfalz um militärische Hilfe rufen musste, agierte der relativ zurückhaltend. Ströme von Blut wurden nur andernorts vergossen – im Elsass, im Oberschwäbischen und vor allem in Thüringen. Forster Bauern scheinen an den verschiedenen Erhebungen im Bruhrain nicht nennenswert beteiligt gewesen zu sein. Jedenfalls schweigen sich die Akten darüber aus. Nur als der Pfälzer Kurfürst am Ende Schadensersatz forderte, den alle Dörfer des Hochstifts zu finanzieren und durch Geiseln zu sichern hatten, war auch Forst dabei. Seine Bürgen waren Jacob Trewer und Hans Dorsch.[19]

Weniger glimpflich kam die Gemeinde hundert Jahre später im Dreißigjährigen Krieg davon, der allerdings mehr eine Kette kompliziert miteinander verknüpfter Teilkriege als ein großes, zusammenhängendes Kampf-

geschehen etwa im Stil des Ersten oder Zweiten Weltkriegs bildete. Zöge man beide zusammen und spräche von einem Dreißigjährigen Krieg des 20. Jahrhunderts, käme man der Sache schon näher. Die erste Welle der Gewalt erlebte die Region, als sich der 1618 mit dem so genannten „Prager Fenstersturz" begonnene Krieg Anfang der 1620er Jahre von Böhmen in die Heimat des gerade gewählten böhmischen „Winterkönigs" verlagerte, in die Kurpfalz. Kaiserlich-katholische Truppen unter Graf Tilly und kurpfälzisch-evangelische unter dem Grafen Mansfeld bekämpften sich mit wechselndem Erfolg. Am 9. November 1621 konnte Bruchsal seine Zerstörung nur durch die Zahlung einer Brandschatzung von 70.000 Gulden an Mansfeld verhindern. Auch die große Schlacht bei Mingolsheim am 27. April 1622 konnte Mansfeld für sich entscheiden. Danach gewann jedoch Tilly die Oberhand. Am 16. September 1622 konnte er schließlich Heidelberg erobern. Forst muss dabei immer wieder in Mitleidenschaft gezogen worden sein; Genaueres ist jedoch nicht bekannt.[20]

Rund zehn Jahre war danach fast friedensmäßige Ruhe in der Region. Dies änderte sich erst, als Frankreich die Schweden mit viel Geld unterstützte und König Gustav Adolf mit einem großen Heer gegen den Kaiser zog. Anfang 1632 herrschte wieder Krieg in der Region. Im Februar standen schwedische Truppen vor

19   Chronik, S. 180–183. Ausführlich zum Kontext: Thomas Adam, Joß Fritz – das verborgene Feuer der Revolution. Bundschuhbewegung und Bauernkrieg am Oberrhein im frühen 16. Jahrhundert. Ubstadt-Weiher 2002.
20   Chronik, S. 143–147.

Soldaten plündern und brennen ein Dorf nieder. Jaques Callot (1592–1635) konnte die Schrecken des Krieges aus eigener Erfahrung anprangern. Das Bild stammt aus seiner „Großen Kriegsfolge" mit 18 Radierungen, die er 1633 veröffentlichte (Staatliche Kunsthalle Karlsruhe).

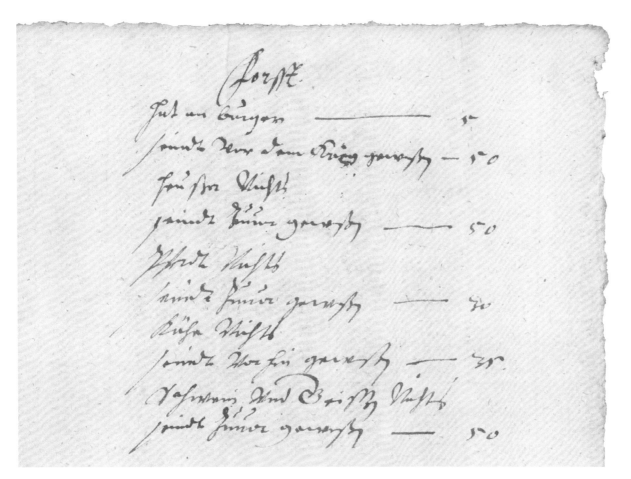

Lapidare Bestandsaufnahme der Forster Verluste im Dreißigjährigen Krieg: 1645 waren nur noch zehn Prozent der Bürger vorhanden.

Bruchsal. Kriegerisches Auf und Ab, in dessen Zentrum die 1623 fertig gestellte Festung Philippsburg stand, gab es bis 1635/36. Danach ebbten die Auseinandersetzungen ab und es herrschten wieder einigermaßen geordnete Verhältnisse, auch in Forst.[21]

Die schrecklichste Phase des Krieges brach für die Region 1643 herein. Dieses Mal überschritten französische Truppen den Rhein. 1644 machten sie sich an die Eroberung der Festung Philippsburg, was die gesamte Umgebung in schreckliche Bedrängnis brachte. Als am 9. September Festungskommandant Kaspar Bamberger kapitulierte, waren alle Dörfer der Umgebung verlassen und niedergebrannt. Eine *Specification befindtlicher Bürger, Häuser und allerhandt Viehe* des Kislauer

Amtmanns vom 30. März 1645 notiert für Forst: *Hat an bürger 5, seindt vor dem Krieg gewest 50. Häuser nichts, seindt vor dem Krieg gewest 50.*[22] Auch in Hambrücken, Kronau, Östringen und Weiher sah es nicht anders aus. Nur in Langenbrücken, Mingolsheim und Ubstadt waren die Verluste etwas geringer. Statt neun Zehntel machten sie dort „nur" drei Viertel oder zwei Drittel aus.

Man hat nun zwar den schwachen Trost, dass nicht wirklich alle Menschen getötet worden oder verstorben waren, weil sicherlich einige auch hatten fliehen können, doch an der mörderischen Zäsur insgesamt gibt es nichts zu rütteln. Die meisten Menschen waren tot und den Überlebenden fehlte es an allen Hilfsmit-

21 Chronik, S. 147–158.
22 Generallandesarchiv Karlsruhe (im Folgenden immer nur: GLA) 153/149 (vgl. Abb.). Eine andere Akte (GLA 153/148) nennt namentlich sechs Forster Bürger, wiedergegeben Chronik, S. 172.

Die im Generallandesarchiv in Karlsruhe (153/152) aufbewahrte Liste von 1652 verzeichnet folgende 15 Namen: Jerg Nodeyßen – Hanß wurmbgard – Jerg kautzman – Hanß jerg wetzel – Hanß wolf bader – Wolf marx schöffer – Wolf fettig – Hans thomas vollmer – Hanß schmer – Michel hoffman – Wendel rasch – Michel frey – Hans caspar schmer – Witweiber: Hanß moeges witb (=wittib) – Johannes vollmers witb.

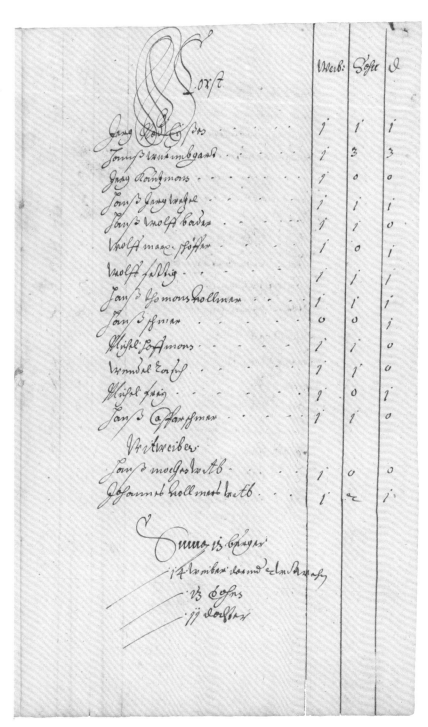

teln – vor allem an Vieh, denn Kühe, Schweine und Ziegen waren auch keine mehr vorhanden. Die Größenordnung der Geflohenen lässt sich abschätzen, wenn man erfährt, dass 1652 wieder 13 Bürger und insgesamt 39 Menschen in Forst gezählt wurden. Im gesamten Amt waren gleichzeitig 1.545 Menschen vorhanden (davon 352 „Bürger").

Zuzüge aus anderen Gebieten wird man in jenen wie auch in den folgenden Jahren ziemlich ausschließen dürfen: Dazu waren die Zeiten noch zu unsicher. 1648 war zwar mit dem Frieden von Münster und Osnabrück der Dreißigjährige Krieg beendet worden, aber es dauerte nur wenige Jahre, bis die Region wieder von Kampfhandlungen überzogen wurde. Die Eroberungskriege Ludwigs XIV. füllten fast die ganze zweite Hälfte des 17. Jahrhunderts. Selbstverständlich konzentrierte sich auch dieses Mal das direkte Kampfgeschehen auf nur wenige, verhältnismäßig kurze Phasen. Die aber brachten Tod und Zerstörung genug. Am 13. März 1676 wurde Bruchsal fast vollständig niedergebrannt, am 10. August 1688 ein zweites Mal.[23] Um diese Zeit wurde auch Forst von erneuter Zerstörung bedroht, die es nur durch entsprechende Geldzahlungen abwenden konnte. Und weil kein Geld mehr vorhanden war, musste es geliehen werden.[24]

23   Chronik, S. 184.
24   Chronik, S. 189–192.

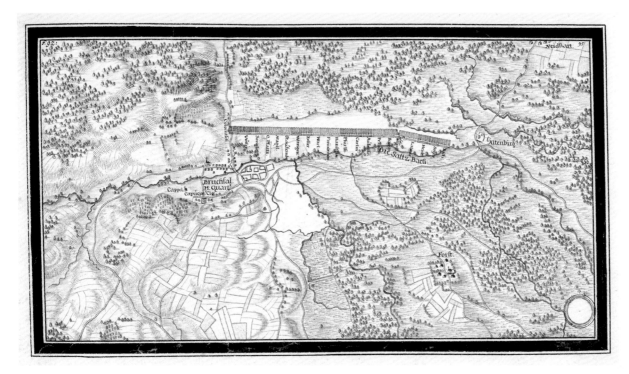

Dem handgeschriebenen dreibändigen Kriegstagebuch des Markgrafen sind eine Menge Karten beigegeben. Eine davon zeigt sein Lager vom 8./9. September 1695 zwischen Bruchsal und Altenbürg (GLA 46/3743, Bd. 3, fol. 92). Die Armee hatte zuvor zwischen Wiesloch und Malsch kampiert und zog am 10. September weiter nach Durlach. Forst ist nur sehr stilisiert wiedergegeben. Realistisch dürfte jedoch sein, dass es damals noch völlig von Wald umschlossen war.

Auf ernsthaften Widerstand trafen die Franzosen erst, als 1693 Markgraf Ludwig Wilhelm von Baden, genannt der „Türkenlouis" aufgrund seines großen Sieges bei Slankamen (nahe Belgrad), den Oberbefehl am Oberrhein erhalten hatte. In den folgenden Jahren konnte Ludwig Wilhelm die Franzosen zwar zurückdrängen, welchen Belastungen die Bevölkerung dabei aber ausgesetzt gewesen sein muss, lässt sich schon allein daran ablesen, dass im Sommer 1695 die zwischen Bruchsal und Altenbürg lagernde Reichsarmee fast 50.000 Mann stark war und von der Region versorgt werden musste. Erst Ende 1697 konnte der überfällige Friede geschlossen werden.[25]

Wiederaufbau durch Zuwanderer

Mit dem 18. Jahrhundert brachen neue Zeiten für Forst und das ganze Hochstift herein. Die Herrschaft der Bischöfe Schönborn, Hutten und Limburg-Stirum markiert eine letzte goldene Phase, die mit den Kriegen der Französischen Revolution und der Säkularisierung beendet wurde.

Schon unmittelbar nach dem Ende des pfälzischen Erbfolgekrieges wurde 1697 damit begonnen, Siedler in das verwüstete Ländchen zu rufen und ihnen Ödland zur Verfügung zu stellen. Und bereits 1701 wurde aus Forst der Antrag gestellt, die bislang als Schafweide verpachtete Allmende wieder den eigenen Bürgern zur Verfügung stellen zu dürfen, weil man sonst etliche der Zuwanderer nicht halten könnte.[26]

Ein wichtiges Dokument aus jener Zeit ist eine ausführliche *Specification aller im Ambt Kießlaw befindetendter Handwerckhs Leuth beschrieben den 28ten Sep. 1700.*[27] Sie verzeichnet für Forst insgesamt elf Handwerker, von denen keiner im Ort geboren war. Nur zwei oder drei waren schon länger in der Gemeinde ansässig: der Maurer Christian Gutbrot aus Meran seit 20 Jahren, der Leinenweber Jacob Hartleben von Judenburg seit 15 Jahren und der Wagner Jacob Martin

25 Chronik, S. 184–187.
26 Chronik, S. 174.
27 GLA 153/211, komplett wiedergegeben in: „Kraichgau", Folge 6, 1979, S. 195–213. Chronik, S. 174f.

Hoyl (wohl: Heil) aus Graben seit sieben Jahren. Alle anderen besaßen erst seit maximal drei Jahren das Bürgerrecht oder waren erst kürzlich (das heißt konkret: seit vier Wochen) Hintersassen wie der Bäcker Johann Adam aus Limburg und der Schuhmacher Frantz Jenckh aus Ranckhweill bei Innsbruck.

Es spricht für die sich stabilisierenden Verhältnisse, dass in diesem Jahr 1700 in Forst auch mit der Führung der Kirchenbücher begonnen wurde, die fortan kontinuierlich Tauf-, Hochzeits- und Sterbedaten aller Forster Einwohner dokumentierten, so dass von da an die Entwicklung der Bevölkerung lückenlos nachgezeichnet werden kann. Trotz mancher Krisenjahre waren danach keine größeren Rückschläge mehr im Dorf zu verzeichnen. Im Laufe des Jahrhunderts konnte sich die Einwohnerzahl auf rund 800 verdoppeln.[28]

28 Alle Daten wurden von mir zusammengetragen und veröffentlicht in „Forster Familien 1700–1900" (Forst 1994). Eine knappe Auswertung der Daten findet sich in der dortigen „Einführung", die ihrerseits meinen Aufsatz zusammenfasst: „Die Alltäglichkeit von Not und Tod im Dorf. Das speyerisch-badische Forst und seine Bevölkerung im 18. und 19. Jahrhundert" in: Zeitschrift für die Geschichte des Oberrheins 141(1993), S. 241–277.

Bischöfe als Landesherren

Die längste Zeit seiner Geschichte war Forst nicht badisch, sondern speyerisch. Seit seinen Anfängen hatte es nämlich nicht den Markgrafen von Baden (oder einen anderen weltlichen Adligen), sondern den Bischof von Speyer als Landesherren. Die Bischöfe waren dabei nicht nur geistliche Oberhäupter ihrer Diözese, sondern auch – zunehmend unabhängigere – weltliche Fürsten. Dies galt allerdings nicht für ihre gesamte Diözese, sondern nur für einen Teil davon, ihr Hochstift. Weite Teile ihrer Diözese unterstanden in weltlicher Hinsicht anderen Herren und waren seit der Reformation sogar evangelisch. Hier ist vor allem die Markgrafschaft Baden zu nennen, aber auch die Kurpfalz und das Herzogtum Württemberg.

Ein einzelner Mann musste von der Doppelaufgabe eines Bischofs und Landesfürsten nicht zwangsläufig überlastet werden, dazu war sein Land oft zu klein. Gerade vom Hochstift Speyer muss eher von einem „Ländchen" gesprochen werden, zählte es doch selbst im

Der weltliche und der geistliche Herrschaftsbereich der Speyerer Bischöfe war nicht identisch. Das Bistum (links) war wesentlich größer als das Hochstift (rechts).

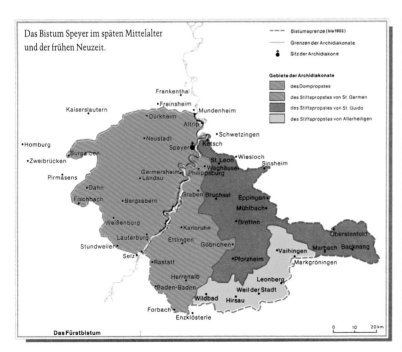

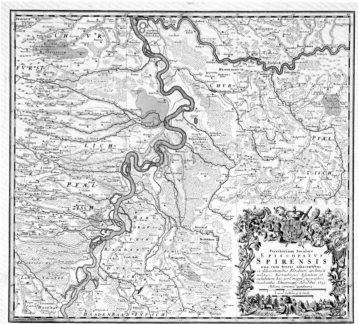

späten 18. Jahrhundert nur 50- bis 60.000 Einwohner.[29] Größer war dieses Problem nur dann, wenn der Speyerer Bischof, was in der alten Kirche möglich war, auch noch zum Herren über eine andere Diözese (und ihrem Hochstift) gewählt wurde. Dies geschah vor allem im 17. Jahrhundert. Philipp Christoph von Sötern war nicht nur von 1610 bis 1652 Bischof von Speyer, sondern seit 1623 auch noch Erzbischof von Trier (und damit einer von sieben Kurfürsten). Auch seine Nachfolger Lothar Friedrich von Metternich und Johannes Hugo von Orsbeck beschränkten sich nicht auf ihre Speyerer Ämter. Metternich war zeitweise auch noch Erzbischof von Mainz, Orsbeck sogar schon vor seiner Speyerer Wahl ebenfalls Erzbischof von Trier. Die Blüte des Hochstifts im 18. Jahrhundert war nicht zuletzt darin begründet, dass sich nach dem Tode Orsbecks die Speyerer Fürstbischöfe wieder ganz auf dieses Amt beschränkten.

Als Residenz ließ sich Fürstbischof Schönborn ein neues Schloss in Bruchsal bauen. Aber, so wird manchmal gefragt, musste sich ein Geistlicher einen derart prächtigen Bau errichten lassen? Der Vorwurf ist zu relativieren, wenn man sich die Alternativen überlegt. Die „Länder" der beiden badischen Markgrafen waren kaum größer als das speyerische Territorium, ihre Schlösser in Karlsruhe und Rastatt aber mindestens ebenso kostbar. Hätte in Bruchsal ein weltlicher Fürst regiert, wäre sein Sitz sicherlich nicht bescheidener ausgefallen. Wahrscheinlich wäre er sogar noch etwas üppiger dimensioniert worden, weil ja auch noch eine mehr oder minder große Familie hätte untergebracht werden müssen.

Auch machtstaatliche Ambitionen waren den meisten Fürstbischöfen fremd, so dass sie nur wenig militärischen Aufwand zu treiben hatten. Das Hochstift hatte nur seine Verpflichtungen der Reichsarmee gegenüber zu erfüllen. Bis zur Mitte des 18. Jahrhunderts bestanden sie in der Bereitstellung von drei- bis vierhundert Soldaten. Bischof Limburg-Stirum konnte den Bestand im letzten Viertel des Jahrhunderts sogar bis auf das Minimum von hundert Mann Infanterie und 28 Dragoner reduzieren.[30]

Statt das Geld ihrer Untertanen für einen großen militärischen Apparat auszugeben, wandten sich die Bischöfe verstärkt sozialen Aufgaben zu. Vor allem Limburg-Stirum engagierte sich sehr auf dem Feld der Armenfürsorge.[31] Letztlich setzte er damit aber nur die Politik seiner beiden Vorgänger fort, die auch in Forst ein konkretes Zeichen hinterlassen hatten.

Der Almosenfonds

Im Forster Gemeindearchiv gibt es nur wenige Akten, die ins 19. Jahrhundert zurückreichen und so gut wie keine, die noch älter sind. Eigentlich gibt es nur eine, vor diesem Hintergrund umso überraschendere Ausnahme: Die ältesten vorhandenen Dokumente sind eine lange, mit dem Jahr 1743 einsetzende Reihe von „Allmosen Rechnungen".[32] Sie dokumentieren den Besitz, die Einnahmen und Ausgaben eines mehr als 200 Jahre lang und weit bis ins 20. Jahrhundert hinein bestehenden Fonds – des Forster Almosenfonds. Sein Ende fand er erst 1960, als

Ursprünglich nur dazu gedacht, nichtuniformierte Krieger voneinander zu unterscheiden, entwickelten sich Wappen schnell zum wichtigen Eigentumsanzeiger. In Forst finden sich noch zwei imposante Beispiele aus dem 18. Jahrhundert, am Jägerhaus (hier wiedergegeben) und am Pfarrhaus. Beide Wappen illustrieren dieselben Sachverhalte durch mehrere Teil-Wappen: links oben ist das Wappen des Hochstifts Speyer platziert und rechts oben das des Stifts Weißenburg (im Elsass), dessen Herr der Bischof von Speyer durch sein Amt seit 1546 war. Unten findet sich schließlich das Wappen der Hutten (in Bruchsal stattdessen in der Regel das Damian Hugo von Schönborns, zwei schwarze Deutschherrenkreuze).

29 Gerhard Köbler, Historisches Lexikon der deutschen Länder. 3. Aufl. München 1988, S. 528.
30 Chronik, S. 304f.
31 Vgl. dazu meinen Aufsatz „Katholisches Ethos statt Sozialdisziplinierung? Die Armenpolitik des Hochstifts Speyer im 18. Jahrhundert" (Zeitschrift für die Geschichte des Oberrheins 143(1995), S. 221–244).
32 Gemeindearchiv Forst (im Folgenden immer nur: GAF) R 1–67. Weitere Rechnungen finden sich unter R 264–266 und R 300–310.

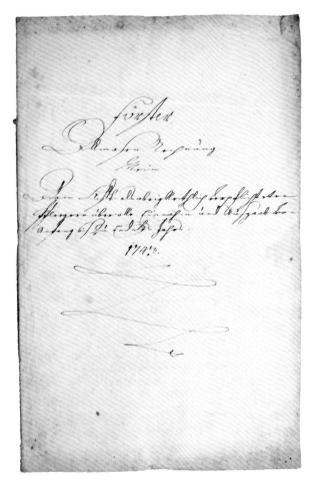

Aus dem Jahr 1743 stammt die „Allmosen Rechnung" von „Adam Luft als obrigkeitlich verpflichteten Pfleger über alle Einnahm und Ausgaab von Anfang bis zu Ende des Jahres".

Jahr 1700 gestiftet worden sei, und auf jeden Fall wäre sein Kapital zwischen 1710 und 1717 unter Pfarrer Teutsch erhöht worden.[34] Die Stiftung besaß etwas Grund und Boden – im Jahr 1719 zwei Morgen Wiesen und acht Morgen Äcker –, die verpachtet wurden, und ein gewisses Kapital, das sie gegen Zinsen verlieh. Zwischen 1737 und 1744 soll es um hundert Gulden auf 210 Gulden angewachsen sein. Hinzu kamen schließlich jährlich fünf Gulden, die einer Gabe Bischof Schönborns entstammten.

Am 17. Februar 1740 hatte der Bischof zu Protokoll gegeben, dass vom damaligen Dreikönigsopfer tausend Gulden für einen speziellen Zweck abzuzweigen seien. Sie sollten *vor die hausarmen diesseits Rheins dergestalten angeleget und angewendet werden ... daß darvon 100 fl. jeder Pfarrkirch von unserem Land gegeben werden sollen, so weit es sich erstrecket, a 5 pro cento anzulegen, welche fallende 5 fl. jährlich oder wo möglich in vier quartalien der 4te Theil davon hausarmen ausgetheilet werden solle.*[35] Bei der ersten Verteilung wurden die acht Pfarreien von Büchenau, Büchig, Forst, Neibsheim, Neuenbürg, Neuthard, Obergrombach und Untergrombach sowie die St. Peter und die Stadtpfarrei in Bruchsal berücksichtigt. Die bischöfliche Spende ging in Forst jedoch nicht an den bereits vorhandenen Almosenfonds, sondern an die politische Gemeinde, wie der Almosenfonds-Rechnung von 1751 zu entnehmen ist. Die Gemeinde verpflichtete sich nur, die fünf Gulden Zinsen an den Fonds weiterzugeben. Allerdings handelte sie jahrelang nicht danach, was einen jahrzehntelangen Papierkrieg nach sich zog.

Viel größeren Zuwachs erfuhr der Fonds aus Zins und Zinseszinsen der durchweg sehr langfristig verliehenen Kapitalien. Die Rechnung von 1743 beispielsweise verzeichnete 17 Schuldner, die Beträge zwischen 2 ½ und 20 Gulden ausgeliehen hatten. Nur acht von ihnen zahlten die geliehenen Gelder in den nächsten Jahren zurück; einer erhielt seine Schuld 1763 erlassen. Die anderen acht ließen sich jeweils mehr als 25 Jahre dafür Zeit. Jährliche Teilrückzahlungen gab es überhaupt nicht. Bis zum Jahr 1796 hatte der Fonds ein Kapitalvermögen von 1.305 Gulden angesammelt.

seine vom Gemeinderat beantragte Auflösung vom Landratsamt genehmigt wurde.[33]

Die Anfänge dieses Fonds verlieren sich im Dunkel der Geschichte. Die erste erhaltene Rechnung berichtet nicht über seine Gründung. Unter den Schuldnern des Fonds erwähnt sie allerdings seinen Pfleger des Jahres 1732. Und irgendwann ist einmal die Rede davon, dass ein Schuldner bereits 1725 Geld geliehen habe. Eine andere Quelle führt sogar noch weiter zurück. Sie behauptet, dass das Almosen schon vor dem

33 Kreisarchiv Karlsruhe (im Folgenden immer nur: KAK) 514/1994/10/2232.
34 GLA 229/29149.
35 GLA 78/2161.

Das insgesamt stete Wachstum des Fonds vor allem aufgrund von Zinszuflüssen zeigt, dass die Ausgaben regelmäßig niedriger waren als die Einnahmen; nur wenige Jahre schlossen mit einem Defizit. Über die Jahrzehnte hin wurden seine Ausgaben vor allem unter vier Rubriken aufgeführt: 1. *Ausgab Geld zu Allmosen ausgespendet*, 2. *Ausgab Geld auf Medizin und Labung der Kranken; auch Beerdigung der todten Armen*, 3. *Ausgab Geld auf Belehrung der armen bürgerlichen Kinder, und derselben Lehrnothwendigkeiten* sowie 4. *Ausgab Geld zu Nachlaß*. Ein fünfter Ausgaben-Posten galt der Verwaltung des Fonds selbst. Die genauestens geregelten Kosten machten durchschnittlich etwa zehn Prozent der Ausgaben aus.

Aus der Bilanz des Fonds lässt sich ohne weiteres ein Stück Wirtschaftsgeschichte der Gemeinde ablesen, können leicht gute und weniger gute, ja wohl auch sehr kritische Jahre herausgefunden werden. Das wahrscheinlich kritischste Jahr des 18. Jahrhunderts bildete das Jahr 1770, in dem vom Fonds insgesamt 112 Gulden und 19 Kreuzer ausgegeben wurden (während es in guten Jahren – wie etwa 1787 – nur 23 fl. 24 waren). Leider wurden die Ausgaben immer nur sehr summarisch notiert. Deutlich wird nur, dass in jenem Jahr für Medizin (3 fl. 30) und Lehrmittel (1 fl. 30) das Wenigste ausgegeben worden war. Den größten Posten bildeten mit 63 fl. 10 die Almosen, die der Pfarrer verteilt hatte, ohne dass dabei Namen genannt worden wären. Nur bei der Rubrik „Zinsnachlass" wird etwas Licht auf ein konkretes Schicksal geworfen: 35 fl. 13 wurden dem Almosenpfleger des Jahres 1759 erlassen, *dem armen, alten, tauben, mit kleinen Kindern aus letzterer Ehe beladenen, zum Arbeiten und Verdienst nun untauglichen Thomas Weigand*. Weigand war 1770 65 Jahre alt und musste fünf Kinder zwischen drei und zwölf Jahren ernähren. Die Krise der damaligen Zeit kann auch daran abgelesen werden, dass in vier von den fünf Jahren zwischen 1768 und 1772 mehr Menschen starben als geboren wurden. Die Not war auch nicht auf Forst beschränkt, sondern hatte europäisches Ausmaß.[36]

Alles in allem bildeten jene Jahre aber schon eine Ausnahme. Die Normalität sah etwas anders aus, da waren die satzungsmäßigen Ausgaben des Fonds ziemlich begrenzt. Dann trat eine ganz andere Aufgabe in den Vordergrund: die des Geldverleihers.

An dieser Stelle muss man sich klar machen, dass es um diese Zeit auf dem Land weder Banken noch Sparkassen gab. Die einzigen Institutionen, die überhaupt und zu günstigen Konditionen Kapital zur Verfügung stellten waren die Fonds – in Forst neben dem Almosenfond auch der Kirchen- und der Kirchenbaufond.[37] Ihre Wohltätigkeit erwies sich nicht zuletzt darin, dass sie in wirtschaftliche Bedrängnis geratenen Schuldnern bei ihren Zahlungen großzügig Zeit ließen oder ihre Schuld ganz nachließen. Die Zahl der Schuldner war bei jedem der drei Fonds zwar absolut gesehen immer sehr begrenzt, aber wenn man die Größe des Dorfes in Rechnung stellt, sieht das etwas anders aus: 1757 etwa waren es allein beim Almosenfonds immerhin 25 von 123 Haushaltsvorständen, also rund jeder Fünfte.

Und schließlich darf eine weitere Funktion nicht übersehen werden: Die Fonds wurden von den Forster Bürgern selbst verwaltet. Und durch den jährlichen Wechsel ihrer „Pfleger" kam eine ganze Menge von ihnen mit der Materie der Fondsverwaltung in Berührung. Sie mussten nicht nur Schreiben und Rechnen können – vor allem die recht umfangreiche Abrechnung erforderte ein gewisses Hineindenken in ökonomische Zusammenhänge und einen gewissen Überblick.

Das Jägerhaus

Unverzichtbarer Zeitvertreib eines barocken Fürsten war die Jagd. Entsprechend aufwändig organisiert war der gesamte Bereich auch bei den in Bruchsal residierenden Speyerer Fürstbischöfen. An seiner Spitze stand der Oberjägermeister, ein hoch bezahlter Adliger am Hof zu Bruchsal. 1774 wurde er mit 819 Gulden entlohnt und Sachwerten, die sich zu weiteren fast tausend Gulden summierten. Um den hohen Herrn aber nicht mit konkreter Arbeit belästigen zu müssen, war ein bürgerlicher Oberjäger bestellt, der die Aufsicht über die Revierjäger und verschiedene Spezialis-

36 Wilhelm Abel, Massenarmut und Hungerkrisen im vorindustriellen Europa. Versuch einer Synopsis. Hamburg und Berlin 1974, S. 200ff.
37 Chronik, S. 588f.

ten besaß. Mit 400 Gulden und kostenlosem Heizmaterial war er zwar nicht gerade schlecht bezahlt, der Abstand zum adligen Vorgesetzten war jedoch beachtlich.[38]

Unter Kardinal Franz Christoph von Hutten erhielt der fürstbischöfliche Oberjäger ein neues Domizil. Nach vom Bruchsaler Hofbaumeister Georg Stahl 1746 erstellten Plänen wurde das stattliche Gebäude mit-

samt verschiedener Stallungen 1747 an der Schwanenstraße erbaut.[39]

Sehr lange wurde es nicht verwendet. 1802 ging es in den Besitz des badischen Staats über, der es zunächst einem seiner Förster zur Verfügung stellte. Als der 1836 pensioniert wurde, entschloss man sich zum Verkauf des gesamten Anwesens. Noch im selben Jahr erwarb es Friedrich Taylor aus Ziegelhausen.

1885 begann eine ganz neue Phase, als die Firma A. Neubert & Cie. Das „Jägerhaus" kaufte und mit der Fabrikation von Zigarren begann.[40] Schon 1889 wurde die Produktion aber von dem Karlsdorfer Unternehmer J.(akob) H.(einrich) König übernommen, der sie Ende 1895 an Salomon Rothheimer weiter gab. Unter Rothheimer wurde an das alte Jägerhaus ein großes Fabrikgebäude angebaut, in dem 1938 38 Arbeiterinnen und Arbeiter Zigarren herstellten. Der Werkmeister hatte seine Wohnung im Altbau, Rothheimer selbst wohnte in Bruchsal. Nachdem Salomon Rothheimer den Betrieb an seinen Neffen Saly Rothheimer übergeben hatte, konnte ihn der noch bis 1938 aufrechterhalten. Dann musste er als Jude dem nationalsozialistischen Druck nachgeben und im Mai 1938 alles verkaufen. Leider lassen sich aufgrund fehlender Unterlagen die genaueren Umstände nicht mehr konkretisieren. Neuer Besitzer wurde Carl Lögler aus Friesenheim (bei Lahr). Löglers Witwe gab die Zigarrenherstellung 1954 auf. Das Gebäude wurde dann seit Mai 1957 von Gerhard Minkolei zur Herstellung von Polstermöbeln genutzt. 1972 wurde dieses Geschäft von Peter Hahn übernommen und noch eine zeitlang fortgeführt.

Der Erwerb des Anwesens im Jahre 1983 durch die Gemeinde wurde mit dem Gedanken vollzogen, das Ganze nach entsprechendem Umbau einer öffentlichen Verwendung zuzuführen. Rund drei Millionen Mark (1,6 Mio. Euro) mussten dafür aufgewendet werden; verschiedene Zuschüsse (rund 200.000 Euro) reduzierten diesen Aufwand leicht. Am 9. September 1988 konnte Bürgermeister Alex Huber von Architekt Alois Wiedemann den symbolischen neuen Schlüssel übernehmen. Während die Räume im Altbau überwiegend der Nutzung durch Musik- und Volkshochschule zuge-

38 Hans Hausrath, Forstgeschichte der rechtsrheinischen Theile des ehemaligen Bisthums Speyer. Berlin 1878, S, 162.
39 Chronik, S. 280–285.
40 Vgl. dazu S. 47.

Der Oberjäger erhielt zwar ein prächtiges Heim, aber mit der Wasserversorgung muss es in den ersten Jahren noch gehapert haben. Erst 1753 kam ein Brunnen hinzu.

wiesen wurden, stehen die großzügig gestalteten Säle im früheren Fabrikbau für die unterschiedlichsten Zwecke zur Verfügung. Die verschiedenen Angebote werden bis heute in hohem Maße angenommen; nicht durchgesetzt werden konnte dagegen die neue Bezeichnung „Haus des Bürgers". Das Jägerhaus blieb, was es schon immer war – das Jägerhaus.

Der markante Dreiklang des „Jägerhauses" von barockem Bauteil, Industrieanbau und modernem Eingangsbereich erhält durch den munteren „Sandhasenbrunnen" auf dem davor gelegenen Platz einen zusätzlichen Akzent.

Der Heimat- und Kulturverein

An dieser Stelle muss ein Wechsel des Schreibstils erlaubt sein. Es käme mir seltsam vor, in der dritten Person über Ereignisse zu berichten, zu deren Gestaltung ich so viel beigetragen habe, nachdem der Stein einmal ins Rollen gekommen war.

Die Idee zur Vereinsgründung stammt eindeutig vom damaligen Bürgermeister Alex Huber. Für ihn konnte ein entsprechender Zusammenschluss nicht nur das Angebot der Forster Vereine abrunden, sondern auch dazu beitragen, das gerade neu entstehende ‚Bürgerhaus' mit Leben zu füllen. Erste Aufrufe im Mitteilungsblatt Anfang 1988 führten jedoch zu keinem Ergebnis. Es mussten direkte Kontakte geknüpft und konkrete Vorschläge für die Vorstandsposten gemacht werden. Zu meiner Überraschung fand ich mich, damals gerade 30 Jahre alt, erst seit sechs Jahren mit Fa-

milie in der Gemeinde lebend, aber frisch in Geschichte promoviert, ums Handumdrehen auf der Position des ersten Vorsitzenden. Das fehlende Lokalwissen wurde vor allem von meiner Vertreterin Ulla Steiner und Kassier Otmar Wagner beigesteuert.

Unsere Hauptaufgabe bestand zunächst einmal darin, die künftigen Tätigkeitsfelder abzustecken, denn „Heimat" und „Kultur" sind weite Begriffe. Sehr schnell verabschiedete ich mich dabei von vielen theoretischen Überlegungen. Verwirklicht werden können in einem von ehrenamtlich Tätigen getragenen Verein nur jene Projekte, für die man Einsatzwillige findet.

Als sehr vorteilhaft erwies sich die Zusammenarbeit mit der bereits bestehenden Musikschule und der wenig später ins Leben gerufenen Gemeindebücherei. Und auch da ist zu konkretisieren: Die freundschaft-

Stimmungsvolles Kammerkonzert im „Jägerhaus" – hier mit dem „Trio Vivente" am 24. Oktober 2010.

liche Zusammenarbeit mit Karl Kaiser und Barbara Hildebrand schuf eine kreative Atmosphäre, in der immer neue Ideen entstanden. Schon 1989 begannen wir mit einer kleinen Kammerkonzert-Reihe, die sich schnell als „Musik im Jägerhaus" einen Namen in der Region machte und mittlerweile bereits ihren 20. Geburtstag feierte. Nicht ganz so langlebig war unser „Forster Kulturmarkt", bei dem bildende Kunst, Musik und Literatur (vor allem Kabarett) an einem Wochenende zusammengebracht werden sollten. Zehnmal konnte das organisatorisch recht aufwendige Spektakel immerhin veranstaltet werden.

Wenig später fand auch unser heimatgeschichtliches Engagement ein Aushängeschild. Im Herbst 1992 erschien das erste Heft unserer „Forschter Drehscheib'", seit 1997 mit dem den Inhalt recht genau umreißenden Untertitel „Geschichte und Geschichten". 17mal, bis Sommer 2001, gelang es uns, die jeweils 48 Seiten starken Hefte zu produzieren. Dann war erst einmal Schluss.

Doch neue Projekte folgten. Seit Juli 2004 bildet das Jägerhaus alle zwei Jahre den Schauplatz für das „Kunstforum Forst", bei dem sich sechs eingeladene Künstler um zwei jeweils mit tausend Euro dotierte Preise bewerben. Die dazu nötigen Gelder stellen das lokale Gewerbe und die EnBW zur Verfügung. Ebenfalls im Zwei-Jahres-Rhythmus wird von unserem Verein die Hobby-Ausstellung veranstaltet, dies aber 2010 schon zum 13. Mal.

Für neue Ziele sind wir offen. Schließlich soll der 25. Geburtstag im Jahr 2013 keinen Schlusspunkt bilden.

Im Zuge ihres Krieges gegen das revolutionäre Frankreich ließ die österreichische Armee unter Leitung von Generalmajor Johann Heinrich von Schmitt 1797 ein riesiges, 198 Blätter umfassendes Kartenwerk von Süddeutschland erstellen; erhebliche Teile sind mittlerweile durch die Reproduktion des Landesvermessungsamts Rheinland-Pfalz leicht zugänglich. Auf dem 43. Blatt ist Forst mit seiner Umgebung abgebildet (die Karte ist nicht wie heute üblich genordet, sondern nach Westen orientiert). An der Stelle Karlsdorfs liegt noch „Schloß Altenburg", und so wird klar, woher der „Burgweg" (der damals noch zumeist durch Wald führte) seinen Namen hat.

Das Ende des Hochstifts.
Forst wird badisch

Fürstbischof von Limburg-Stirum war zwar bemüht, sein Ländchen vorbildlich zu regieren, aber gegenüber den Erschütterungen, die die große Revolution der Franzosen in immer neuen Wellen auch im Heiligen Römischen Reich deutscher Nation bewirkte, war er selbstverständlich machtlos. Zwar blieben direkte Erhebungen in seinem Gebiet aus, aber es war kaum mehr zu übersehen, dass die politische Landkarte neu strukturiert werden würde. Die Abneigung, die in modern denkenden, „aufgeklärten" Kreisen gegen die katholischen geistlichen Fürsten herrschte und in ihnen nur mittelalterliche Übrigbleibsel sah, passte gut zu den politischen Notwendigkeiten: Napoleon, der Erbe der Revolution, bedurfte leistungsfähiger Verbündeter unter den deutschen Fürsten. Letztlich war es vor allem diese Machtfrage, die den Ausschlag gab, das Alte Reich mit seinen fast zahllosen geistlichen und weltlichen Herrschaften in zwei großen, eng aufeinander folgenden Schüben zu beseitigen und grundlegend neu zu strukturieren: In einem ersten Schritt wurde vorgeschoben, die weltlichen Fürsten für die Verluste entschädigen zu müssen, die sie durch das Vordringen der Franzosen auf der linken Rheinseite erlitten hatten. Auf Initiative Napoleons erhielten sie dafür die säkularisierten Gebiete ihrer geistlichen Nachbarn.

Der förmliche Beschluss des deutschen Reichstags wurde 1802 vorbereitet und sollte 1803 in Kraft treten. So lange wollte man in Karlsruhe jedoch nicht warten. Auf ausdrücklichen Wunsch Napoleons erschienen die badischen Beauftragten schon am 20. September 1802 in Bruchsal. Am 24. September erfolgte die zivile Machtübernahme und mit dem 1. Dezember 1802 begann die kurfürstlich-badische Verwaltung des früheren Hochstifts.[41]

Die Expansion Badens war damit jedoch noch nicht abgeschlossen. Als enger Verbündeter Napoleons wurde es auch nach dem Sieg über Österreich reich belohnt.

1806 erhielt der gerade erst zum Kurfürsten erhobene Carl Friedrich nicht nur den Titel eines Großherzogs, er durfte seinem Land auch die bisherigen vorderösterreichischen Gebiete um Freiburg und etliche weitere Ländereien kleinerer Herren einverleiben. Innerhalb weniger Jahre hatte sich der Umfang seines Landes vervierfacht, seine Bevölkerung sogar verfünffacht.

War dieser Erfolg schon für die Karlsruher Dynastie kaum vorherzusagen gewesen, so muss es geradezu an ein Wunder grenzen, dass die badischen Zugewinne auch behauptet werden konnten, als Napoleons Stern nach und nach erlosch. Carl Friedrichs Nachfolger, Großherzog Karl, hatte auf Drängen seiner Räte gerade noch rechtzeitig die Fronten gewechselt und stand erneut auf der richtigen Seite. Selbst als Bayern auf dem Wiener Kongress die ehemals rechtsrheinischen Teile der Kurpfalz zurückforderte, fand Baden mächtige Fürsprecher und alles blieb beim gar nicht so sehr Alten. Nun endlich konnte man sich daran machen, das Staatswesen neu zu organisieren und aus den vielen Neuankömmlingen „Badener" zu formen.

Es wird nicht überraschen, dass diese Veränderungen grundlegende Verwaltungsreformen erforderten, um den neuen Staat zu festigen. Jahrelang wurden immer neue Verordnungen erlassen, die das Land zunächst in Provinzen, dann in Kreise von mehrfach wechselndem Zuschnitt gliederten. Die unterste Instanz wurde davon allerdings relativ wenig berührt. Der für Forst zuständige Amtmann saß nun nicht mehr in Kislau, sondern in Bruchsal. Und dies galt, auch nachdem er den Titel „Landrat" erhalten hatte, bis zur Auflösung des Bezirks bzw. Landkreises im Jahre 1973.[42]

Einen Markstein für die politische Entwicklung bildete dann der Erlass einer eigenen, sehr liberalen Verfassung für das Großherzogtum am 22. August 1818, die so recht erst das Fundament für das Selbstbewusstsein des neuen Badens und seiner Bürger bildete.

Doch nicht nur auf der politischen Oberfläche war viel Bewegung zu verzeichnen. Die Welt veränderte sich in vielerlei Hinsicht.

---

41   Chronik, S. 308.
42   Chronik, S. 313f.

Die ältesten Bilder von Forst werden auf Ansichtskarten überliefert – leider erst vom Ende des 19. Jahrhunderts. Sie gaben vor, was seitdem auf fast jeder Karte zu finden ist: die Kirche, das Rathaus, das Pfarrhaus. Es handelt sich nicht um Fotografien, sondern um kolorierte Grafiken, vermutlich Stahlstiche. Wie man sieht, wurden sie nicht für jede Karte neu angefertigt, sondern manchmal einfach nur neu gruppiert.

Die erst im Kaiserreich eingeführten Postkarten durften zunächst nur auf einer Seite beschrieben werden. Die zweite Seite war bloß der Anschrift vorbehalten.

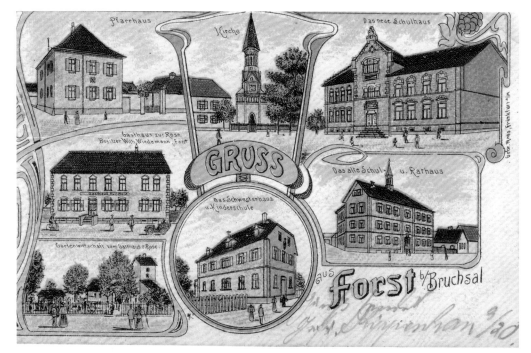

Auf den ersten Blick wird man denken müssen, dass hier zwei gleiche Postkarten abgebildet sind. Der zweite Blick wird dann auf verschiedene Unterschiede stoßen. Der wichtigste ist in der linken unteren Ecke zu finden: Die Ansicht des Gasthauses zum Ritter ist durch zwei Ansichten vom Gasthaus zur Rose ersetzt.

Wahrscheinlich hatte der auf der unteren Karte genannte Rosen-Wirt Wilhelm Wiedemann der Frankfurter Druckerei Gebr. Roos einen entsprechenden Auftrag erteilt. Dort griff man auf die alten Vorlagen zurück, zeichnete (zum Teil) neue Rahmen und ergänzte alles um die beiden neuen Bilder. Da Wiedemann erst nach dem Ersten Weltkrieg die „Rose" übernahm, hat man auch gleich eine Datierungshilfe für die ansonsten schon sehr altertümlich wirkende Ansichtskarte.

Sexueller Wandel im 18. und 19. Jahrhundert

Früher, so die gängige Vorstellung, sei man ja viel sittenstrenger gewesen und habe die Sexualität viel mehr unter Kontrolle gehabt als heute. So ganz pauschal formuliert, mag das vielleicht zutreffend sein. Aber wenn man sich konkrete Aspekte genauer betrachtet, zeigen sich doch erhebliche Risse in den glatten Fassaden der Wohlanständigkeit.

Zu den Eckpfeilern christlicher Moral zählt die Forderung nach vor- und außerehelicher sexueller Enthaltsamkeit. Aber wie weit wurde sie erfüllt? Die Frage kann unmöglich beantwortet werden, wenn sie sich auf alle möglichen Formen sexueller Praxis erstrecken soll – und noch dazu über lange Zeiträume und die gesamte Bevölkerung einer Gemeinde erfassend. Darüber gibt es auch heute keine Daten. Anders sieht es aus, wenn man sich auf jene Fälle beschränkt, in denen Schwangerschaften die Folge waren. Dann kann man in beiderlei Hinsicht wichtige Anhaltspunkte gewinnen.

Fasst man die Anteile unehelicher Geburten an den Geburten in Forst insgesamt jahrzehnteweise zusammen, ergibt sich ein eindeutiger Befund: Von 1700 bis 1789 betrug die Forster Illegitimitätsquote durchschnittlich nur 2,6 Prozent – noch nicht einmal drei von hundert Geburten waren außerehelich. Im letzten Jahrzehnt des 18. Jahrhunderts betrug sie jedoch 8,5 Prozent, und dies vor allem durch die Ausnahmesituation der Jahre 1794 bis 1796. Im Zuge der Revolutionskriege waren ständig irgendwelche Soldaten in Forst, und dies hinterließ auch in den Kirchenbüchern deutliche Folgen: 16 der 128 Geburten jener Jahre entsprangen keinem von der Kirche gesegneten Bund, und zwölfmal waren dabei Forster Familien betroffen. Bei sieben von ihnen bekannten sich Soldaten zu ihrem Tun. Zwei weitere hatten bereits die Konsequenz gezogen und ihre schwangeren Geliebten geheiratet.[43]

Überraschenderweise blieb dieser Wert nun aber keine kriegsbedingte Ausnahme, sondern verfestigte sich für das 19. Jahrhundert zur Regel. Der Durchschnittswert für die Unehelichenquote betrug bis 1870 neun Prozent, wobei in den 1830er, 1840er und 1850er Jahren sogar regelmäßig die zehn Prozent überschritten wurden. In Forst war man damit noch nicht einmal besonders freizügig. In Gesamtbaden schwankte die Unehelichenquote zwischen 1840 und 1864 zwischen 10 und 17 Prozent, in Württemberg lag sie nur leicht darunter, in Bayern dagegen waren 20 Prozent die Untergrenze und Spitzenwerte lagen bei 25 Prozent.

Während uneheliche Geburten statistisch leicht zu erfassen sind, bedarf es für die Antwort auf die Frage nach dem Ausmaß der Geburten, die vorehelichem Geschlechtsverkehr entsprangen, einer sehr detaillierten Datengrundlage. Nur aus der Differenz zwischen Hochzeitsdatum der Eltern und Geburtstag des (ersten) Kindes lässt sich errechnen, ob es vor oder nach der Eheschließung gezeugt wurde. Neun Monate (und mehr) ergäben dabei eindeutig innereheliche Zeugung, acht Monate wären ein Grenzbereich, weniger als acht Monate sprächen dagegen für voreheliche Sexualität. Unter diesen Voraussetzungen lassen sich die auf der nächsten Seite zusammengestellten Werte ermitteln.

Die erste Hälfte des 19. Jahrhunderts hebt sich markant von den davor und danach anschließenden Zeiträumen ab. Mindestens zwei von fünf Frauen, die damals zur Heirat vor den Altar der Forster Kirche traten, waren keine Jungfrauen mehr. Nimmt man hinzu, dass in dieser Zeit überhaupt jede zehnte Geburt – wie bereits erwähnt – unehelich war, muss man nach Gründen für diese so weit vom offiziell Gewünschten entfernte Praxis suchen.

Eine wichtige Rolle spielten auf jeden Fall die ehebeschränkenden Maßnahmen des Staates, die um 1800 eine einschneidende Veränderung erfuhren. Im Fürstbistum Speyer durfte jeder heiraten. Allerdings sollten dann diejenigen, die nicht genug besaßen, um das Bürgerrecht zu erwerben, des Landes verwiesen werden. Der badische Staat nahm dieses Konzept auf, versah es jedoch mit einer neuen Akzentuierung: Das Bürgerrecht wurde zur Grundlage der Heiratserlaubnis. Wer nicht genug besaß, um das Bürgerrecht zu erlangen, durfte nicht heiraten. So sollte das Bevölkerungs-

43 Dies und das Folgende nach meinem die Daten des von mir erarbeiteten Familienbuches auswertenden Aufsatz „Die Alltäglichkeit von Not und Tod", 267ff.

36

Die Entwicklung der Zahl vorehelicher Konzeptionen 1700 bis 1879

Zeitraum	Ehen insg.	mit Geburts-eintrag	davon vorehel. Geburten (1)	vor 8. Monat (2)	8. Monat (3)	Summe 1–3
1700–1769	396	286 (72 %)	5	12	12	29 (10 %)
1770–1799	217	169 (78 %)	9	29	3	41 (24 %)
1800–1859	610	505 (83 %)	66	121	8	195 (39 %)
1870–1879	167	135 (81 %)	2	24	4	30 (22 %)

wachstum begrenzt und die Verarmung breiterer Schichten verhindert werden. Erst 1862 zeichnete sich eine Wende ab. Seit dem 5. Mai 1870 galt in Baden volle Verehelichungsfreiheit.

Vor diesem Hintergrund wird klar, dass ein erheblicher Teil der Auffälligkeiten durch die Heiratsbeschränkungen erklärt werden kann. Ärmere Männer und Frauen erhielten keine Heiratserlaubnis, ließen sich davon aber nicht von sexuellen Kontakten abhalten. Häufig kam es dann doch irgendwann zu einer Heiratserlaubnis, und die vorhandenen vorehelichen Geburten wurden legalisiert.

Dieser Erklärungsansatz lässt jedoch verschiedene Fragen offen. Er erklärt nicht, warum sich bereits im späten 18. Jahrhundert die Zahlen zu verändern begannen, als noch gar keine gesetzlichen Neuregelungen erfolgt waren. Und vor allem bleibt unklar, warum auf einmal so viele Ehen ‚erzwungen' waren. Ohne Zweifel war der öffentliche Druck noch so groß, dass bei vielen festgestellten vorehelichen Schwangerschaften sofort eine Ehe arrangiert wurde. Die hier interessierende Frage ist aber doch: Warum nahmen diese Fälle seit dem späten 18. Jahrhundert so deutlich zu? Warum warteten immer weniger Paare ihre Hochzeit ab, ehe sie sexuellen Kontakt miteinander hatten?

An dieser Stelle sind tiefgreifende mentale Veränderungen anzunehmen. Die Menschen waren immer weniger bereit, auf Geheiß der Kirche ihre sexuelle Aktivität bis in die Hochzeitsnacht aufzuschieben. Das Wort

der Kirche verlor an Macht – nicht indem ihm direkt widersprochen wurde, sondern indem man seinen Vorgaben immer weniger folgte. Das vom Glauben ans Jenseits bestimmte Heil der Seele – zumindest wie es von der Kirche definiert wurde – verlor an Gewicht gegenüber dem individuell erlebten leiblichen Glück im gegenwärtigen Leben.

Dass man der Frage nach dem Seelenheil insgesamt weniger Bedeutung zuzumessen begann, kann schließlich noch an einem sehr speziellen Aspekt aufgewiesen werden. Im 18. Jahrhundert war die Regel nahezu unumstößlich, dass ein neu geborenes Kind innerhalb von 24 bis 48 Stunden getauft wurde. Im 19. Jahrhundert wurde sie immer häufiger durchbrochen. Nun konnte es durchaus geschehen, dass mehrere Tage alte Säuglinge ungetauft verstarben. Die Sorge um das Heil der Kinderseele scheint zurückgegangen zu sein.

Auswanderungen

Im Jahr 1900 wurden 2.410 Einwohner in Forst gezählt, im Jahr 1800 waren es wahrscheinlich nur 700 gewesen. Das war ein enormes Wachstum von rund 1.700 Personen – und anders als im 20. Jahrhundert war es sozusagen hausgemacht: Es wurde nur durch Geburtenüberschüsse bewirkt. Betrachtet man sich die Bevölkerungsbilanz noch genauer, stellt man fest, dass das Bevölkerungswachstum sogar noch größer hätte ausfallen müssen: Die Differenz zwischen den 7.939 Geburten und 5.147 Sterbefällen beträgt sogar 2.792![44]

Geht man davon aus, dass im Großen und Ganzen Einheiraten durch entsprechende Wegzüge ausgeglichen wurden, muss der Schluss gezogen werden, dass darüber hinaus im 19. Jahrhundert rund 1.100 in Forst Geborene ihr Heimatdorf verließen und ihr Leben andernorts verbrachten. Sicherlich werden darunter auch ein paar Abenteuerlustige gewesen sein, die einfach Veränderung suchten. Für die Meisten dürften jedoch ökonomische Überlegungen im Vordergrund gestanden haben. Sie wogen ihre Aussichten in der Heimat mit der in der Fremde ab und kamen zum Schluss, dass die (Über-)Lebenschancen anderswo günstiger waren.

Abwanderungsziele gab es viele. Sie lassen sich in drei Gruppen zusammenfassen: Verlockend waren zunächst einmal die Städte der Region, Karlsruhe und Mannheim vor allem. Sie boten nicht nur mehr persönliche Unabhängigkeit, sondern auch bessere Verdienstmöglichkeiten, vor allem nachdem die Industrialisierung an Fahrt gewann. Selbstverständlich konnten auch die Grenzen Badens überschritten und andere Städte im Deutschen Bund oder (ab 1871) Deutschen Reich aufgesucht werden. Das Ruhrgebiet entwickelte sich zum Wirtschaftsmagneten, aber auch Berlin. Und schließlich konnte man die Grenzen Deutschlands hinter sich lassen und in das europäische oder außereuropäische Ausland auswandern. Nur diese letzte Gruppe soll im Folgenden etwas näher betrachtet werden.[45]

Welche Bedeutung die Fernwanderungen hatten, lässt sich schon allein an ihrer Zahl ablesen: Allein mit den dokumentierten Fällen wird schon die 200 überschritten! Und hinzu wird man noch eine erhebliche Dunkelziffer rechnen müssen, weil wohl etliche Akten (vor allem aus dem frühen 19. Jahrhundert) verloren gegangen sind, auch später nicht jeder den offiziellen Weg ging und sicherlich so manche Abwanderung zwei- oder gar mehrstufig erfolgte: von Forst beispielsweise zuerst nach Karlsruhe und erst nach ein paar Jahren dann weiter in die USA.

Die Auswanderungen des 19. Jahrhunderts unterschieden sich wesentlich von denen des 18. Jahrhunderts. Zum einen wuchs ihr Umfang von einem schmalen Rinnsal zu einem breiten Strom: Verließen im 18. Jahrhundert nur 20 bis 30 Forster ihre Heimat, waren es im 19. wie gesagt über 200. Und zum anderen wurden ganz verschiedene Ziele angesteuert. Im 18. Jahrhundert lockte der Donauraum (zeitgenössisch in „Ungarn" zusammengefasst), denn nach dem Zurückdrängen der Türken war die Donaumonarchie darauf aus, die neu gewonnenen Ländereien dichter zu besiedeln und wirtschaftlich zu erschließen. Im 19. Jahrhundert standen dagegen die USA ganz im Vordergrund, zumindest für die Forster. Nach Brasilien, das zum Beispiel viele Karlsdorfer und Neutharder anzog, scheinen Anfang der 1860er Jahre nur drei Forsterinnen und Forster gezogen zu sein: Katharina Bacher (1860), Josef Horn (1861) und Karoline Burger (1862) – alle drei jung und ledig.

Der Strom der Auswanderer in die USA hatte dagegen andere Konturen. Er wurde von ganzen Familien gekennzeichnet. Die Rede von einem „Strom" ist jedoch in gewisser Weise irreführend. Die Auswanderungen vollzogen sich nämlich alles andere als kontinuierlich, sondern innerhalb weniger Jahrzehnte sehr schubartig. Sie beschränkten sich auf das halbe Jahrhundert zwischen 1840 und 1890 und darin auf wenige einzelne Jahre, wie die Grafik auf der nächsten Seite zeigt.

Besonders interessant ist dabei die erste (und gleich größte) gut dokumentierte Ausreisewelle 1845/46. Es liegt nahe, sie mit der letzten großen Hungerkrise in Westeuropa in Verbindung zu bringen, als nicht nur die Getreideernten schlecht ausfielen, sondern wegen der so genannten Kartoffelfäule auch nicht auf andere Grundnahrungsmittel ausgewichen werden konnte. Diese Krise hinterließ auch in Forst tiefe, bis in die Geburtenbilanzen hinein nachweisbare Spuren: 1846 gab es genauso viele Todesfälle wie Geburten und 1847 gab es sogar elf Todesfälle mehr – ein negativer Wert war zuletzt 1814 zu verzeichnen gewesen und sollte für den Rest des Jahrhunderts nicht mehr vorkommen. Überraschenderweise waren die meisten Forster Auswanderer jedoch schon 1845 aufgebrochen. Und zudem waren es nicht unbedingt die Ärmsten, die sich auf die Reise machten (schließlich mussten sie ja auch noch die be-

44 Dussel, Alltäglichkeit von Not und Tod, S. 266, mit lückenloser Tabelle für das gesamt Jahrhundert.

45 Dazu ausführlich Chronik, S. 356–381. Alle Zahlen berechnet nach der Auswandererliste S. 378–380.

trächtlichen Kosten der Überfahrt finanzieren). Anton Vollmer, der mit Frau und drei Kindern auswanderte, standen gut 1.400 Gulden zur Verfügung; Lorenz Lenz (Frau und fünf Kinder) fast 2.300 Gulden; Christian Wittmann (Witwer mit sieben Kindern) rund 3.000 Gulden und Anton Weindel (Frau und acht Kinder) sogar 4.000. Vielleicht zeichnete sich die Krise schon früh ab und Vollmer, Lenz, Wittmann und Weindel reagierten einfach nur rechtzeitig. Sie alle brachen übrigens wahrscheinlich gleichzeitig auf – jedenfalls wurden ihre Entlassungsgesuche vom Forster Gemeinderat am 16. September 1845 gemeinsam behandelt.[46]

Die Gelegenheit wurde in Forst wie vielerorts auch gleich genutzt, manche weniger erwünschte Personen abzuschieben. Katharina Meder beispielsweise saß 1851 in der „polizeilichen Verwahrungs-Anstalt" Pforzheim ein. Ausdrücklich befürwortete man dort ihre Auswanderung, weil es *viel zweckmäßiger ist, wenn derartige meistens unverbesserliche Personen, die den öffentlichen Kassen zur Last fallen, überhaupt noch durch ihr schlechtes Betragen viel Aergerniß geben und verderblich einwirken, fortgeschafft werden.* Meder besaß jedoch nichts und als Kosten wurden mindestens 123 Gulden berechnet (15 für Kleidung,

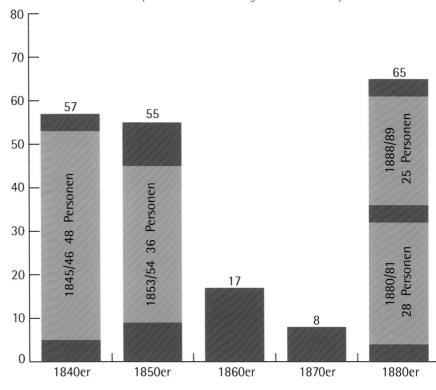

Ausreisewellen in Personen pro Jahrzehnt mit signifikaten Einzeljahren

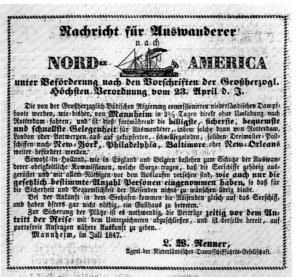

46   GLA 344/400-403.

Auswanderer-Transporte waren ein lukratives Geschäft, an dem viele verdienen wollten. Die Anzeigen stammen aus dem „Bruchsaler Wochenblatt" vom 5. Juli 1849.

Bruchsaler Wochenblatt.

№ **45.** Dienstag den 17. April **1860.**

Erscheint jeden Dienstag, Donnerstag und Samstag. — Pränumerations-Preis halbjährlich mit Einschluß des Trägerlohns 1 fl. 12 kr., pr. Post bezogen (außerhalb des Amtsbezirks) 1 fl. 30 kr. für's Halbjahr.

Oberamtl. Bekanntmachungen.

Schulden-Liquidation.

OAMro. 6002. Der ledige, 24 Jahre alte Leopold Diehl von Forst beabsichtigt nach Amerika auszuwandern. Zur Geltendmachung etwaiger Ansprüche haben wir Tagfahrt auf
Samstag den 21. d. M.
Vormittags 9 Uhr anberaumt, was hiermit zur öffentlichen Kenntniß gebracht wird.
Bruchsal, den 11. April 1860.
Großherzogl. Ober-Amt.
L e i b e r.

Schulden-Liquidation.

OAMro. 6003. Der ledige, 21 Jahre alte Michael Schumacher von Forst beabsichtigt nach Amerika auszuwandern. Zur Geltendmachung etwaiger Ansprüche haben wir Tagfahrt auf
Samstag den 21. d. M.
frühe 9 Uhr anberaumt, was hiermit zur öffentlichen Kenntniß gebracht wird.
Bruchsal, den 11. April 1860.
Großherzogl. Ober-Amt.
L e i b e r.

Schulden-Liquidation.

OAMro. 5985. Joh. Nepomuk Köhler, Bürger und Landwirth von Hambrücken, beabsichtigt mit seiner Familie nach Brasilien auszuwandern. Zur Geltendmachung etwaiger Ansprüche haben wir Tagfahrt auf
Mittwoch den 25. d. M. frühe 9 Uhr anberaumt, was hiermit zur öffentlichen Kenntniß gebracht wird.
Bruchsal, den 11. April 1860.
Großherzogl. Ober-Amt.
L e i b e r.

Schulden-Liquidation.

OAMro. 5986. Wendelin Debatin's Wittwe von Hambrücken will mit ihrer Familie nach Brasilien auswandern. Zur Geltendmachung etwaiger Ansprüche haben wir Tagfahrt auf
Mittwoch den 25. d. M. frühe 9 Uhr anberaumt, was hiemit zur öffentlichen Kenntniß gebracht wird.
Bruchsal, den 11. April 1860.
Großherzogl. Ober-Amt.
L e i b e r.

Schulden-Liquidation.

OAMro. 6149. Nachbenannte Personen, als:
1) Peter Heinrich Antrai mit Familie,
2) Michael Erthal's Wittwe,
3) Franz Jakob Klein mit Familie,
4) Philipp Jakob Erthal's Wittwe,
5) Joh. Joseph Erthal mit Familie, darunter die volljährigen Söhne Namens Adolph, Friedrich und Fridolin Erthal,
6) Philipp Joseph Riffel II. mit Familie,
7) Georg Joseph Habitzreuther I. Wittwer mit Familie, darunter die volljährigen Kinder Namens Karoline, Margaretha, Barbara u. Simon Habitzreuther, sämmtlich von Karlsdorf —
beabsichtigen nach Brasilien auszuwandern, und sind etwaige Einsprachen oder Ansprüche in der auf Dienstag den 24. d. M. frühe 9 Uhr anberaumten Tagfahrt geltend zu machen.
Bruchsal, den 14. April 1860.
Großherzogl. Ober-Amt.
L e i b e r.

Polizei-Taxe.

Die Brod- und Fleischpreise bleiben vom 15. d. M. an bis zum 1. Mai d. J. unverändert.
Bruchsal, den 16. April 1860.
Großherzogl. Ober-Amt.
E n g e l h o r n.

Amtsgerichtl. Bekanntmachungen.

Bruchsal. (Ausschluß-Erkenntniß.)

AGNro. 4307. In der Gantsache gegen Konstantin Müller von Waltershofen, z. Z. in Bruchsal, werden alle Diejenigen, welche ihre Forderungen bis heute nicht angemeldet haben, von der vorhandenen Masse ausgeschlossen.
Bruchsal, den 10. April 1860.
Großherzogl. Amtsgericht.
D i e z.

Bruchsal. (Aufforderung.)

OAMro. 4301. Johann Brückel's Wittwe von Forst hat um gerichtliche Einweisung in den Besitz und die Gewähr des Verlassenschaft ihres Ehemannes nachgesucht; diesem Verlangen soll

Ehe eine offizielle Auswanderungserlaubnis erteilt wurde, mussten alle Schulden der Auswanderungswilligen beglichen sein. Regelmäßig wurden deshalb Aufrufe in der Zeitung veröffentlicht, um entsprechende Forderungen anzumelden – hier beispielsweise gegen die beiden Forster Leopold Diehl und Michael Schumacher.

8 für den Transport nach Mannheim, 90 für die Reise Mannheim-New York und 10 für die erste Zeit in Amerika). Die Gemeinde erklärte sich zunächst nur zur Übernahme von einem Drittel dieses Betrags bereit. Später wurden 57 Gulden zugestanden. Der Rest wurde von der Staatskasse übernommen, und Katharina Meder so nach Amerika gebracht.[47]

Nach 1854 ebbten die Auswanderungen für viele Jahre deutlich ab. Erst als der Wirtschaftsboom des sich seit den 1860er Jahren formierenden Groß-Preußens und des 1871 gebildeten Deutschen Reiches in eine lang anhaltende Depression umschlug, während sich Nordamerika vom lähmenden Krieg zwischen Nord- und Südstaaten zu erholen begann, kam es noch einmal zu einem beträchtlichen Auswanderungsschub in den 1880er Jahren. Danach verlor das Phänomen seinen Massencharakter.

Politische Motive für die Auswanderung wird man in den allermeisten Fällen ausschließen dürfen. Nach der Niederschlagung der badischen Revolution im Sommer 1849 scheinen nur vier junge Forster Soldaten (Paul Bonert, Josef Leibold, Andreas Veit und Liberius Weigant) in die Schweiz geflohen zu sein, von wo sie anscheinend aber schon bald zurückkehrten. Ob sie bei Josef Horn, der 1849 als politischer Gefangener inhaftiert war und 1861 nach Brasilien zog, eine Rolle spielten, muss offen bleiben. Immerhin ist – seltene Ausnahme – belegt, dass er sich dort so gut einlebte, dass er bereits 1862 Ehemann und kleiner Farmbesitzer war und seine Familie zum Nachkommen bewegen wollte.[48]

Die Forster und die Gefangenenbefreiung vom 13. Mai 1849

Glaubt man den Akten, so fehlt nicht viel, und man muss Forst als eine der Hochburgen der Revolution von 1848/49 betrachten.[49] Die Begeisterung für die Volksherrschaft scheint hier so groß gewesen zu sein, dass man sich sogar am 13. Mai 1849 beim Sturm auf das

Bruchsaler Gefängnis beteiligte, um einen der dort inhaftierten Führer der Bewegung, den Mannheimer Advokaten und Journalisten Gustav Struve, zu befreien.

Ehe jedoch der Forster Geschichte ein besonderes Ruhmesblatt beigeheftet wird, sind die Fakten genau zu prüfen. Zu Recht wies bereits der Freiburger Historiker Prof. Max Weber auf die sehr einseitige Quellenlage hin: Alle noch vorhandenen Informationen entstammen den Unterlagen jener Prozesse, mit denen die letztlich siegreiche großherzoglich-badische Regierung gegen ihre früheren Gegner vorzugehen suchte. Allzuviel Positives wird man darin also über die Revolution nicht erwarten dürfen. Aber auch das Negative ist nicht ohne weiteres einfach nur in Positives zu übersetzen. Zu viel blieb schon damals unklar, verschüttet unter einem Wust sich widersprechender Zeugenaussagen. Eindeutig ist nur, dass am Ende 13 junge Forster als Soldaten der Revolutionsregierung von den siegreichen Preußen in Rastatt gefangen genommen wurden.[50]

Auch in Forst wird man sich mit den neuen politischen Ideen beschäftigt haben, die so viel Auftrieb erhielten, als die Franzosen Ende Februar 1848 ihren ‚Bürgerkönig' Louis Philippe vertrieben und wieder einmal die Republik ausriefen. Schon am 27. Februar fand eine große, von Gustav Struve initiierte Volksversammlung in Mannheim statt, die die „vier Forderungen des Volkes" formulierte – neben Volksbewaffnung und „unbedingter Preßfreiheit" Schwurgerichte und „sofortige Herstellung eines deutschen Parlaments".[51]

Die Regierungen wichen vor der demokratischen Bewegung zunächst einmal zurück. Ein Vorparlament konnte eine ordnungsmäßige Wahl für das erste gesamtdeutsche Parlament organisieren. Im Bereich Bruchsal wurde am 15. Mai 1848 der Mannheimer Hofgerichtsrat Johann Adam von Itzstein als Abgeordneter gewählt, der Führer der Liberalen im Karlsruher Landtag. Radikalere Kräfte suchten die Entwicklung jedoch zu beschleunigen. Am 21. September rief Struve in Lörrach gestützt auf einige Freischärler die Deutsche Republik aus. Die Erhebung wurde schnell niedergeschlagen, Struve geriet in Gefangenschaft und wurde nach Bruchsal gebracht.

Das bedeutete jedoch kein Ende der außerparlamentarischen Opposition. Während das Parlament in Frankfurt an der ersten Verfassung für das ganze Deutschland arbeitete, versuchte sie ihre Basis durch die Gründung demokratischer Volksvereine zu verbreitern. Vor allem in Baden hatte sie damit großen Erfolg. Auch in Bruchsal entstand ein Zweigverein, und bald wandten sich seine Aktiven nach Forst, um auch hier für ihre Sache zu werben.

Am 19. März 1849 kam es zu einer ersten Versammlung im „Löwen", auf der mehrere Bruchsaler über die politischen Ziele der Bewegung sprachen und sofort die Statuten für den neuen Verein präsentierten. Von ihnen wurden auch gleich die Vorstände ernannt, nachdem sich einige der Anwesenden tatsächlich zum Beitritt bereit erklärt hatten: Rosenwirt Felix Krämer, Löwenwirt Josef Diehl und dessen Bruder Heinrich. Als Schriftführer wurde Ratsschreiber Heinrich Leibold eingesetzt. Über die Mitgliederzahl konnten schon die Gerichte damals nichts mehr erfahren; die Liste war rechtzeitig verbrannt worden.

Besonders aktiv scheint der Verein nicht geworden zu sein, es ist nur von einer weiteren Versammlung in Forst die Rede. Aber auf dem Laufenden hielt man sich schon. Mindestens zwei Forster – Löwenwirt Diehl und Ratsschreiber Leibold – hatten den in Heidelberg erscheinenden revolutionären „Volksführer" abonniert, der Rest dürfte sich über persönliche Kontakte informiert haben.

Auf der für Forst so entscheidenden Versammlung der Volksvereine am Sonntag, dem 13. Mai, in Offenburg war Rosenwirt Krämer persönlich zugegen. Mittlerweile war nämlich die Verfassung fertig gestellt worden, aber der preußische König hatte die ihm angetragene Kaiserkrone abgelehnt. In dieser für den Fortgang der Reform so kritischen Phase hatten am 11. Mai die Soldaten in der Bundesfestung Rastatt zu meutern begonnen. In Offenburg fanden sie viel Unterstützung. Die badische Revolution trat in ihr akutes Stadium, Großherzog Leopold und seine Regierung flüchteten.

Die Nachricht, dass das neue Bruchsaler Gefängnis noch am selben 13. Mai gestürmt werden sollte, um die Gefangenen zu befreien, erreichte die Forster so schnell

47 GLA 344/394.

48 Chronik, S. 359-362.

49 Das Folgende fasst die ausführliche Darstellung der Chronik, S. 381-404, zusammen, ergänzt um die Auswertung der Datenbank bei Heinrich Raab, Revolutionäre in Baden 1848/49. Stuttgart 1998, auf beigelegter CD-Rom.

50 Die zehn in der Chronik, S. 384, Genannten (wobei aus „Ludwig Phaler" ein „Ludwig Pfahler" zu machen ist) sind um Valentin Becher, Johann Burger und Josef Gutgesell zu ergänzen.

51 Vgl. zum allgemeinen Hintergrund: Wolfgang von Hippel, Revolution im deutschen Südwesten. Das Großherzogtum Baden 1848/49. Stuttgart u. a. 1998.

Erscheint täglich, mit Ausnahme des Sonntags, und kostet bei den Posten innerhalb des Groß. Baden halbjährlich fl. 2. 30 kr. Für Anzeigen wird der Raum einer dreispaltigen Petitzeile mit Kreuzern berechnet.

Der Volksführer.

Bestellungen werden angenommen in Heidelberg in der G. Mohr'schen Buchdruckerei, auswärts, sowohl im Großherzogth. Baden, als außerhalb desselben be allen Postämtern. — Briefe werden franko erbeten.

№ 113.   Heidelberg, Dienstag 15. Mai.   **1849.**

Die Landesversammlung in Offenburg

erklärt:

Deutschland befindet sich fortwährend im Zustand voller Revoluzion, auf's Neue hervorgerufen durch die Angriffe der größeren deutschen Fürsten auf die von der deutschen Nazionalversammlung endgültig beschlossene Reichsverfassung und die Freiheit überhaupt. — Die deutschen Fürsten haben sich zur Unterdrückung der Freiheit verschworen und verbunden; der Hochverrath an Volk und Vaterland liegt offen zu Tage; es ist klar, daß sie sogar Rußlands sämmtliche Armeen zur Unterdrückung der Freiheit zur Hülfe rufen. — Die Deutschen befinden sich also im Stande der Nothwehr, sie müssen sich verbinden, um die Freiheit zu retten; sie müssen dem Angriff der fürstlichen Rebellen den bewaffneten Widerstand entgegensetzen.

Die deutschen Stämme haben die Verpflichtung, sich gegenseitig die Freiheit zu gewährleisten, um den Grundsatz der Volkssuveränität vollkommen durchzuführen; sie müssen sich daher unterstützen überall, wo sie angegriffen werden.

Das badische Volk wird daher die Volksbewegung in der Pfalz mit allen ihm zu Gebote stehenden Mitteln unterstützen.

Die Landesversammlung des badischen Volkes in Offenburg hat nach vorhergegangener Berathung die gestellten Anträge in dem Landeskongresse der Volksvereine, nach ferner stattgefundener öffentlicher Berathung, wobei Abgeordnete aus allen Landestheilen vertreten waren, nach fernerer ausführlicher Diskussion in der Versammlung des Volkes

beschlossen:

1) Die Regierung muß die Reichsverfassung, wie sie nun nach der durch die Ereignisse beseitigten Oberhauptsfrage feststeht, unbedingt anerkennen und mit der ganzen bewaffneten Macht deren Durchführung in andern deutschen Staaten, zunächst in der bairischen Pfalz, unterstützen.

2) Das gegenwärtige Ministerium ist sofort zu entlassen, und Bürger Brentano, Obergerichtsadvokat zu Mannheim, und Bürger Peter, Reichstagsabgeordneter von Konstanz mit der Bildung eines neuen Ministeriums zu beauftragen.

3) Es muß alsbald unter sofortiger Auflösung der jetzigen Ständekammern eine verfassunggebende Landesversammlung berufen werden, welche in sich die gesammte Rechts- und Machtvollkommenheit des badischen Volkes vereinigt; — diese Landesversammlung soll gewählt werden von und aus den sämmtlichen volljährigen Staatsbürgern des Landes, und zwar unter Beibehaltung der für die bisherige II. Kammer bestandenen Wahlbezirke. —

4) Es muß ohne allen Verzug die Volksbewaffnung auf Staatskosten in's Leben gerufen werden, und es sind alle ledigen Männer von 18 — 30 Jahren als erstes Aufgebot sofort mobil zu machen. — Alle diejenigen Gemeindebehörden, welche nicht alsbald die Bewaffnung ihrer Bürger anordnen, sind augenblicklich abzusetzen.

5) Die politischen Flüchtlinge sind sofort zurückzurufen, die politischen Militär- und Zivilgefangenen zu entlassen und alle politischen Prozesse niederzuschlagen; — namentlich verlangen wir aber auch die Entlassung derjenigen Militärgefangenen, welche in Folge der politischen Bewegungen wegen sogenannter Disziplinar- und Insubordinazionsvergehen bestraft wurden.

6) Die Militärgerichtsbarkeit muß aufgehoben werden.

7) Bei dem Heere soll eine freie Wahl der Offiziere stattfinden.

8) Wir verlangen alsbaldige Verschmelzung des stehenden Heeres mit der Volkswehr.

9) Es müssen sämmtliche Grundlasten unentgeltlich aufgehoben werden.

10) Es müssen die Gemeinden unbedingt selbständig erklärt werden, sowohl was die Verwaltung des Gemeindevermögens, als die Wahl der Gemeindevertreter betrifft; es müssen alsbald im ganzen Lande neue Wahlen für die Gemeindevertretung stattfinden.

11) Es werden sämmtliche von den sogenannten Kammern in Karlsruhe seit dem 17. Januar d. J. gefaßten Beschlüsse für null und nichtig erklärt und darunter namentlich das sogenannte Wahlgesetz vom 10. v. M., welches einen förmlichen Angriff auf die in den Reichsgesetzen gegebenen Bestimmungen enthält.

12) Die Geschwornengerichte sind augenblicklich einzuführen und kein einziger Kriminalprozeß darf mehr von Staatsrichtern entschieden werden.

13) Die alte Verwaltungsbürokratie muß abgeschafft werden und an ihre Stelle die freie Verwaltung der Gemeinden oder andern Körperschaften treten.

14) Errichtung einer Nazionalbank für Gewerbe, Handel und Ackerbau zum Schutze gegen das Uebergewicht der großen Kapitalisten.

15) Abschaffung des alten Steuerwesens, hierfür Einführung einer progressiven Einkommensteuer nebst Beibehaltung der Zölle.

16) Errichtung eines großen Landespensionsfonds, aus dem jeder arbeitsunfähig gewordene Bürger unterstützt werden kann. — Hierdurch fällt der besondere Pensionsfond für die Staatsdiener von selbst weg.

Der Landesausschuß der Volksvereine besteht aus folgenden Mitgliedern:

L. Brentano von Mannheim.
J. Fickler von Konstanz.
A. Goegg von Mannheim.
Peter von Konstanz.
Werner von Oberkirch.
Rehmann von Offenburg.
Stay von Heidelberg.
Willmann von Pforheim.
K. Steinmetz von Durlach.
Wernwag von Kenzingen.
Richter von Achern.
Degen von Mannheim.

Der „Volksführer" erschien zwar täglich, die am 13. Mai 1849 beschlossenen „Offenburger Forderungen" konnte er aber trotzdem erst am 15. Mai veröffentlichen. Über den Bruchsaler Gefängnissturm wurde nichts berichtet.

es die damaligen Verkehrsverhältnisse zuließen. Im „Löwen" und im „Hirsch" saß man nicht nur zusammen und diskutierte, es wurde auch erheblich dem Alkohol zugesprochen. Unter seinem Einfluss verzerrte sich so manches Erlebnis und auch die Erinnerung daran. Anton Hartmann etwa, ein 47jähriger Maurer, sollte mit einem Steinschlägel mitgeholfen haben, eines der eisernen Gefängnistore einzuschlagen. Bei späteren Gegenüberstellungen wurde er jedoch nicht identifiziert. Und auch der Hinweis, der 19jährige Jakob Leyer sei bis ins Innere des Gefängnisses vorgedrungen, reduzierte sich letztlich darauf, dass er in einem Bruchsaler Wirtshaus ein paar Gefangene gesehen habe. Alles in allem bleibt nicht viel mehr, als dass einige Forster, schon ziemlich angetrunken, in Bruchsal waren, um sich über die Vorgänge zu informieren. Dies war nicht ohne weiteren Alkoholgenuss abgelaufen, so dass am Ende manche schon nicht mehr wussten, wie sie in der Nacht überhaupt nach Hause gekommen waren.

Der badischen Revolutionsregierung, die sich am 14. Mai 1849 unter Lorenz Brentano formierte, blieb wenig Zeit, sich für die Verteidigung vorzubereiten. Auch in Forst wurde eine Bürgerwehr aus jungen Männern gebildet, die von Hilfslehrer Seitz exerziert wurden. Zum Einsatz scheint sie nicht gekommen zu sein. Den zügigen Vormarsch der preußischen Truppen hätte auch sie nicht aufhalten können. Er beschleunigte sich, nachdem sie am 19. und 20. Juni bei Germersheim den Rhein überwunden hatten. Am 21. Juni kam es bei Waghäusel zum entscheidenden Gefecht, in dem die Revolutionstruppen nach hartem Widerstand unterlagen. Bei ihrem Rückzug schlossen sich am 23. Juni bei Ubstadt und am 24. bei Neudorf kleinere Scharmützel an.

Schließlich wurde nur noch um die Festung Rastatt gekämpft. Mit ihrer Kapitulation am 23. Juli war die badische Revolution besiegt und die Sieger konnten mit ihrem Strafgericht beginnen. In Forst waren es Denunziationen, die fast 40 Bürger vor Gericht und ein gutes Dutzend davon – Bürgermeister Josef Bacher eingeschlossen – im Frühjahr 1850 auch in tage- bis wochenlange Untersuchungshaft brachten. Selbst ausgiebige Verhöre vermochten jedoch keine eindeutigen

Noch heute erinnert eine Gedenksäule an der B 3 an das Gefecht bei Ubstadt. Allerdings nennt sie nur die Namen der vier gefallenen preußischen Soldaten.

und juristisch verwertbaren Ergebnisse zu liefern. Resigniert schloss Untersuchungsrichter Klein seine Akte mit der Bemerkung: *Man hat während der Untersuchung die traurige Erfahrung gemacht, wie schwierig es ist, in der moralisch ganz zerrütteten Gemeinde Forst, wozu der nun suspendierte Bürgermeister Bacher nach Kräften noch immer mitwirkt, über das revolutionäre Treiben des Einen oder Andern zuverlässigen Aufschluß zu erhalten. Man nimmt daher von weiterer Ausdehnung der Untersuchung ... als voraussichtlich erfolglos Umgang.*[52]

Ob man das Bestreben der Forster, einer Verurteilung zu entgehen, nur in einer „moralisch ganz zerrütteten Gemeinde" finden kann, sei dahingestellt. Vielleicht waren die Vorwürfe ja auch gar nicht berechtigt; jedenfalls waren sie nicht ausreichend zu beweisen. Am 13. Januar 1851 wurde der Hochverratsprozess gegen alle Forster eingestellt.

52 Zit. Chronik, S. 401.

Vom Wandel der alten Landwirtschaft

Eigentlich recht unbedeutende Ereignisse wie die ominöse Beteiligung der Forster an der Bruchsaler Gefangenenbefreiung hinterlassen Berge von schriftlichen Zeugnissen. Über wirklich wichtige Wandlungen der Lebensverhältnisse erfährt man jedoch so gut wie nichts, weil sie sich über lange Zeiträume erstreckten und sich im Detail recht unspektakulär vollzogen. Man muss dann schon sehr genau hinsehen, um zumindest ein paar Indizien zu finden. Zuerst muss man sich jedoch von allzu pauschalen Vorstellungen Jahrhunderte langer ländlicher Immobilität frei machen. Auch auf dem Dorf gab es früher Veränderungen, wenn auch natürlich nie in dem Ausmaß, wie sie das 20. Jahrhundert prägten.

Über die lokalen Gegebenheiten im Mittelalter kann man nur spekulieren. Eindeutig ist nur, dass seit dem 16. und 17. Jahrhundert wichtige Neuerungen galten. Spätestens im Dreißigjährigen Krieg ging die alte Dreifelderwirtschaft mitsamt dem damit verbundenen Flurzwang in Forst unter. Zuvor hatte es drei Fluren gegeben, die einheitlich jährlich wechselnd bebaut werden mussten: das „obere Feld" westlich und südlich der Gemeinde, das „mittlere Feld" im Osten und das „untere Feld" nördlich und nordwestlich.[53]

Wurde zuvor zumeist Getreide angebaut, wuchs die Palette im 18. Jahrhundert immer mehr. Rüben kamen hinzu und Mais, Kürbis und Kartoffeln. Von besonderer Bedeutung war schließlich die Einführung von Futterpflanzen, vor allem der verschiedenen Kleearten. Nun konnte man systematisch zur Stallfütterung des Rindviehs übergehen, die mehrere Vorteile mit sich brachte. Vor allem konnte man die als Weide benutzte Brache bepflanzen, weil der im Stall anfallende Mist viel gezielter zur Düngung eingesetzt zu werden vermochte. Außerdem konnte mehr Vieh ernährt und leichter versorgt werden.[54]

Allzu groß darf man sich die Viehbestände trotzdem nicht vorstellen. Mehr als zwei, drei Kühe wird kaum ein Forster Bauer im Stall stehen gehabt haben und dazu das eine oder andere Schwein. Ein oder zwei Pferde waren dann schon Ausdruck ausgesprochenen Wohlstands, denn zu ihrer Ernährung bedurfte es einer Menge zusätzlichen Lands. Alles in allem reichte das gerade so aus, um eine Familie mit den wichtigsten Lebensmitteln selbst zu versorgen. Aber wie kam man zu dem, was man nicht produzierte? Zu Öl und Salz, zu Werkzeug und Schuhen? Man konnte versuchen, gewisse Überschüsse zu verkaufen. Noch besser war es aber, gleich auf gewisse Handelsgewächse zu setzen. In Forst gelangten dabei vor allem Hopfen und Tabak zu einiger Bedeutung.

Forster Qualitäts-Hopfen

Der Anbau von Hopfen und Tabak dominierte während des ganzen 19. und frühen 20. Jahrhunderts im gesamten Bezirk Bruchsal. Während bei den meisten Gemeinden aber der Tabak im Vordergrund stand, war es in Forst der Hopfen, und zwar so ausgeprägt wie ansonsten höchstens noch in Kronau. Für das Jahr 1866 werden für Forst maximale 112,32 Hektar Hopfen-Anbaufläche angegeben, während sich der Tabak mit 3,24 Hektar begnügen musste. Damit war jedoch ein Höhepunkt erreicht, von dem es eigentlich nur noch bergab ging. Bis zum Jahr 1900 wurde die Fläche auf 88,38 Hektar reduziert, 1910 waren es nur noch 48,92 Hektar und 1929 gerade einmal 12 Hektar.[55]

Begonnen wurde mit dem Hopfenanbau Anfang des 19. Jahrhunderts,[56] weil die immer stärker wachsende Bevölkerung dringend neuer Einkünfte bedurfte. Gegen Ende des 19. Jahrhunderts war es gerade der Hopfen, der für einen gewissen Wohlstand in der zuvor bitterarmen Gemeinde sorgte.[57]

Solange die Geschäfte von selber laufen, gründet eigentlich niemand einen Verein. Wenn dies dann doch geschieht, stehen zumeist irgendwelche Probleme im Hintergrund. So muss es auch 1929 gewesen sein, als die Forster Hopfenbauern eine „Hopfenfachschaft" gründeten. Die Anbaufläche war ja schon drastisch reduziert worden, aber das genügte nicht. Die Probleme wuchsen noch mehr, als Hitlers Wehrmacht am 1. Ok-

53 Chronik, S. 242f.

54 Chronik, S. 245f.

55 Hildegard Hofmann, Die agrarische Existenzgrundlage und die Industrialisierung der Bevölkerung im Amtsbezirk Bruchsal. Bruchsal 1930, S. 73 (In Kronau wuchs der Hopfenanbau von 54 ha auf 80 ha im Jahre 1900, um aber dann ebenfalls auf 22 ha im Jahre 1929 zurückzugehen, ebda).

56 Chronik, S. 247.

57 Chronik, S. 412f.

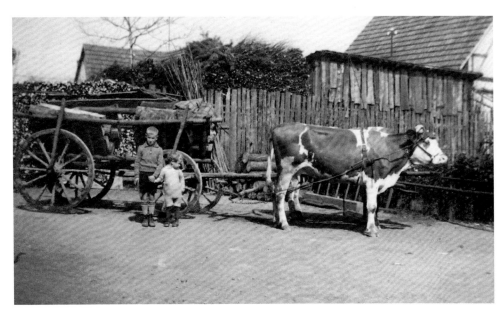

Bis weit ins 20. Jahrhundert hinein wurde in der Kleinlandwirtschaft mit einfachsten Mitteln gearbeitet. Traditionelle Arbeitstiere waren Kühe und Ochsen. Friedbert (links) und Werner Schneider im Anwesen Wiesenstraße 12 (späte 1930er Jahre). – Elsa und Andreas Schrag bei Erntearbeiten. – Die Hoffmanns mit Pferd Max vor ihrem Anwesen Weiherer Straße 52. Von links: Rosa, Sebastian und Walter mit Mutter Anna, 1927. Aber wer war das barfüßige Kind?

Vermutlich präsentiert sich auf dem Foto aus dem Jahr 1897 die Belegschaft der Zigarrenfabrik Rothheimer.

Von Tabakbauern und Zigarrenfabriken

Das Jahr 1699 bildet für den Tabakanbau in der Region ein markantes Datum: Damals wurden vom Markgrafen französische Hugenotten in der dazu neu gegründeten Gemeinde Friedrichstal angesiedelt. Um auf ihrer viel zu kleinen Gemarkung überleben zu können, verlegten sie sich ganz auf die Kultivierung einer Mode-Pflanze, deren Anbau sie schon zu Hause betrieben hatten: des Tabaks. Als man damit tatsächlich gutes Geld verdienen konnte, wollten die Nachbarn nicht abseits stehen. Der Tabakanbau fand immer weitere Verbreitung. Wann er in Forst heimisch wurde, ist nicht ganz klar. Auf jeden Fall erhielt Pfarrer Stahlhoeffer (seit 1761 in Forst) bereits einen Tabakzehnten.[61] Immerhin wurden bereits 7 ½ Morgen Fläche bepflanzt.

Die klimatischen Bedingungen in der Rheinebene waren für den Tabak sehr günstig, und so wurden die ihm gewidmeten Flächen immer größer. Dies gilt auch für Forst. Allerdings zählte es nie zu den wirklichen Hochburgen. Im Jahre 1854 wurden für Forst zwar 5,8 Hektar Fläche verzeichnet, aber was war das schon gegen die fast 34 Hektar in Langenbrücken und die jeweils fast 65 Hektar in Graben und Friedrichstal?

Trotzdem darf seine Bedeutung auch für Forst nicht unterschätzt werden. Der Tabakanbau war zwar sehr arbeitsintensiv, aber der Verkauf der Handelspflanze brachte bares Geld ins Haus – schon in Normalzeiten ein gewichtiges Argument für die Kleinbauern, die ansonsten Selbstversorger waren. Noch wichtiger war dies aber in den Krisenzeiten des 20. Jahrhunderts, als das Geld wertlos wurde und man zum Tauschhandel zurückkehren musste. Da wurde Tabak geradezu zur Ersatzwährung, für die man auf dem Schwarzmarkt so ziemlich alles bekam. Geradezu legendär ist die Beschaffung etlicher Instrumente für den Musikverein mit dieser „Währung" nach dem Zweiten Weltkrieg. Immerhin wurden im Jahr 1947 439 Kleinpflanzer in Forst registriert.[62]

Ermutigt von derartigen Erfahrungen wurde noch Anfang der 1950er Jahre in den Tabakanbau investiert.

tober 1938 in die Tschechoslowakei einmarschierte und das viel Hopfen anbauende Sudetenland dem Reich angegliedert wurde. Wurde schon zuvor mit Überproduktion gekämpft, so kam man nun überhaupt nicht mehr klar. Das Reich begann Prämien für die Rodung von Hopfenanlagen zu zahlen. 1939 gab es in Forst für 412,18 Ar Fläche 4.123 Reichsmark.[58]

1940 betrug die Anbaufläche nur noch knapp neun Hektar. Sie verteilte sich auf insgesamt 64 Pflanzer (nachdem es 1939 noch 142 gewesen waren). Die meisten kultivierten zwischen zehn und dreißig Ar. Nur wenige lagen darunter (Pius Wiedemann markierte mit 2,9 Ar das Minimum), noch weniger darüber (Josef Weindel kam auf 33,10 Ar und Karl Heß auf 31,77; David Heß reduzierte 1939/40 von 30,21 auf 13 Ar, Karl Böser von 31,89 auf 10 Ar). 1941 wurde die Anbaufläche insgesamt halbiert, 1942 auch noch der Rest gerodet. 14.349,40 Reichsmark zahlte die Hauptvereinigung der deutschen Brauwirtschaft den Forstern dafür aus. Der Hopfenbauverein erlosch.[59]

Nach dem Ende des Zweiten Weltkriegs kam der Hopfenanbau nicht mehr so recht in Gang. 1950 wurden für Forst gerade noch fünf Anbauer mit weniger als 80 Ar Anbaufläche registriert.[60] 1960 gab Oswald Weindel als letzter Forster Hopfenbauer auf.

58   Chronik, S. 250 (wie auch das Folgende auf der Basis von GAF A 75).
59   Chronik, S. 249–252, die vollständige Liste der Hopfenanbauer des Jahres 1939 S. 251f.
60   GAF A 1355.
61   Chronik, S. 246 & 584.
62   GAF A 1357, daraus auch die folgenden Angaben.

Um die Blätter effizienter trocknen zu können, ließen die in einem Tabakbauverein zusammengeschlossenen Tabakpflanzer 1953 im Gewann Nahe Igenau eine große Anlage mit Tabaktrockenöfen errichten. Kurzfristig liefen die Geschäfte so gut, dass sie bereits ein Jahr später erweitert wurde. Doch genauso schnell sank die Rentabilität auch wieder. Die Zahl der Tabakpflanzer ging rapide zurück, die Trockenöfen wurden abgerissen als das Gebiet an der heutigen Gregor-Umhof- und Viktor-Wildschütte-Straße bebaut wurde. Schon 1958 hatte sich der Verein aufgelöst.

Um diese Zeit ging auch die kurze Phase der Forster Zigarrenindustrie zu Ende. Im Bezirk Bruchsal war von den 1850er bis zu den 1920er Jahren der Begriff „Industrie" unauflöslich mit der Zigarrenfabrikation verknüpft. Zunächst waren die Fabrikanten gekommen, um die überaus günstige Verbindung von regionalem Tabakanbau und billigen Arbeitskräften zu nutzen. 1852 war in Odenheim die erste Zigarrenfabrik gebaut worden. Und dann entwickelte sich die Branche derart gut, dass sie fast Monopolanspruch errang. Ende der 1920er Jahre gehörten 80 Prozent aller industriellen Betriebe im Bezirk der Tabakindustrie an. Und sie beschäftigten 75 Prozent aller Arbeiter und – vor allem – Arbeiterinnen.[63]

Forst gehörte zwar nicht zu den Hochburgen der Zigarrenindustrie wie Östringen, Kronau, Kirrlach und Wiesental, war aber auch nicht ganz bedeutungslos. Als erste Firma scheint sich „A. Neubert & Cie" im März 1885 in der Gemeinde (im heutigen „Jägerhaus") niedergelassen zu haben. Im August 1889 wurde sie jedoch schon von dem Karlsdorfer Fabrikanten J. H. König übernommen, der sie seinerseits im Oktober 1895 an Salomon Rothheimer weiter gab. Rotheimer behauptete sich nicht nur, er expandierte auch. 1905 verlegte er seinen Hauptbetrieb und sein „Bureau" nach Bruchsal, Forst blieb jedoch Produktionsstätte.[64]

Kurz vor der Jahrhundertwende kam als zweiter Zigarrenfabrikationsbetrieb die Bruchsaler Firma Alfons Muth nach Forst, die in der Bruchsaler Straße eine Filiale errichtete. Schon nach kurzem lag die Beschäftigtenzahl gleichauf mit der Rotheimers. Muth schloss im

April 1907, dafür eröffnete die Mannheimer Firma J. M. Bauer in denselben Räumlichkeiten eine Filiale. Gleichzeitig ging noch eine dritte Fabrik in Betrieb, eine Filiale der Mannheimer Firma Götzel und Herz – *in der Rosenwirtschaft im 2. Stock.*[65]

Für gut drei Jahrzehnte befand sich die Branche im Aufwind, wie die folgende Tabelle zeigt:

Zigarrenfabriken und Beschäftigte in Forst[66]

Jahr	Zahl der Betriebe	Zahl der Beschäftigten	davon Frauen	%
1899	2	87	74	85
1912	3	157	134	85
1925	5	149	137	92
1927	5	197	188	95

Es gab zwar immer wieder auch Rückschläge, doch letztlich hielt der Aufwärtstrend bis in die 1930er Jahre an. 1939 soll es insgesamt elf Hersteller mit 303 Beschäftigten gegeben haben. Auch nach dem Ende des Zweiten Weltkriegs schien man noch einmal an die alten Zeiten anknüpfen zu können. Schon im Mai 1946 sollen neun Betriebe wieder 139 Beschäftigte gehabt haben. Die Geschäfte verliefen jedoch sehr uneinheitlich, so dass immer mehr Produzenten aufgaben. Gleichwohl war im Herbst 1954 der größte Arbeitgeber in Forst noch immer ein Zigarrenfabrikant: Anton Herbstrith in der Bruchsaler Straße 63 meldete 44 Beschäftigte, davon 40 Frauen.[67] Das Zigarettenrauchen setzte sich aber immer mehr durch, so dass die Zigarrenproduktion unrentabel und Anfang der 1960er Jahre ganz aufgegeben wurde.

An das Zigarrenmachen gibt es noch viele schöne Erinnerungen der Beschäftigten. Die Arbeit war nicht beschwerlich und es blieb immer eine gewisse Zeit fürs Unterhalten und gemeinsames Singen. Außerdem waren die Fabriken vor Ort und somit auch für die Frauen leicht erreichbar. Gleichwohl darf der Hinweis nicht

63 Hofmann, Existenzgrundlage, S. 141.

64 GAF A 53. Leider sind die Forster Gewerbeanzeigen erst ab 1885 überliefert. Bislang ließen sich jedoch keine Hinweise auf eine ältere Zigarrenfabrik ermitteln.

65 Alles aus GAF A 53. Für November 1888 wird darin auch noch die Zigarrenfabrikation von Ambros Klett *bei Thomas Weindel* erwähnt. Näheres ließ sich dazu jedoch nicht ermitteln; auch eine Abmeldung fehlt.

66 Hofmann, Existenzgrundlage, S. 146.

67 GAF A 1700.

Die Belegschaft der Firma Herbstrith in den frühen 1940er Jahren. In der Mitte (mit Krawatte) Werkmeister Simon Simianer, ganz vorne seine Tochter Elsa (verh. Weindel).

Gertrud Weindel (rechts) und Maria Schneider beim „Wickelmachen" – der Herstellung des Zigarreninneren, das in die vor ihnen stehenden Formen gepresst wird (Juni 1953).

68   Chronik, S. 425.

Arbeitskräfte in Forster Zigarrenfabriken 1910[68]
(in Klammern: durchschnittliches Jahreseinkommen pro Person in Mark)

Firma	Erwachsene		Jugendliche		Sum.
	männlich	weiblich	männlich	weiblich	
Fa. Bauer, Mannheim	3 (520 M)	16 (494 M)	4 (410 M)	11 (343 M)	34
Fa. Götzel & Herz, Mannheim	13 (600 M)	55 (480 M)	4 (320 M)	15 (280 M)	87
Fa. Rotheimer, Bruchsal	11 (600 M)	42 (450 M)	2 (300 M)	5 (250 M)	60
	27 (591 M)	113 (471 M)	10 (352 M)	31 (297 M)	181

vergessen werden, dass die Branche nicht gerade üppig entlohnte. Im Großen und Ganzen profitierte sie von der Situation, dass ein geringes Einkommen immer noch besser war als gar kein Einkommen, vor allem bei Frauen als Zuverdiener. Ein Schlaglicht auf die Gegebenheiten wirft die Tabelle auf Seite 48 mit durchschnittlichen Jahreseinkommen 1910. Ihre Angaben sind besser zu bewerten, wenn man um Vergleichszahlen weiß: 1913 betrug der durchschnittliche Jahresarbeitslohn 1.083 Mark, mit einer breiten Spanne zwischen der primär Frauen beschäftigenden Textilindustrie mit 786 Mark und der von männlichen Arbeitern dominierten Metallerzeugung mit 1.513 Mark.[69] Aber selbst von den Einkommen der Textilindustrie konnten die Forster Zigarrenarbeiter nur träumen – und die Arbeiterinnen erst recht.

Der Wald als Wirtschaftsfaktor

Völlig in Vergessenheit geraten ist schließlich die ökonomische Bedeutung des Waldes gerade für kleine bäuerliche Haushalte bis ins 20. Jahrhundert hinein: Der Wald lieferte nicht nur Bau- und Brennholz, er diente auch als Weide und wenn das Stroh nicht ausreichte, wurde sein Laub in die Ställe gestreut. Am Ende konnte man ihn sogar roden und neues Ackerland gewinnen.

Unter diesen Umständen ist es einleuchtend, dass sämtliche Nutzungsformen schon relativ früh reglementiert werden mussten. Die wachsende Bevölkerung hätte den Wald sonst gnadenlos ausgebeutet und am Ende völlig eliminiert. Viele Mittelmeerländer liefern dafür bis heute gute Anschauungsbeispiele. Erste fürstbischöfliche Regelungen sind für die Region bereits aus dem 15. Jahrhundert überliefert. Ihr Netz wurde danach nur sehr allmählich, seit dem 18. Jahrhundert aber immer schneller enger geknüpft. Die meisten Vorgaben wurden vom badischen Staat übernommen, als er 1802 in den Besitz des Hochstifts kam.[70]

Zur Sozialmaßnahme wurde vor allem das Sammeln von Leseholz (also herumliegendem Holz) ausgestaltet. *Ganz dürftige* Familien durften *vergünstigungsweise*, also unentgeltlich, ihren Bedarf decken. Allerdings wurden die von der Gemeinde vorzulegenden Namenslisten streng kontrolliert. Im Juni 1877 beispielsweise

69 Gerhard A. Ritter/Klaus Tenfelde, Arbeiter im Deutschen Kaiserreich. 1871 bis 1914. Bonn 1992, S. 475f.

70 Chronik, S. 266ff.

Einen solchen gewaltigen Stamm ohne Maschinen zu bewegen, war schon eine reife, eines Fotos werte Leistung. Die Aufnahme entstand vor 1920. Zweiter von links: der in jenem Jahr tödlich verunglückte Anton Böser, Wirt der „Krone".

Zum Vertrag, der die Luß-
hardt-Zuteilung an Forst
regelt, gehört auch eine
Karte, die das betroffene
Gebiet eindeutig markiert
(GAF A 26). Einen genaueren
Blick verdient jedoch auch
der Ortsplan, der die be-
grenzte Ausdehnung des
Dorfes in der Zwischen-
kriegszeit sehr anschaulich
macht. Eine Straße nach
Weiher gab es damals noch
nicht, und der Burgweg war
wirklich nur ein Weg.

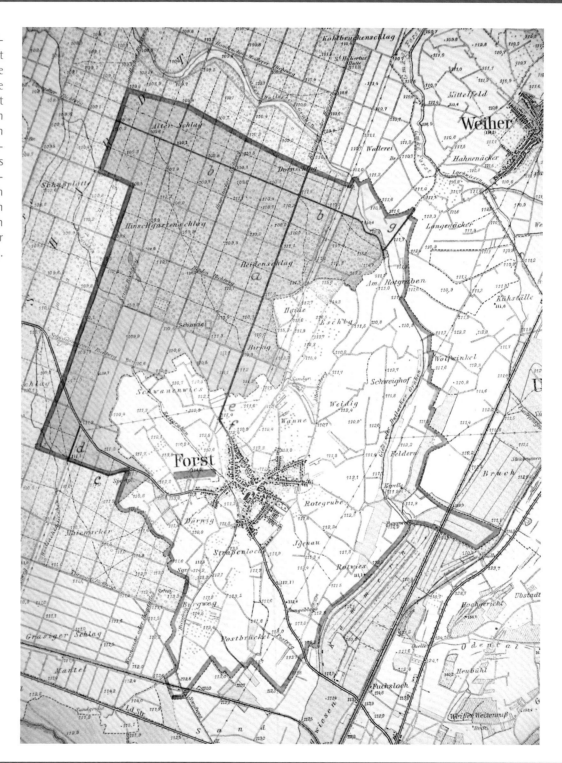

71 Dies und das Folgende GLA 344/3342.
72 Vgl. zum Folgenden Chronik, S. 274ff.

Die ungeheure Zerstörungskraft, die Orkan ‚Lothar' am 26. Dezember 1999 entfaltete, hinterließ auch im Forster Wald tiefe Spuren.

kam die Anweisung der Bezirksforstei, *von 188 Familien 58 zu streichen.*[71]

Um diese Zeit war selbst das Herbstlaub eine Einnahmequelle für den Staat. Was auf die Richtwege fiel, wurde zusammengerecht und verkauft. 1881 mussten die Forster dafür 1.700 Mark aufwenden.

Paradoxerweise besaß die Gemeinde selbst trotz ihres Namens nämlich überhaupt keinen Wald. Die angrenzende Lußhardt war zuerst fürstbischöflicher und dann staatlicher Besitz. Außerdem gehörte sie die längste Zeit der Forster Geschichte noch nicht einmal zur Forster Gemarkung. Erst 1930 wurde dies geändert.[72]

Der badische Staat hatte die Lußhardt (genauso wie den benachbarten Kammerforst) zunächst zur so genannten abgesonderten Gemarkung erklärt und dies auch in der gesamten großherzoglichen Zeit aufrechterhalten. Erst 1921 wurde durch die neue badische Gemeindeordnung bestimmt, dass die vorhandenen abgesonderten Gemarkungen auf die jeweils angrenzenden Gemeinden aufgeteilt werden sollten. Die Regelung aller Einzelfragen dauerte Jahre. Für Forst konnte der abschließende Vertrag erst am 13./31. Oktober 1930 unterschrieben werden. Danach wuchs die Forster Gemarkung um „etwa 434 Hektar". Forst erhielt dafür Grundsteuer, musste jedoch auch einige Aufgaben übernehmen. Als am Ende genau nachgemessen wurde, waren es sogar 456 Hektar, die die bis dahin recht kleine Forster Fläche auf nunmehr 1147 Hektar ausdehnten.

In den schneereichen Wintern 2009/10 und 2010/11 führten nur wenige Schritte vom Neubaugebiet Hardlach in den stillen Forster Wald, möchte man angesichts dieses Fotos denken. Leider muss diese Aussage an zwei Stellen korrigiert werden: Angesichts der nur wenige Meter entfernten A 5 war der Wald nicht so richtig still, und außerdem gehört er nicht mehr zu Forst, sondern bereits zu Karlsdorf (und ist auch nicht in Gemeinde-, sondern Staatsbesitz).

Die Kronen- und die Josefstraße. Das Werden eines Neubaugebiets im späten 19. Jahrhundert

Am 4. April 1878 erschien der Bruchsaler Bauunternehmer Josef Beißmann vor dem großherzoglichen Amtmann Muth und erklärte, in Forst 22 Häuser samt dazugehöriger Straße bauen zu wollen, weil dort ein *dringendes Bedürfnis nach Neubauten* vorhanden wäre. Den Plan der Straße sowie Baupläne für die ersten acht Häuser hatte er gleich dabei. Die projektierte Straße sollte die Bruchsaler Straße mit der Finkengasse verbinden.

Das Vorhaben wurde nicht nur vom Forster Gemeinderat, sondern auch vom Bezirksrat zügig genehmigt, aber in der Praxis gab es Probleme. Sie verhinderten zum einen die Herstellung der Straße bis zur Finkengasse. Sie wurde zunächst nur ins Feld hinein gebaut und endete etwa bei der heutigen Paulusstraße. Und zum anderen war auch schon nach kurzem nicht mehr von Beißmann die Rede. Spätestens 1880 war der Bruchsaler Maurermeister Stöcklin an seine Stelle ge-

treten. Nach und nach legte der verschiedene Pläne vor, die Ansätze zu einer gewissen Serienfertigung erkennen lassen. Dreimal waren nämlich Pläne *zu zwei Wohnhäuschen gleicher Größe und Einteilung* dabei, die um 1883 auch gebaut wurden.[73]

Anders als heute siedelten sich in diesem „Neubaugebiet" auch gleich Geschäfte an. Das erste war die Bäckerei Damian Bösers an der Ecke zur heutigen Paulusstraße.

Die Hoffnung auf die Fortsetzung der Kronenstraße bis zur Finkengasse erfüllte sich nicht. Wieder und wieder sprachen deshalb die Bewohner und Gebäudeeigentümer der Kronenstraße bei Bürgermeister und Gemeinderat vor, um zumindest einen Fußweg hinüber zu Kirche und Schule (die sich damals noch im Rathaus befand) zu erhalten. Am 27. Dezember 1888 richteten sie dazu sogar ein förmliches Gesuch an das Bruchsaler Bezirksamt. Zur förmlichen Stellungnahme aufgefordert, stellte der Gemeinderat klar, dass man diesen Wunsch ja gerne erfüllen würde, *allein die betreffenden Grundbesitzer sind zu keinem Verkauf oder Verpachtung zu bewegen.* Dies änderte sich erst nach ein paar Jahren. 1895 konnte die Verlängerung der

73 GAF A 6.

Maurer Stöcklin fertigte im Mai 1883 den Plan für die Bäckerei Damian Bösers, einem schmalen Häuschen, das „Verkaufslocal", „Backstube" und „Schürküche" (für den Backofen) hintereinander reihte.

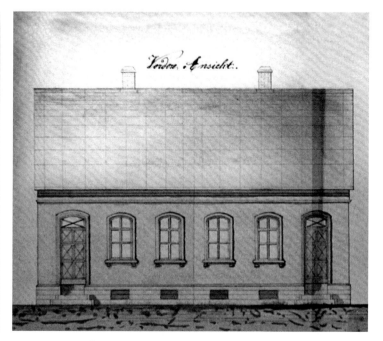

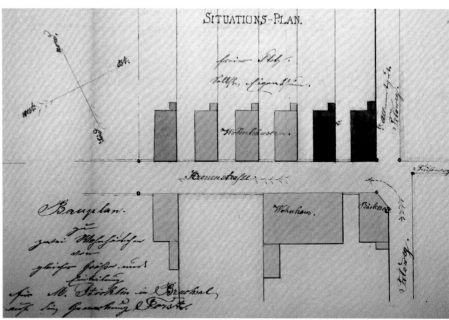

SITUATIONS-PLAN.

VORDRE-ANSICHT.

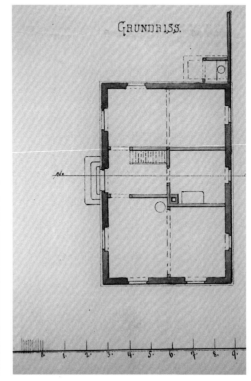

GRUNDRISS.

Um 1883 wurden die Häuser Kronenstraße 12 bis 22 erbaut, von denen die Straßenfronten der Nummern 16 bis 22 noch ziemlich den ursprünglichen Plänen entsprechen.

Kronenstraße in Angriff genommen werden. Sie reichte aber nur bis zur heutigen Josefstraße, dann erfolgte ein fast rechtwinkliger Schwenk hin Richtung Kirche. Im Frühjahr 1896 erhielt dieses Verbindungsstück zwischen Bruchsaler und Kronenstraße den Namen „Josefstraße". Erste Gebäude waren da schon vorhanden – bereits 1893/94 war dort das Schwesternhaus mit erstem Kindergarten gebaut worden.[74]

Die Vielzahl der Geschäftsleute und Handwerker, die in den folgenden Jahren in diesen beiden Straßen tätig waren, lässt sich nur noch zum Teil erfassen. Die Bäckerei Damian Bösers (später: Heß) fand ihre Ergänzung durch die von Max Knoch auf der gegenüberliegenden Straßenseite (Kronenstraße 9). Ein zweiter Bäcker, Oskar Diehl, war gegenüber dem Schwesternhaus in der Josefstraße tätig. Neben dem Bäcker Diehl arbeitete der Schuster Laier und daneben wiederum der Schreiner Bender, der zeitweise ein paar seiner Möbel in der Kronenstraße 1 zum Verkauf ausstellte. Zuvor hatte dort ein Schmied seine Werkstatt. Im Eckhaus Kronenstraße/Josefstraße verkaufte Rosa Spänle Kolonialwaren, ein weiteres Kolonialwarengeschäft gab es seit 1930 auch im Haus Kronenstraße Nr. 5, bei den Schwestern Erna und Magdalena Schnepf. Neben der Bäckerei Knoch, die später von Max Diehl und zuletzt von Gosbert Laier geführt wurde, befand sich die Metzgerei Silberbauer, und zwischen 1921 und 1961 gab es eine weitere Metzgerei in der Kronenstraße 13.

Seit alters her gab es die „Krone" an der Bruchsaler Straße, 1925 wurde auch noch das Gasthaus „Zum kühlen Krug" in der Kronenstraße 8 eröffnet. Richtig rentabel war es nicht, schon vor dem Zweiten Weltkrieg wurde es wieder geschlossen.

Nach Kriegsende folgten weitere Neugründungen. Friseur Eugen Klein begann in der Kronenstraße 26. Und weil man damals noch viel Zeit mitbringen musste, gab es dort auch Lesestoff, den man für ein paar Pfennige ausleihen konnte.

Getränke konnte man sich bei der Familie Böser, Kronenstraße 11, holen, man konnte sie aber auch bringen lassen, wozu ein legendärer dreirädriger Mini-LKW eingesetzt wurde. Ähnlich motorisiert war auch

der Diehl Franz, der sein Geschäft zwar an der Friedhofstraße/Ecke Josefstraße betrieb, aber aus der Kronenstraße 1 stammte.

Nach und nach gaben alle Geschäfte und Handwerker an der Kronen- und der Josefstraße auf. Nur den Kindergarten und die Schule in dem 1905 erbauten Gebäude gibt es noch – wenn auch beides in erheblich modifizierter Form.

Das Schwesternhaus und der Kindergarten an der Josefstraße

Die Vorstellung, dass Kleinkinder hingebungsvoll von ihren nur als Hausfrauen tätigen Müttern versorgt zu werden haben, war schon immer ein bürgerliches Ideal, das weder mit weiblicher Land-, noch mit Fabrikarbeit (und schon gar nicht mit beidem) rechnete. Ähnlich sah es mit der Kranken- und Altenpflege aus, und so gab es auch in Forst akute Probleme, als die weibliche Fabrikarbeit immer mehr zunahm. Anfang der 1890er Jahre musste eine Lösung gefunden werden. Zu diesem Zweck wurde von den damaligen Honoratioren – Pfarrer, Bürgermeister und Lehrer – ein Sankt-Josephsverein gegründet, der als Träger einer Art Sozialstation fungieren sollte. Auf der Suche nach einem geeigneten Gelände, auf dem das Gebäude für eine „Kleinkinderbewahranstalt" und ein Schwesternhaus errichtet werden könnte, wurde man schnell in der Nähe des Pfarrhauses fündig. Begonnen am 25. September 1893, wurde der Bau bereits am 21. Mai 1894 eingeweiht.

Für die konkrete Arbeit wurde der Orden der Barmherzigen Schwestern vom Heiligen Kreuz gewonnen, eine 1856 in der Schweiz mit dem ausgesprochenen Ziel gegründete Gemeinschaft, die sozialen Defizite der Industrialisierung auszugleichen. Seit 1895 befindet sich das zuständige Provinzhaus in Hegne am Bodensee. Der Orden schickte zunächst nur zwei Schwestern, die eine für die Kinderbetreuung, die andere für die Krankenpflege. In wenigen Jahren wuchs ihre Zahl auf fünf bis sechs. Als weitere Aufgabe kam die Führung einer Näh- und Handarbeitsschule hinzu (bis 1957).

Schwester Mathilde mit ihren Schützlingen im Jahr 1933 oder 1934.

Von vornherein war die „Kinderbewahranstalt" auf eine Kapazität von 120 Kindern berechnet gewesen, die in einem großen Raum von einer Schwester beaufsichtigt wurden, als erstes Schwester Binosa. Dies war schon in den 1930er Jahren unzureichend. Ein Erweiterungsbau war jedoch zunächst aufgrund der kirchenfeindlichen Politik des NS-Regimes nicht möglich. Dem Sankt-Josephsverein war vom Finanzamt die Zielsetzung mildtätiger Zwecke aberkannt worden und so gab es keine staatlichen Zuschüsse. Es dauerte bis 1956, bis nach Plänen des Bruchsaler Architekten Eduard Holoch ein Erweiterungsgebäude mit den mittlerweile amtlich vorgeschriebenen Nebenräumen gebaut und eingeweiht werden konnte. Der Bedarf konnte dadurch nur wenige Jahre gedeckt werden. Schon 1962/63 wurde eine neue Erweiterung erforderlich, so dass nun vier Gruppen betreut werden konnten.

Als die Bevölkerung durch neue Baugebiete weiter wuchs, musste zuerst ein zweiter Kindergarten gebaut werden, dann ein dritter und schließlich ein vierter.[75] Der Kindergarten in der Josefstraße, mittlerweile „Ulrika" genannt, blieb zwar erhalten, ging jedoch immer mehr in weltliche Hände über. Die drei letzten Schwestern, darunter Schwester Henrica als Kindergartenleiterin, kehrten 1988 nach Hegne zurück. Das Kloster war nicht mehr in der Lage gewesen, die notwendigen Schwestern abzustellen. Nelly Brückel wurde neue Leiterin des Kindergartens.

Ende 1992 wurde die längst fällige Generalsanierung der Baulichkeiten, verbunden mit dem Anbau eines neuen Gruppenraumes und neuer Intensivräume nach den Plänen von Architekt Alois Wiedemann begonnen. Nach ihrem Abschluss konnte Nelly Brückel mit acht ausgebildeten Erzieherinnen die Kinder in fünf Gruppen betreuen.

75 Vgl. S. 163f.

Schwester Ulrika, wie sie auf der Internetseite von Kloster Ingenbohl wiedergegeben wird.

Schwester Ulrika

Den Heiligen Franziskus kennt eigentlich jeder, aber was hat es mit Schwester Ulrika auf sich? Franziska Nisch wurde am 18. September 1882 in einem kleinen Dorf im schwäbischen Oberland geboren. Nach einer von großer Armut gezeichneten, entbehrungsreichen Kindheit erkrankte sie als Dienstmädchen schwer. Die hingebungsvolle Pflege durch Ordensschwestern gaben ihr den letzten Antrieb, 1904 ins Kloster Hegne einzutreten, wo sie den neuen Namen „Ulrika" erhielt. Als Küchenschwester war sie in Bühl und Baden-Baden tätig. Ihr heiligmäßig-frommes Leben war von vielen Visionen geprägt. An Tuberkulose erkrankt, verstarb sie bereits mit gerade einmal 30 Jahren am 8. Mai 1913 im Mutterhaus.

Am 1. November 1987 erfolgte ihre Seligsprechung durch Papst Johannes Paul II.

Das 1893/94 erbaute Schwesternhaus (rechts) mit seinem fast genau hundert Jahre jüngeren Anbau. Im Vordergrund schiebt sich die aus dem 18. Jahrhundert stammende Mauer des Pfarrhausgartens ins Bild.

Moderne Pflegedienste

Genauso wie die Kleinkinderbetreuung in weltliche Hände gelegt werden musste, weil es zunehmend an Ordensschwestern mangelte, war auch bei der Kranken- und Altenpflege nach Alternativen zu suchen. Anfang der 1980er Jahre taten sich die acht katholischen Kirchengemeinden Ubstadt-Weihers, Karlsdorf-Neuthards, Hambrückens und Forsts zusammen, um zum 1. Januar 1983 gemeinsam die Sozialstation St. Elisabeth zu gründen. Zunächst in Stettfeld im alten Kindergartengebäude untergebracht, zog die Institution im Jahr 2004 nach Forst um. Mittlerweile zählt sie 52 Beschäftigte, vor allem Hauswirtschafterinnen und Krankenpflegerinnen, die eine Fülle von Betreuungs- und Pflegeaufgaben in den jeweiligen Haushalten übernommen haben. Die Kosten werden im Wesentlichen von Kranken- und Pflegeversicherungen getragen. Trotzdem verbleibende Defizite übernehmen anteilsmäßig die Kirchengemeinden sowie die zum Teil noch immer vorhandenen katholischen Krankenpflegevereine.

Das engmaschige Versicherungsnetz ermöglicht jedoch auch privatwirtschaftliche Organisationsformen. 1993 wurde von Simone Dorwarth in Waghäusel der Pflegedienst „Cura Vita" gegründet, der mittlerweile mit 15 Angestellten die ganze Region bis Bruchsal abdeckt. Im Jahr 2007 wurde der Sitz nach Forst verlegt.

Die St. Barbara-Kirche und ihre Vorgänger

Ein altes Dokument zeigt, dass Forst spätestens im Jahre 1464 über einen eigenen Pfarrer verfügte. Weil er ja aber irgendwo die Gottesdienste abhalten musste, wird es auch schon eine eigene Kirche gegeben haben – oder zumindest ein Kirchlein, denn die Pfarrei zählte damals nur 46 Familien. Ein anderes Dokument macht dagegen klar, dass es beides – Pfarrer wie Gotteshaus – 1419 höchstwahrscheinlich noch nicht gab. Verschiedene Indizien legen nahe, dass die Neuerungen in den 1430er Jahren eingeführt wurden.[76]

Die 1747 erbaute und 1888 abgerissene Kirche auf dem Platz, der bis heute „Kirchplatz" heißt.

Wann genau das älteste erhaltene Kunstwerk für die Forster Kirche angeschafft wurde, ist nicht überliefert. Die 87 cm hohe, aus Eichenholz geschnitzte Skulptur entstand jedenfalls um das Jahr 1500. Sie zeigt eine damals sehr beliebte so genannte Anna Selbdritt-Gruppe: Als größtes die hl. Anna, der Legende nach die Mutter Marias. Sie trägt auf dem linken Bein die Mutter Gottes als junges Mädchen und auf dem rechten Jesus Christus, ihren Enkel, als Säugling. Die heutigen Farben stammen aus jüngerer Zeit, jedoch war die Figurengruppe von Anfang an farbig gefasst.

Über das erste Forster Kirchlein liegen nur sehr wenige Informationen vor. Eine gewisse Beachtung fand es erst nach mehr als 250 Jahren. Im Dreißigjährigen Krieg war es nämlich schwer beschädigt worden, und als 1683 über den Zustand der Pfarrei berichtet wurde, gab es etliche Klagen über die unzureichenden Reparaturen und seinen schlechten Zustand. Es handelte sich wohl um eine kleine Fachwerkkirche mit einem möglicherweise massiv gemauerten Turm wegen der Glocken. Die Ausstattung war äußerst bescheiden, für die Gottesdienste war kaum das Nötigste vorhanden.

In den folgenden Jahren konnte immerhin einiges Neue angeschafft werden. Der kupferne Kelch wurde durch einen silbernen ersetzt, Messbücher wurden gekauft, Fahnen, Tragaltäre und verschiedenes andere. Da traf die Kirche ein schlimmes Unglück. Am Nachmittag des 7. Juli 1741 schlug ein Blitz in den Kirchturm ein und setzte das ganze Gebäude in Brand. Dank des Einsatzes der Bruchsaler Feuerspritze konnte zwar ein Teil

des Langhauses und vor allem die Orgel gerettet werden, aber es war so wenig, *daß auch kaum der dritte theil des Pfarr-Volks dahinein gehen konnte*, wie der Pfarrer klagte. Der Rest war ruiniert, ein Neubau war überfällig.[77]

Nachdem Bischof Schönborn 1743 gestorben war, hatte sein Nachfolger, Bischof Hutten, ein Einsehen. Am 22. Juni 1746 konnte mit dem Neubau in unmittelbarer Nähe der alten Kirche begonnen werden, obwohl noch längst nicht alle Finanzierungsfragen geklärt waren. Hofwerkmeister Johann Georg Stahl, der später auch das Pfarrhaus und das Jägerhaus entwerfen sollte, hatte den Plan gezeichnet. Es entstand eine schlichte

76   Chronik, S. 555-557.
77   Chronik, S. 618-621.

Vom alten barocken Hochaltar, der nicht in den Neubau des 19. Jahrhunderts übernommen wurde, sind nur noch wenige Teile erhalten. Sein Zentrum bildete ein vom Bruchsaler Hofmaler Philipp Ignaz Schweickart geschaffenes St. Barbara-Gemälde, das heute mitsamt seinem originalen, kostbar geschnitzten Rahmen den rechten Seitenaltar ziert. Die beiden ehemals zu seinen Seiten aufgestellten, vom Bruchsaler Bildhauer Caspar Böheim gestalteten Figuren finden sich heute an der Westwand des Langhauses, allerdings mit gewissen Veränderungen, die um 1960 unter Pfarrer Wildschütte vorgenommen wurden: Der Märtyrer (nicht der Apostel) Johannes wurde durch Zugabe eines Schwerts und Wappenschilds zum seligen Bernhard von Baden, dem Märtyrer Paulus wurde ein Hirtenstab und ein Lamm hinzugefügt, wonach er als hl. Wendelin betrachtet wurde.

Barockkirche, die aber weitaus größer war als der gotische Vorgänger. Das Langschiff hatte immerhin einen Umfang von 186 Schuh (= 54 Meter), der vorgelagerte Chor einen von weiteren 82 Schuh (= ca. 24 Meter). Der Turm war 28 Meter hoch. 1749 war der Bau vollendet und konnte von Weihbischof Johann Adam Buckel geweiht werden. Danach wurde der Rest der alten Kirche abgerissen.

Die neue Kirche erhielt eine weitaus aufwändigere Ausstattung als die alte. Dem Stil der Zeit entsprechend dominierte ein riesiger barocker Hochaltar, dessen zentrales, mehr als fünf Quadratmeter großes St. Barbara-Gemälde von mächtigen Säulen und lebensgroßen holzgeschnitzten Figuren flankiert wurde.[78]

Den Planungen der 1740er Jahre lagen die zeitgleichen Einwohnerzahlen zugrunde. Mit ihrer deutlichen Veränderung rechnete niemand. Aber nach nur wenigen Jahrzehnten war genau dies eingetreten. Bis in die 1830er Jahre war die Bevölkerung so stark gewachsen, dass Platz für zwei Drittel der Gemeinde fehlte. Eine entsprechende Erweiterung war aufgrund der umliegenden Bebauung schwierig und kostspielig. Außerdem hatte man sich wohl auch nicht allzu intensiv um die Erhaltung des Vorhandenen gekümmert, so dass

78 Chronik, S. 622ff. mit ausführlicher Beschreibung der weiteren Ausstattung S. 626–634.

79 Vgl. dazu und dem Folgenden Chronik, S. 636–652.

58

die Bausubstanz schon ziemlich mitgenommen war. Anfang der 1840er Jahre war der Verfall der Kirche so weit vorangeschritten, dass immer wieder große Stücke Verputz von der Decke herabfielen.

Obwohl man sich über die Notwendigkeit eines Neubaus grundsätzlich einig war, ließ er dennoch Jahrzehnte auf sich warten. Zunächst einmal musste die Gemeinde ein neues Schulhaus bauen. Bereits angefertigte Pläne waren Makulatur. 1869 wurden von dem jungen erzbischöflichen Baumeister Adolf Williard (1832–1923) neue Skizzen für eine zweitürmige Kirche gezeichnet. Sie fanden in Forst jedoch wenig Zustimmung. Stattdessen wandten sich die Gemeindevertreter an den Bruchsaler Bezirksbauinspektor Julius Knoderer. Nach einigem Hin und Her fand dessen Entwurf (und Kostenkalkulation) dann auch die Zustimmung des Ordinariats und am 15. April 1882 wurde der Neubau vom zuständigen Oberstiftungsrat genehmigt.[79]

Obwohl gleich darauf mit den Arbeiten begonnen wurde und die Grundsteinlegung am 22. Oktober 1882 erfolgte, dauerte es noch einmal fast genau fünf Jahre, bis die Kirche vollendet und von Erzbischof Johann Christian Roos am 12. Oktober 1887 geweiht werden konnte. Im folgenden Jahr wurde die alte Kirche abgerissen; ihr Standort bildet den heutigen Kirchplatz.

Die neue Kirche war so imposant, dass der Erzbischof bei ihrem Anblick ausrief: „Das ist ja eine Kathedrale!" Immerhin ragte ihr Turm 56 Meter in die Höhe und das dreischiffige Langhaus beanspruchte eine Fläche von 35 mal 20 Meter. Obwohl es auch manche zeitgenössische Kritik an Knoderers Konzept gab, setzte sich auf lange Sicht ein Urteil durch, wie es von Baudirektor Hans Rolli, dem Leiter des Erzbischöflichen Bauamts in Heidelberg, rund hundert Jahre später formuliert wurde: „Neurenaissancestil, der für eine Landkirche aus der Zeit des ausgehenden 19. Jahrhunderts beachtliche Qualitäten hat".

Das Kircheninnere und vor allem der Chorraum wurden nach dem Zweiten Vatikanischen Konzil weniger durchgreifend umgestaltet als in manchen Nachbargemeinden. Nennenswert ist daneben, dass erst 1957 eine Heizung eingebaut wurde und 1962 eine neue Or-

Die katholische Kirche, als sie noch von den „Pfarrgärten" umgeben war.

Der Chorraum einst und jetzt.

gel beschafft werden konnte. Die letzte Großrenovierung erfolgte 1988 mit einem Gesamtaufwand von rund 880.000 DM, ca. 450.000 Euro.

Katholizismus im Lebenslauf

Welche Bedeutung die katholische Kirche früher im Leben ihrer Forster Gläubigen besaß, muss mittlerweile regelrecht rekonstruiert werden. Sicherlich, da gibt es noch die mächtige Kirche und eine ganze Reihe anderer steinerner Zeugen wie etwa die Feldkapelle oder verschiedene Feldkreuze und Bildstöcke.

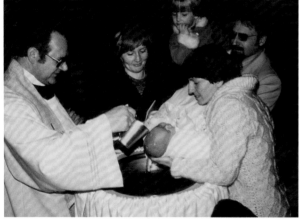

Die im Jahr 1872 neu erbaute Feldkapelle wurde 2009 mit viel Aufwand völlig ehrenamtlich generalrenoviert.

Pfarrer Alois Seidel tauft Ende 1977 die kleine Julia Oberschmidt (in der Mitte die Mutter, Brigitte Oberschmidt, rechts die Patin, ihre Schwägerin Monika Oberschmidt.

Vergangenheit sind die großen Fronleichnamsprozessionen mit ihren aufwändig gestalteten Altären am Straßenrand. Aufnahme von 1959.

In ihrer Art sind auch sie wichtige Zeugnisse. Sie müssen jedoch um vieles mehr ergänzt werden, wenn klar werden soll, wie weit die Kirche in den Alltag hineinreichte. Grundsätzlich begleitete sie das Leben von der Geburt bis zum Tod – von der Taufe bis zur Bestattung. Wenn man die Höhepunkte nimmt, so gilt das in vielen Fällen durchaus bis heute. Die meisten Kinder werden noch getauft und feiern die Erste Kommunion. Und für die Mehrzahl ist der kirchliche Segen zur Ehe genauso wichtig wie bei der Beerdigung. Aber in allen Fällen wächst die Zahl derer, die den kirchlichen Ritus nicht mehr in Anspruch nehmen – was in früheren Jahrzehnten im Dorf undenkbar gewesen wäre. Und jenseits

dieser Höhepunkte schwindet die Alltagsbedeutung noch viel mehr. Der drastisch zurückgegangene Gottesdienstbesuch spricht da eine deutliche Sprache.[80]

Die enge Verbindung zwischen Gläubigen und Kirche zeigte sich nicht zuletzt darin, welche Anziehungskraft das geistliche Leben als solches besaß. Noch in den 1930er Jahren wurden drei Söhne der Gemeinde zu Priestern geweiht.

Allen Anfeindungen zum Trotz wurde lange Zeit das Gebet mit tiefer Hingabe gepflegt – nicht nur durch eifrigen Gottesdienstbesuch, sondern auch in eigenen Vereinen. 1888 zählte die Rosenkranzbruderschaft 345 Mitglieder, und 1903 wurde eine Corpus-Christi-

80 Vgl. dazu die Zahlen S. 138.

Die Erstkommunikanten des Jahres 1906, rechts Pfarrer Aloys Sebastian Beuchert, der von 1904 bis 1926 als Pfarrer in Forst amtierte.

Selma und Anna Höflich, wahrscheinlich 1940.

Anton und Rosa Niederbühl mit ihrem Sohn Reinhard, 1963.

Bruderschaft gegründet. Andere Vereine banden die Frauen ein („Erzbruderschaft christlicher Mütter" seit 1894, seit 1968 „Katholische Frauengemeinschaft") und die Jugendlichen beiderlei Geschlechts – natürlich streng voneinander getrennt (Marianische Jungfrauenkongregation bzw. Deutsche Jugendkraft (DJK), beide seit 1928). Der Nationalsozialismus setzte den kirchlichen Vereinen allerdings schwer zu. Die DJK wurde 1935 aufgelöst, ihr Sportplatz an den Reiterverein weiter gegeben. Nach dem Ende des Zweiten Weltkriegs schien sich eine gewisse Renaissance des alten Katholizismus zu ereignen, aber schon nach wenigen Jahren zeigte sich, dass die Zeiten andere geworden waren.

Erst nach dem Zweiten Weltkrieg wurde es zur Sitte, dass eine Braut in Weiß vor den Altar zu treten habe. Zuvor trug sie Schwarz wie der Ehemann. Andreas Schrag und Elsa Weimann heirateten am 8. November 1919, Bernhard Mohr und Lioba Wiedemann am 21. August 1950. Sie konnten 2010 das seltene Jubiläum der Diamantenen Hochzeit feiern.

Theodor Böser (22. Februar 1910 – 20. März 1984) feierte am 26. März 1939 seine Primiz in Forst. Das Foto zeigt ihn mit seiner „Primizbraut", seiner damals zwölfjährigen Cousine Luzia Diehl (später verh. Rupp). – Hubert Meisel (4. März 1912 – 25. August 1991) wurde 1938 zum Priester geweiht.

Kleine Post-Geschichte

Als die Post ihr Amt 1999 im Rathaus schloss und seine Aufgaben ab 6. Dezember jenes Jahres von einer „Agentur" in den Räumlichkeiten der Firma Epp, Bruchsaler Straße 3, übernommen wurde, schien für viele eine gleichsam naturgegebene Einrichtung verloren zu gehen. Sie übersahen nicht nur, dass fortan viel kundenfreundlichere Öffnungszeiten geboten wurden, sondern auch, dass die zu Ende gehende Tradition verhältnismäßig kurz gewesen war. Die Anfänge der Post in Forst während des Kaiserreichs unterschieden sich in ihrer Organisationsstruktur zudem nicht sehr von den heutigen.

Die erste nachweisbare Post in Forst war kein Amt, sondern ebenfalls nur eine Agentur, und sie war spätestens seit 1882 im Gasthaus „Zur Rose" in der Hambrücker Straße untergebracht.[81] Wirt Michael Wiedemann amtierte als Postagent bis zum 28. August 1885, dann gab er beide Tätigkeiten auf. Am 1. September trat der 36jährige Landwirt Georg Anton Luft seine Nachfolge an. Die Agentur wurde darauf in einem Anbau seines Wohnhauses Bruchsaler Straße 5 untergebracht – der Standort bildet heute den Parkplatz für die gegenwärtige Postagentur gleich daneben. Die Parallelen zur heutigen Situation gehen sogar noch weiter. Vertragspartner der Post war nur Georg Anton Luft selbst (ähnlich Jürgen Epp), die nötigen Hilfskräfte – damals „Privatunterbeamte" genannt – waren Bedienstete Lufts, nicht der Post. Gewisse Unterschiede dürfen gleichwohl nicht übersehen werden: Damals gehörte zu diesen Hilfsdiensten auch noch das Austragen von Briefen und Telegrammen, davon ist die heutige Postagentur befreit. Und auch die Finanzverhältnisse stellten sich etwas anders dar. Luft erhielt zunächst 420 Mark, die allmählich bis 600 Mark ab 1. April 1893 gesteigert wurden – im Jahr, nicht im Monat. Und davon mussten auch noch dem Briefträger 150 Mark gezahlt werden.

Mit dem neuen Postagenten war auch ein Stück technischer Fortschritt in die Gemeinde gekommen. Luft führte eine „Postagentur mit Morse- und Telegraphenbetrieb". Die nächste Neuerung erlebte er jedoch nicht mehr. Am 12. Juni 1899 verstarb er gerade

einmal 50jährig. Wenige Wochen später, am 1. Oktober, klingelte in seiner Poststube das erste Telefon in Forst. Neue Postagentin war seine Witwe Rosina geborene Burkard geworden.

Als „d'Postluften" durch einen tragischen Unglücksfall am 31. Oktober 1914 verstarb, wanderte die Postagentur Anfang 1915 in den Kolonialwarenladen Johann Soders in der Weiherer Straße 4, zwischen die beiden Gasthäuser „Ritter" und „Hirsch". Nach wie vor war es Sache des Postagenten, für die Zustellung der eingegangenen Sendungen zu sorgen. In Soders Fall übernahm diese Aufgabe zunächst seine Frau, dann eine seiner Töchter. Nach dem Ersten Weltkrieg war das Postgeschäft so angewachsen, dass er seinen „Spezereiladen" aufgeben konnte. Einen hauptamtlichen Briefträger erhielt Forst erst in den 1930er Jahren in der Person Josef Burgers, des „Postsepp's". Am 1. Mai 1938 übernahm Hildegard Soder, die jüngste Tochter Johann Soders, die Poststelle.

Die Umwandlung der Forster Poststelle in ein „Postamt" (Klasse „M") erfolgte erst nach Ausbruch des Zweiten Weltkriegs, zum 1. November 1939. Hildegard Soder wurde als Betriebsleiterin eingestellt, ihre Schwester Frieda als Teilzeitarbeitskraft zur Mithilfe

Ende 1886 trug Postbote Reinhard einen Brief mit höchstwahrscheinlich unangenehmem Inhalt in Forst aus. Die nach Zeutern zurückgeschickte Urkunde zeigt den alten Forster Poststempel.

81 Das Folgende greift auf eine Artikelserie zurück, die Arthur Luft 1993/94 in drei Heften der „Forschter Drehscheib'" des Heimat- und Kulturvereins veröffentlichte.

Postagent Johann Soder (rechts) mit Briefträger Josef Burger im Hof seines Anwesens Weiherer Straße 4.

Die wahrscheinlich 1909 entstandene Aufnahme zeigt Rosina Luft (rechts) vor ihrem Haus Bruchsaler Straße 5. Im Anbau rechts war die Poststelle untergebracht, deutlich markiert durch ein entsprechendes Schild rechts neben der Tür und dem 1887 angebrachten gusseisernen Briefkasten.

am Schalter sowie bei der Briefzustellung. Geöffnet war täglich, wenn auch samstags nur vormittags und sonntags nur eine Stunde, von 11.30 bis 12.30 Uhr.

Erst 1954 wurde ein zweiter Zusteller zugeteilt. Bewältigt werden mussten nicht nur die gesamten Briefschaften, sondern auch noch eine Menge Geldangelegenheiten. Nicht zuletzt mussten jeden Monat die Rundfunkgebühren kassiert werden. Auch die Paketzustellung war eingeschlossen. Als Hilfsmittel stand dafür nur ein gelbes Dienstfahrrad mit Anhänger zur Verfügung. Erst 1960 wurde für diesen Aufgabenbereich eine eigene Teilzeitkraft eingestellt.

Nachdem am 1. Oktober 1959 das Postamt in die höhere Gruppe „L" eingestuft worden war, standen 1960 größere Veränderungen an. Der Raum der Postagentur war nicht mehr tragbar, vor allem am letzten Werktag jedes Monats. Weil Renten noch nicht bar-

geldlos überwiesen, sondern konkret ausgezahlt wurden, bildeten sich jedesmal vor dem Haus lange Schlangen, da der Schaltervorraum höchstens vier bis sechs Personen Platz bot. Ab 1. Juli 1960 mietete die Post nun von der Gemeinde Räume im Erdgeschoß des Rathauses (heute: Bürgerbüro). Am 21. November wurde dort der Betrieb aufgenommen.

Hildegard Soder trat Ende Juni 1966 in den Ruhestand, neuer Postverwalter wurde Hermann Böser, der bereits 1954 bis 1960 Zusteller gewesen war. Schon nach wenigen Jahren genügten auch die neuen Räumlichkeiten nicht mehr den steigenden Anforderungen. Die Post erhielt von der Gemeindeverwaltung weiteren Platz zugestanden, vor allem den damaligen Bürgersaal. Nach einigen Umbauten und dem Einbau einer neuen Schalter- und Schließfachanlage verfügte das Amt ab dem 29. Juni 1973 über 242 Quadratmeter Fläche. Zu

Raubüberfall auf das Forster Postamt

Am 26. Juni 1978 saß ein mehrfach vorbestrafter 38jähriger Arbeiter aus Bruchsal im Gasthaus „Zum Hirsch", trank Bier und unterhielt sich mit den Gästen. Gegen 16.40 Uhr stand er auf und kündigte an, in die Post hinüberzugehen. Im Postamt zog er eine Pistole aus der Tasche und verlangte von Dienststellenleiter Böser Geld. Der wusste sich jedoch sicher hinter kugelfestem Panzerglas, verweigerte das Geld und alarmierte stattdessen per Telefon die Bruchsaler Polizei.

Der enttäuschte Räuber lief daraufhin in den Gang des Rathauses zurück und gab zwei Schüsse aus seiner Schreckschusspistole ab, die eine wirklichkeitsgetreue Nachbildung einer amerikanischen Schalldämpferwaffe war. Anschließend ging er in den „Hirsch" zurück, versteckte die Waffe unter einem Fußabtreter und setzte sich wieder zu seinem Bier. Von den Anwesenden hatte niemand etwas von dem versuchten Raubüberfall bemerkt.

Nach wenigen Minuten war die Bruchsaler Polizei bereits zur Stelle, verstärkt durch Streifenwagen aus Philippsburg und Bad Schönborn sowie Kräften der Autobahnpolizei. In kürzester Zeit war der Räuber gestellt, verhaftet und die versteckte Tatwaffe gefunden. Blutproben ergaben eine beträchtliche Alkoholeinwirkung.

Gespensternachmittag:
Raubüberfall auf das Forster Postamt
Täter geistesgestört? Blitzaktion der Polizei

Forster Posträuber „WM-geschädigt"?
Lautstarke „Argentina"-Rufe vor der Festnahme
Haftbefehl gegen 38jährigen Täter wurde beantragt

Schlagzeilen der „Bruchsaler Rundschau".

den Neuerungen zählten auch kugelfeste Panzerglasscheiben über die ganze Breite des Schalterraums.

Betriebsleiter Hermann Böser trat Ende August 1982 in den Ruhestand. Seine Nachfolge übernahm Bernhard Luft. Bis 1990 wuchs das Personal seines Amts auf 13 Personen – acht Vollzeit- und fünf Teilzeitkräfte. Längst standen neben mehreren Hand-Zustellwagen auch zwei Kombifahrzeuge für die Paketzustellung zur Verfügung.

Als Theo Veith am 1. Dezember 1992 die Leitung der Dienststelle übernahm, war zwar klar, dass die Aufspaltung der staatlichen Bundespost in die drei Bereiche Briefpost, Telekom sowie Postbank und deren spätere Privatisierung erhebliche Veränderungen nach sich ziehen würden. An ein Ende des gewohnten Postamts dachte je-

doch niemand. Es kam unerwartet schnell. Alles in allem hatte es in Forst in dieser Form gerade einmal 70 Jahre bestanden. Dann erfolgte ein Stück weit die Rückkehr zum früheren Modell. Im Forster Fall war damit wie gesagt auch eine räumliche Rückkehr verbunden. Den Verlust der alten Post mit ihrem schwerfälligen Schalterbetrieb werden wohl nur noch wenige betrauern.

Forster „Kriminal-Statistik"

Zu den wichtigsten Aufgaben des Bürgermeisters im alten Baden zählte die Verwaltung der Ortspolizei. Ihr Gebiet war wesentlich weiter als heute gefasst. Die am

1.	2.	3.	4.	5.	6.	7.	8.	9.	10.	11.	12.	13.	14.	15.
Ordnungszahl.	Name des Angezeigten. Mit Angabe des Wohnorts bei auswärts Wohnenden.	Name des Anzeigers.	Tag des Einlaufs der Anzeige.	Bezeichnung der Uebertretung und der anwendbaren strafgesetzlichen Bestimmung.	Wann erledigt durch Strafverfügung.	Einstel...	Tag des Antrags auf gerichtliche Entscheidung	der Vorlage an das Bezirksamt in Folge erhobener Beschwerde.	Strafe Geldstrafe	Haftstrafe	Aufhebung der Strafverfügung durch das Bezirksamt.	Tag des Vollzugs der Haft.	der Bezahlung der Geldstrafe zur Gemeindelasse.	Bemerkungen.
34	Anton Diehl Fabrikarbeiter	Polizeidiener Böser	10.9. 1901	360. ü. N. W. G. B. grober Unfug	12.9. 1901				2				16.11.190.	Zu Bezahlung
35	Franz Böser V. J. Wilhelm Böser	„ „	10.9. 1901	360. ü. N. W. G. B. grober Unfug	12.9. 1901				2				20.11.190.	Desgl.
36	Otto Kritzer Maurer	„ „	10.9. 1901	360. ü. N. W. G. B. grober Unfug	12.9. 1901				2				6.10.1901	...

Wahrscheinlich waren sie gemeinsam unterwegs, der Fabrikarbeiter Anton Diehl, der Maurer Otto Kritzer und der junge Franz Böser, als sie am 10. September 1901 von Polizeidiener Böser wegen „groben Unfugs" angezeigt und am 12. September zu je zwei Mark Geldstrafe verurteilt wurden. Mit dem Zahlen ließen sie sich aber Zeit. Franz Böser zahlte als letzter erst am 20. November.

82   GAF B 83.

31. Dezember 1831 erlassene erste einschlägige Gemeindeordnung definierte in § 48: *Zur Ortspolizei gehören die Sicherheits-, Reinlichkeits-, Gesundheits-, Armen-, Straßen-, Feuer-, Markt-, niedere Gewerbs-, weltliche Kirchen-, Sittlichkeits-, Gemarkungs-, Bau- und Gesindepolizei, so wie die Aufsicht auf Maaß und Gewicht.* Außerdem war er berechtigt – so § 51 – *gegen jeden Uebertreter wegen Ungehorsams und Polizeifreveln Strafen zu erkennen und zu vollziehen.* Faktisch wurde dies vom Polizeidiener übernommen, der darüber jedoch genauestens Buch führen musste. In Forst hat sich die „Polizei-Straf-Tabelle" in Form eines dicken Bandes erhalten, in den für die Zeit von 1894 bis 1930 alle verhängten Polizeistrafen eingetragen wurden.[82] Regelrechte Verbrechen wird man darin nicht finden – die waren der Verurteilung durch den Bürgermeister entzogen. Er durfte nur kleine Geld- oder auf ein oder zwei Tage begrenzte Haftstrafen verhängen.

Mit dieser Einschränkung erweist sich Forst als harmloses, aber nicht als ruhiges Pflaster. Sichtet man nämlich die vielen Einträge, kristallisiert sich schnell ein eindeutiger Schwerpunkt heraus, das Problemfeld „Ruhestörung", „grober Unfug" und „grober Unfug und Ruhestörung". Im Jahr 1901 beispielsweise notierte Polizeidiener Böser insgesamt 50 Anzeigen. Die allermeisten davon galten diesen drei ‚Delikten'. Sie wurden in aller Regel mit zwei Mark Geldstrafe geahndet, in manchen Fällen auch einmal mit drei oder fünf. Interessant wäre es schon zu erfahren, welche Art von „grobem Unfug" sich Magdalena Knoch, die Ehefrau des Karl Knoch am 2. Oktober 1901 hatte zuschulden kommen lassen, über die dann fünf Mark Strafe verhängt wurde. Immerhin legte sie Beschwerde ein, der wohl Erfolg beschieden war, denn in der Rubrik „Bemerkungen" hieß es nur lapidar „Ist frei".

Nur einmal ließ sich der Polizeidiener in jenem Jahr zu einer ausführlicheren Darstellung hinreißen und notierte im Falle eines durchreisenden Österreichers: *Am 7ten Oktober groben Unfug verübt dadurch, daß er im Gasthaus zum Hirsch unanständige Lieder gesungen und mit betrunkenem zustand herumgewandert und Aergerniß erregt kam in Arest 24 Stunden Haft.* Was im Nachhinein als wichtige Konkretisierung erfreut, kam zeitgenössisch schlecht an. Am 23. Oktober wurde der Polizeidiener vom Bezirksamt wegen der Formverletzung gerügt: *Es ist nicht angängig, in obiger Weise die Tabelle zu führen.*

Reichs- und Landtagswahlen im Kaiserreich

Obwohl auch den Forstern (und die männliche Sprachform ist hier durchaus berechtigt) schon 1818 das Recht zugestanden wurde, über die Zusammensetzung des badischen Landtags mitzubestimmen, braucht man sich den Ergebnissen im Detail erst im frühen 20. Jahrhundert zuzuwenden. Zuvor war das Wahlrecht zu beschränkt: Die Urwähler im Dorf hatten nur zwei oder drei Wahlmänner zu bestimmen, die dann mit den anderen Wahlmännern des Bezirks über den Abgeordneten entschieden. In Forst scheint man diesen Wahlen nicht allzu viel Beachtung geschenkt zu haben; jedenfalls sind keine Unterlagen dazu überliefert.

Viel dürfte damit nicht verloren gegangen sein, wie nur an einem Beispiel zu zeigen ist. 1897 zählte der Amtsbezirk Bruchsal 33.409 Einwohner. Wahlberechtigt waren von ihnen 6.875, rund 20 Prozent. Von diesen Wahlberechtigten gaben gerade einmal 1.610 ihre Stimme ab – ein knappes Viertel! –, um insgesamt 159 Wahlmänner zu wählen. 157 von ihnen trafen sich dann zur eigentlichen Abgeordnetenwahl, die aber wohl nur eine Art Formsache war. 151 entschieden sich nämlich für den Kandidaten des Zentrums, den bereits 1893 in die zweite Kammer der Landstände (wie die korrekte Bezeichnung lautete) gewählten Freiburger Landgerichtsrat Julius Breitner, einen gebürtigen Philippsburger. Ein auch nur annähernd vergleichbares Ergebnis erzielte übrigens keiner der 31 anderen Abgeordneten bei dieser Wahl.[83]

Wurden die Wahlmänner aber damit dem Willen der Urwähler gerecht oder hätten die ganz anders entschieden? Diese Frage konnte nach wenigen Jahren beantwortet werden. Nach langem Hin und Her wurde 1904 in Baden das indirekte Wahlrecht durch ein direktes ersetzt. Das Ergebnis der Landtagswahl 1905, der ersten nach dem neuen Wahlrecht, war in Forst wie dem gesamten Wahlkreis „Bruchsal (Land)", in dem 97 Prozent der Einwohner katholisch waren, erneut eine klare Sache. Bei einer Wahlbeteiligung von nunmehr rund 80 Prozent erhielt der Kandidat des Zentrums, noch immer Landgerichtsrat Breitner, 4.014 von 4.960 abgegebenen gültigen Stimmen (81 Prozent). In Forst waren beide Werte sogar noch etwas eindeutiger: Da hatte Breitner bei einer Wahlbeteiligung von 85 Prozent 89 Prozent der Stimmen erhalten (402 von 453).[84] Der Unterschied zu den indirekten Wahlen zuvor hielt sich also in engen Grenzen.

Das Bruchsaler Land war und blieb eine sichere Bastion für das Zentrum, auch als Breitner nicht mehr kandidierte. 1909 wurde im Wahlkreis Breitners Nachfolger, der Langenbrücker Bürgermeister Josef Ziegelmeyer, gewählt – wenn auch mit ‚nur' 66 Prozent der

German Böser (geb. 12. Februar 1867, Todesdatum unbekannt) und sein Schwager Roman Böser (18. Februar 1879 – 16. Dezember 1923). Die Aufnahme Romans stammt aus dem Jahr 1901.

83 Statistisches Jahrbuch für das Großherzogtum Baden 29(1897/98), S. 444f.

84 Adolf Roth/Paul Thorbecke, Die badischen Landstände, insbesondere die zweite Kammer. Landtagshandbuch. Karlsruhe 1907, S.218f.

Benedikt Weimann mit seiner Frau Bertha, geb. Firnkes und seinen Kindern Barbara und Elsa (hinten) sowie Gustav und Leonhard, die Aufnahme entstand ca. 1905 in der Hambrücker Straße 2.

85 Konrad Exner-Seemann, Josef Ziegelmeyer. Badische Landes- und Kommunalpolitik im frühen 20. Jahrhundert. Ubstadt-Weiher 1993.
86 Chronik, S. 425.
87 Lott, Badisches Gemeindebüchlein, S. 51.

marck schon 1871 das direkte Wahlrecht für den Deutschen Reichstag durchgesetzt hatte. Aber auch da handelte es sich nicht um eine Verhältnis-, sondern um eine Mehrheitswahl. Entschieden wurde nur (wie bei der Erststimme der heutigen Bundestagswahlen) über die Besetzung eines konkreten Mandats; eine Zweitstimme für die Partei gab es nicht. Das hatte nicht nur zur Folge, dass die Parteien immer wieder komplizierte Wahlabsprachen treffen mussten, sondern auch, dass bestimmte Gruppen innerhalb eines Wahlkreises praktisch chancenlos waren, jemals einen Vertreter durchzusetzen. Dies galt auch für Forst und seine Umgebung.

Forst und der gesamte Gerichtsbezirk Bruchsal waren mit dem Amtsbezirk und der Stadt Karlsruhe zum 10. Reichstags-Wahlkreis vereinigt. Katholiken und Evangelische standen damit fast gleich stark einander gegenüber. Ein Zentrumskandidat war damit ziemlich chancenlos. Und bald ging es nur noch um die Frage, ob ein Sozialdemokrat gewählt würde oder nicht. 1898 war dies tatsächlich der Fall. Bis 1912 vertrat der Buchdruckereibesitzer Adolf Geck den Wahlkreis.

Dem Amtsbezirk Bruchsal und insbesondere den Forstern hatte Geck dies nicht zu verdanken. 1907 hatte er von 521 gültigen Stimmen in Forst gerade einmal 98 erhalten. 416 waren dagegen auf den Kandidaten des Zentrums entfallen. Auch in der Umgebung lag Geck mit 2.018 von 12.845 weit hinter dem Zentrumsmann mit 5.565 zurück. Aber in Karlsruhe sah es ganz anders aus. Da sammelte er 10.979 von 23.850 Stimmen.[87]

1912 hatten die Bürgerlichen aus dieser Situation gelernt. Das Zentrum verzichtete von vornherein auf einen Kandidaten und empfahl die Wahl eines Konservativen. In Forst wurde dem weitgehend gefolgt. Von 486 gültigen Stimmen erhielt der Konservative immerhin 341, während der Sozialdemokrat bei 102 stagnierte.

Bei einer Wahlbeteiligung von fast 86 Prozent blieb dem konservativen Kandidaten mit 11.477 Stimmen im Wahlkreis aber trotzdem nur der undankbare dritte Platz. Der Kandidat des „liberalen Blocks" hatte nämlich 13.340 Stimmen einsammeln können. Auf Platz 1 lag der amtierende Abgeordnete von der SPD mit 16.047 Stimmen, allerdings weit von der absoluten

Stimmen. Ziegelmeyer blieb bis 1925 Abgeordneter der Region. Dann kandidierte der 70jährige nicht mehr.[85] Gerechterweise muss jedoch hinzugefügt werden, dass in den wenigsten Wahlkreisen die Verhältnisse so eindeutig waren, wie im Amtsbezirk Bruchsal – sowohl vor wie nach der Wahlrechtsreform.

Es bedarf deshalb auch nur eines kurzen Blicks, um sich die Verhältnisse auf der lokalen Ebene klar zu machen. Am Vorabend des Ersten Weltkriegs herrschten im 60köpfigen Bürgerausschuss Forsts völlig eindeutige Verhältnisse: 49 Vertreter wurden vom Zentrum gestellt, nur elf von der Sozialdemokratie.[86]

Die badische Wahlrechtsreform des Jahres 1904 erfolgte nicht zuletzt aufgrund der Tatsache, dass Bis-

9203

Wahlberechtigte haben im Wahlkreise Karlsruhe bei der Reichstags-
stichwahl 1907

ihrer Wahlpflicht **nicht genügt**

und lediglich dadurch
der Sozialdemokratie einen leichten Sieg verschafft.

Schon 17066 Stimmen

konnten so den Sozialdemokraten zum Vertreter von

42517 Wahlberechtigten
machen.

**Wähler aller staatserhaltenden Parteien
tut am 12. Januar eure Pflicht,**
B.926
**und sorgt dafür, daß der vaterlandsfeindlichen Sozial-
demokratie eine empfindliche Niederlage bereitet werde!**

Reichsverband gegen die Sozialdemokratie.

An die Zentrumswähler im 10. und 12. Reichstagswahlkreis!

Zentrumswähler in Baden können für einen Angehörigen der Sozialdemokratie ihre Stimme nicht abgeben, aber auch nicht eintreten für einen Freund des Großblocks.

Das Zentralkomitee empfiehlt deshalb den Zentrumswählern der Wahlkreise **Karlsruhe-Bruchsal** und **Heidelberg-Mosbach** im Stichwahlkampfe zwischen Kandidaten der Sozialdemokratie und des liberalen Blocks

Wahlenthaltung!

Das Zentralkomitee der badischen Zentrumspartei:

J. V.: Theodor Wacker, I. Vorsitzender.

Die Front gegen die Sozialdemokratie war im Wahlkreis Karlsruhe fest geschlossen. Die einzige ‚Wahlwerbung' in der „Karlsruher Zeitung", dem badischen Staatsanzeiger, veröffentlichte der „Reichsverband gegen die Sozialdemokratie". Von den beiden Bruchsaler Tageszeitungen sind aus jenem Jahr keine Exemplare erhalten. Zumindest das Zentrumsblatt dürfte aber die Wahlvorgaben, die das badische Zentrum in seinem Hauptorgan, dem „Badischen Beobachter", am 11. und 18. Januar 1912 veröffentlichte, einfach übernommen haben.

An die Zentrumswähler des X. badischen Reichstagswahlkreises Karlsruhe-Bruchsal.

Bei den Reichstagswahlen der Jahre 1903 und 1907 hat Euer Vertrauen mir jeweils die Kandidatur für die Zentrumspartei im Bezirke übertragen. Das Ergebnis dieser Wahlen mit seinen steigenden Ziffern für unsere Partei hat bewiesen, daß der Zentrumsgedanke trotz aller Anfeindung stetige Fortschritte im Bezirk gemacht hat.

Ihr wißt, warum gleichwohl die Zentrumspartei für die Wahl am 12. Januar 1912 von der Aufstellung eines eigenen Kandidaten abgesehen hat. Ein solcher hätte bei der Lage der Dinge im Bezirk auch bei weiterem Anwachsen der Zentrumsstimmen nur die Bedeutung eines Zählkandidaten gewinnen, aber schwerlich in die Stichwahl, sicher nicht zum Siege gelangen können. Bei der bevorstehenden Wahl kann es sich aber in erster Linie nicht darum handeln, eine möglichst große Stimmenzahl im Reiche für die Partei festzustellen, sondern alles daran zu setzen, daß der neue Reichstag keine Großblockmehrheit aufweist. Dieses Ziel, soweit es an unserem Bezirke liegt, zu erreichen, die rote Fahne niederzuholen und das Mandat des Bezirks für einen Mann von christlich monarchischer Gesinnung zu gewinnen, ist der Zweck der von den rechtsstehenden Parteien aufgestellten und vom Zentrum bedingungslos unterstützten Kandidatur des Herrn Kreisdirektor Freiherrn von Gemmingen. Wenn Ihr diesem Manne Eure Stimme gebt, der nicht unserer Partei angehört, aber in den wichtigsten für die nächste Zeit entscheidenden Fragen auf politischem und wirtschaftlichem Gebiete mit uns einig geht, so könnt Ihr gewiß sein, Eure heiligsten und wichtigsten Interessen guten Händen anvertraut und das Eurige für die ruhige und stetige Weiterentwicklung unseres deutschen Vaterlandes in christlich-deutschem Geiste getan zu haben.

Meine Erkrankung hat es mir leider unmöglich gemacht, so wie es meine Absicht gewesen wäre, von Ort zu Ort in diesem Sinne für die Kandidatur der Rechten bei Euch einzutreten. Als Euer alter Kandidat, wie als Vorsitzender des Bezirksausschusses der Partei halte ich es aber für meine Pflicht, wenigstens auf diesem Wege Euch alle herzlich zu ersuchen, das bei den letzten zwei Wahlen mir geschenkte Vertrauen am kommenden Freitag rückhaltlos auf Herrn von Gemmingen zu übertragen und mit altbewährter Mannestreue für ihn mit aller Wucht in die Wahlschlacht einzutreten, wie für einen Mann der eigenen Partei. Bleibe keiner zur Seite, frisch und frei die letzte Stimme herausgeholt wider rosarot und hochrot für den Mann, dem wir in diesem Wahlgang allein vertrauen dürfen:

Herrn Kreisdirektor Freiherrn von Gemmingen in Straßburg.

Karlsruhe, 10. Januar 1912.

Edmund Schmidt,
Oberlandesgerichtsrat u. Mitglied der 2. Kammer.

Anna und Heinrich Hoffmann mit ihren sechs Kindern, wohl 1915 (von links: Lene, Sebastian, Walter, Otto und Gunda, vorne Rosa).

Mehrheit entfernt. Schon nach wenigen Tagen, am Samstag, dem 20. Januar, wurde zur Stichwahl gerufen. Das lokale Ergebnis hat sich nicht erhalten. Im Wahlkreis siegte der Liberale Dr. Haas mit 20.588 zu 17.431 Stimmen über den Sozialdemokraten.[88]

Der Erste Weltkrieg

Die 1914 herrschenden Vorstellungen von Krieg waren letztlich durch die Erinnerungen an den deutsch-französischen Krieg von 1870/71 geprägt, der nicht nur vergleichsweise schnell mit einem glorreichen Sieg und der Reichsgründung beendet worden war, sondern

auch kaum Verluste nach sich zog. In Forst hatte es bei mehr als 20 Kriegsteilnehmern keinen Gefallenen gegeben, nur Oswald Blumhofer war an den Beinen schwer verwundet worden. Mit großer Begeisterung wurde denn auch (wie vielerorts) die militärische Tradition gepflegt: 1873 wurde ein Veteranenverein gegründet, der schon bald 120 Mitglieder zählte, und 1898, als unter Wilhelm II. das Großmachtdenken neue Triumphe feierte, noch ein Militärverein, dem schnell fast hundert Mitglieder beitraten.[89]

Als im Juni 1914 der österreich-ungarische Thronfolger in Serbien ermordet wurde, tat die Führung des Deutschen Reichs nichts, um der Eskalation entgegenzuwirken. Die Hoffnung, den am 1. August beginnenden

88 Die Wahlkreis-Ergebnisse nach „Karlsruher Zeitung" vom 13. & 18. bzw. 21. & 26. Januar 1912.

89 Chronik, S. 407f & S. 424.

Andenken an die erste hl. Kommunion.

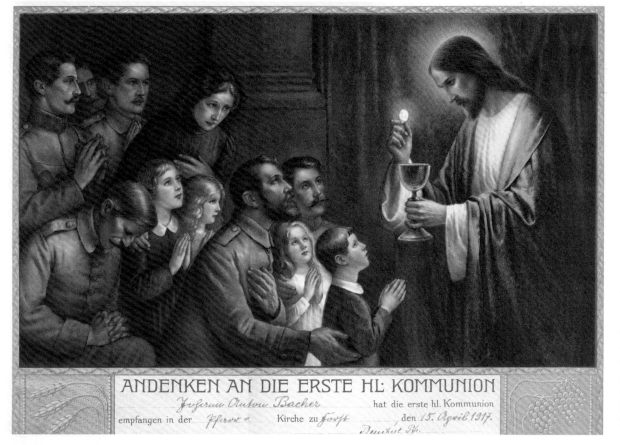

ANDENKEN AN DIE ERSTE HL. KOMMUNION

Der Krieg hinterließ überall seine Spuren – selbst bei den großformatigen Kunstdrucken, die zum „Andenken an die erste hl. Kommunion" ausgegeben wurden. Wurde in den Friedensjahren nur die Erinnerung an das biblische Ereignis beschworen, waren die Assoziationen beim Kriegsbild ambivalent. Mancher wird darin nicht nur das erste Abendmahl für die beiden Kinder, sondern auch das letzte Abendmahl für die Soldaten gesehen haben.

Zu den Glücklichen, die lebendig aus dem Ersten Weltkrieg zurückkamen zählten Joseph Meisel (hier in einer Aufnahme vom 6. Juli 1918), die Brüder Heinrich und Paul Böser sowie Leonhart Weimann.

Krieg noch vor Weihnachten mit einem Sieg beendet zu haben, war weit verbreitet. Sie erfüllte sich nicht. Stattdessen waren allein schon in Forst 14 Gefallene und an Kriegsfolgen Verstorbene zu beklagen. Der Krieg zog sich auch über die Jahre 1915, 1916 und 1917 dahin. 1918 waren die Kräfte des Reiches und seiner Verbündeten erschöpft. Die Menschen waren des Krieges müde. Als ein paar Matrosen gegen sinnlose Befehle meuterten, brach ein Flächenbrand aus. Eine Revolution zwang nicht nur den Kaiser ins holländische Exil, auch die anderen deutschen Fürsten – einschließlich des badischen Großherzogs – verloren ihre Throne.

Die Gemeinde selbst war von Kampfhandlungen verschont geblieben. Aber 84 Gefallene waren ein großes Opfer.[90]

90   Namentlich aufgeführt in Chronik, S. 428-432.

Neue Zeiten

Die Zeugnisse für den politischen Umbruch im lokalen Raum sind rar. Dies liegt nicht nur an den massiven Verlusten im Gemeindearchiv. Anzunehmen ist, dass sich der revolutionäre Überschwang der Forster in engen Grenzen hielt. Gleichwohl wüsste man doch gerne Näheres bei manchen zunächst recht unscheinbaren Hinweisen.

Im November und Dezember 1918, der eigentlichen Revolutionsphase, fanden in Forst nur zwei Gemeinderatssitzungen statt, deren Protokolle die neuen Verhältnisse mit keinem Wort reflektieren. Erst am 31. Januar 1919 findet sich die fast beiläufige Notiz: *Mit Beschluß des Gemeinderats vom heutigen wird auf Antrag des A & B Rats Karl Jos. Bacher & Emil Luft zur Ergänzung des Gemeinderats zur Verpflichtung vorgeschlagen.* Dies zeigt, dass auch in Forst ein revolutionäres Gremium, ein Arbeiter- und Bauernrat, entstanden war. Und er hatte so viel Durchsetzungsvermögen, dass sein Vorschlag auch befolgt wurde: Ab dem Protokoll zur vierten Gemeinderatssitzung am 31. März finden sich auch die Unterschriften Bachers und Lufts.[91]

Die Gemeinderatswahl am 22. Juni 1919 klärte die Verhältnisse. Das Wahlergebnis zeigt eine komplizierte Mischung aus Konstanz und Veränderung: Die Bürgerlichen behielten mit fünf Sitzen zwar die Mehrheit. Mit 166 Stimmen (18 Prozent) trat aber doch ein SPD-Vertreter hinzu, Friedrich Böser. Außerdem war die Mehrheit gespalten in zwei Fraktionen: Das Zentrum (461 Stimmen, 49 Prozent), das durch zwei wiedergewählte Räte (Anton Sturn, seit 1896, und Anton Firnkes, seit 1911) und Emil Bender vertreten wurde, sowie die „Freie Bürgervereinigung" (305 Stimmen, 33 Prozent), auf deren Liste Karl Josef Bacher kandidiert hatte.

Umbrüche ergaben sich aber auch aus anderen Gründen. Der 1895 erstmals gewählte Bürgermeister Paul Böser war im April 1919 verstorben. Am 19. Juli wurde im zweiten Wahlgang Simon Weindel zu seinem Nachfolger gewählt. Auch die Stelle des Gemeinderechners musste neu besetzt werden. Das Amt erhielt im August der Kriegsinvalide Andreas Weindel.

1918 war zwar der Erste Weltkrieg beendet und am 28. Juni 1919 der Friedensvertrag unterzeichnet worden, die Versorgungslage blieb jedoch angespannt. Im Sommer 1919 stand jedem Erwachsenen im Raum Bruchsal gerade einmal ein Ei pro Woche zur Verfügung.

Zudem bahnten sich im Alltag gravierende Neuerungen an. Die *Einführung von elektrischem Licht* stand an. Der Stromlieferungsvertrag mit dem Badenwerk wurde vom Gemeinderat am 31. August 1919 genehmigt.

Und schließlich begannen sich in Kaisers Zeiten völlig unbekannte Probleme mit dem Geld abzuzeichnen. Es begann an Wert zu verlieren, so dass punktuell Abhilfe geschaffen werden musste. Am 21. Oktober erhielten die Gemeindebeamten „Teuerungszulagen" für das Jahr zugesprochen. Bürgermeister und Ratschreiber erhielten je 500 Mark, die beiden Polizeidiener je 300 Mark.

91   GAF B 67 & GLA 344/4219.

1919 hatte man wieder Zeit, um Sport zu treiben. Manchmal genügte dazu einfach die Straße. Das Foto sollte man im Detail studieren. Dann sieht man beispielsweise, wie schön der „Ritter" damals bemalt war, oder dass auch im Frank-Anwesen im Hintergrund eine große Madonna in der Hauswand stand.

Viel Zentrum, aber auch viele Linke. Landtags-Wahlergebnisse in der Weimarer Republik

Die Ergebnisse der Landtagswahlen
in der Weimarer Republik in Forst[92]

	1919	1921	1925	1929
Wahlberechtigte	1.366	1.579	1.736	1.876
Wählende	1.273 (93 %)	1.205 (76 %)	735 (42 %)	911 (49 %)
gültige Stimmen	1.270	1.199	723	893
Zentrum	686 (54 %)	740 (62 %)	492 (68 %)	580 (65 %)
SPD	526 (41 %)	343 (29 %)	130 (18 %)	165 (18 %)
KPD	–	77 (6 %)	71 (10 %)	80 (9 %)
DDP	58 (5 %)	17	14	29
DVP	–	2	4	4
DNVP	0	7	3	0
NSDAP	–	–	3	11
Sonstige	–	13	6	24

Franz Burger mit seiner Frau Anna, geb. Blumhofer und ihren sieben Töchtern: (v. l.) Paula, Frieda, Elisabeth, Rosa, Bertha, Ida und Hilda, ca. 1920.

Die in der Weimarer Republik noch ganz überwiegend katholische Forster Bevölkerung bekannte sich nach wie vor stets mehrheitlich zur Partei des politischen Katholizismus, dem Zentrum. Das zeigte sich schon bei der ersten großen Wahl zur verfassunggebenden deutschen Nationalversammlung im Januar 1919. Das Zentrum konnte sich da 52,5 Prozent der abgegebenen gültigen Stimmen sichern. Was sich auf den ersten Blick als sehr beachtlich ausnimmt, muss jedoch bei genauerem Hinsehen etwas relativiert werden. In Weiher hatte das Zentrum 78 Prozent zu verzeichnen, in Hambrücken sogar 82 Prozent. Selbst im Durchschnitt des Amtsbezirks erreichte es 54 Prozent.

Neben dem dominanten Zentrum gab es in Forst nun auch einen starken linken Flügel. Bei der Nationalversammlungswahl kam die SPD in Forst auf 44,5 Prozent, während sie sich im Reich insgesamt mit 38 Prozent begnügen musste. Zwischen diesen Blöcken hatte zunächst kaum etwas Platz. Die Linksliberalen erhielten 1919 gerade einmal drei Prozent der Stimmen, die Konservativen überhaupt keine.[93]

In den 1920er Jahren, die wirtschaftlich zunächst von der großen Inflation, dann aber von einem gewissen Wohlstand geprägt waren, konnte sich das Zentrum deutlich verbessern, während die Linke zunehmend unter der Spaltung zwischen Sozialdemokraten und Kom-

1923 kam das Reich über-
haupt nicht mehr mit der
Produktion immer größerer
Geldbeträge nach. Die Kom-
munen mussten nach Ersatz
suchen. Auch in Bruchsal
gab es Notgeld. Am 15.
August reichte noch eine
Serie mit Werten von
100.000 bis zu einer Million
Mark. Im Oktober brauchte
man Milliarden. Am 1. No-
vember 1923 wurden
schließlich Gutscheine über
50 Milliarden Mark ausge-
geben. Statt des Schlosses
wurde nun das Gefängnis
abgebildet und auf der
Rückseite selbstironisch an
Graf Kuno erinnert: „Mir
sinn des Grafe Erwe / Verar-
mt durch seinen Dorscht /
Statt münze dun mer dru-
cke / Die Zahlart isch uns
worscht."

munisten zu leiden hatte. Wie die folgende Tabelle zeigt,
in der die Ergebnisse aller vier Landtagswahlen zusam-
mengestellt sind, waren daneben alle übrigen Parteien
völlig bedeutungslos. Auf die Nationalsozialisten entfielen selbst 1929 nur elf Stimmen.

Als das Geld zu nichts zerfiel

Die junge Republik hatte schwer an der Last des verlorenen Krieges zu tragen. Nicht nur der Krieg selbst hatte Unsummen Geld gekostet, die Sieger forderten
Schadensersatz und auch im eigenen Land mussten In-
validen, Witwen und Waisen versorgt und die Wirt-

schaft wieder auf friedensmäßige Verhältnisse umge-
stellt werden. Ohne Inflation war das kaum zu
bewältigen, und anfänglich schien auch alles erstaun-
lich gut zu gehen. Aber spätestens im Sommer 1922,
nach der Ermordung von Außenminister Rathenau lief
die Sache aus dem Ruder, steigerte sich die Inflation
zur immer wilderen Hyperinflation.

Das Chaos, das sich auf allen Ebenen ausbreitete,
ließe sich auch für Forst an vielen Beispielen veran-
schaulichen.[94] Der Kampf, die traditionellen Verhältnisse den neuen, sich immer schneller verändernden
Gegebenheiten anzupassen, wurde immer verzweifel-
ter. Ein konkreter Fall mag genügen: Am 30. März 1923
beschloss der Gemeinderat, neue Jahresmieten für die

92 Badisches Statistisches
    Landesamt, Die Wahlen in
    Baden zur verfassungge-
    benden badischen und
    deutschen Nationalver-
    sammlung im Jahr 1919.
    Karlsruhe 1919 Badisches
    Statistisches Landesamt,
    S. 48. Die Wahlen zum
    Landtag am 30. Oktober
    1921. Karlsruhe 1922, S.
    116f; dass., Badische Land-
    tagswahl am 25. Oktober
    1925. Karlsruhe 1925, S. 38;
    dass., Badische Landtags-
    wahl am 27. Oktober 1929.
    Karlsruhe 1930, S. 71.
93 Die Wahlen ... 1919, S. 48.
94 Das Folgende nach den
    Gemeinderatsprotokollen in
    GAF B 68.

Auf der damals noch völlig unbefestigten Finkengasse präsentiert sich 1928 Ida Weimann, geb. Burger, mit ihrem ersten Kind Franz auf dem Arm neben ihrem Vater Franz Burger. Aus dem Fenster schaut ihre Schwester Hilda.

schon als zu reichlich. Am 5. März 1924 wurde die Miete nochmals auf nun 15 Mark monatlich gesenkt.

Derartige Zahlenreihen wirken unwirklich bis zur Skurrilität. Es fällt schon fast schwer, sich vorzustellen, welche echten Probleme damit verbunden waren. Rentenempfänger beispielsweise wurden fast durchweg zu Sozialfällen, denn ihre normalerweise sowieso schon recht knappen Bezüge konnten dem Währungsverfall überhaupt nicht angemessen angepasst werden. Am 3. November 1922 wurden auf Beschluss des Gemeinderats 37 Betroffene als „Notstandsmaßnahme" unterstützt. Am 19. Januar 1923 musste bereits die nächste „einmalige Unterstützung" geleistet werden. Ausgezahlt wurden pro Kopf 980 Mark. Man kann nur hoffen, dass die schnell ausgegeben wurden, denn schon am 21. März wurde der Stundenlohn für verheiratete Erwerbslose bei Arbeiten für die Gemeinde auf 400 Mark festgesetzt.

Wie viele Arbeitslose um diese Zeit in der Gemeinde vorhanden waren, ist nicht bekannt. Auf jeden Fall waren es so viele, dass sie sich gemeinsam mit der Bitte um Unterstützung an den Gemeinderat wandten. Ihr Gesuch wurde am 2. Oktober 1923 abgelehnt. Am 18. Februar 1924 fiel das Votum nicht anders aus, als der „Erwerbslosenrat" um Beschaffung von Lebensmitteln und Bekleidung bat. *In Anbetracht der schlechten Finanzlage der Gemeinde* wurde die Bewilligung für „unmöglich" betrachtet.

Doch dann ging es relativ schnell wieder aufwärts. Schon 1925 konnte ein neues Geldinstitut in der Gemeinde gegründet werden.

Wohnungen der Gemeinde festzulegen. Die beiden Hauptlehrer Braun und Neckermann sollten fortan jeweils 10.000 Mark im Jahr bezahlen. Es waren gerade einmal drei Monate vergangen, da erwies sich diese Regelung bereits als unhaltbar. Allein für den Monat Juli sollten sie nun bereits 9.000 Mark entrichten. Außerdem war man so klug, dies nur auf einen Monat zu befristen. Und das war auch gut so, denn Anfang August musste man die Miete auf 100.000 Mark anheben. Für September musste dann eine Million verlangt werden, für Oktober 50 Millionen und für November vier Milliarden! Dann war der Spuk vorbei. Die Einführung der Rentenmark Anfang November sorgte in kürzester Zeit für eine ganz überraschende Stabilisierung der Verhältnisse. Für Dezember konnte man fast wieder zu Vorkriegszahlen zurückkehren. Gefordert wurden nun nur noch 20 Mark. Und selbst dies erwies sich bald

Vom Darlehenskassenverein zu Volksbank und Sparkasse

Geldgeschäfte wurden in Forst um diese Zeit nur wenige getätigt. Traditionell gab es im Dorf die Fonds der Kirche als Geldverleiher.[95] Und seit 1894 auch ein eigenes kleines Kreditinstitut. Am 24. Oktober hatten damals Gemeinderat Xaver Weindel, Pfarrverweser Kieser und ein paar weitere Bürger einen Darlehenskassen-Verein

95 Vgl. S. 25–27.
96 Vgl. zum Bisherigen ergänzend Chronik, S. 464f.

ins Leben gerufen, der im Dezember ins Bruchsaler Genossenschaftsregister eingetragen wurde. In den folgenden Jahren wurde dann in den Nachbargemeinden eine ganze Fülle derartiger Genossenschaften gegründet.

Eine erste Konkurrenz scheint erst nach der großen Inflation 1922/23 entstanden zu sein. Am 4. Februar 1925 wurde eine „Credit-Casse des Bauern-Vereins Forst" errichtet. Zu Vorsitzenden wurden die Landwirte Georg und Hugo Böser sowie Wilhelm Frank gewählt. Wann genau dann auch noch der „Ländliche Kreditverein Forst" entstand, ist unklar. Bekannt ist nur, dass die Credit-Casse den Kreditverein am 10. August 1930 übernahm. Schon 1933 wurde auch die Fusion mit dem Darlehenskassenverein grundsätzlich beschlossen, vollzogen wurde sie jedoch erst 1938. Miteinbezogen wurde auch gleich die vierte, bis dahin unabhängige Genossenschaft, die landwirtschaftliche Ein- und Verkaufsgenossenschaft Forst. Gleichzeitig wurde der Name in „Spar- und Darlehenskasse Forst" geändert. Die räumlichen Verhältnisse blieben bis Ende der 1950er Jahre trotzdem sehr bescheiden. Zuerst im Rathaus untergebracht, gab es für den Bankbetrieb erst 1958/59 einen Neubau in der Lange Straße (heute: Gemeindebücherei).

Nach vielen Jahren des Wachstums verschärften sich in den 1970er Jahren die Wettbewerbsbedingungen. Das Forster Institut, das sich mittlerweile „Raiffeisenbank" nannte, fusionierte 1971/72 mit den Nachbargenossenschaften in Ubstadt, Weiher, Stettfeld und Zeutern zur neuen „Raiffeisenbank Kraich-Hardt". Damit war eine Größe erreicht, die einen Neubau für den Hauptsitz in Forst erforderlich machte. Er entstand 1982/83 an der Bruchsaler Straße und wurde im Juni 1983 in Betrieb genommen.[96]

Neue Fusionen fanden Anfang des 21. Jahrhunderts statt. Zunächst wurde 2001 noch die Kronauer Raiffeisenbank übernommen, aber schon 2003 erfolgte die Verschmelzung mit dem 1897 gegründeten Genossenschaftsinstitut Oberhausens unter dem bis heute gültigen Namen „Volksbank Bruhrain-Kraich-Hardt". Mit 17 Geschäftsstellen und fast 200 Mitarbeitern erzielte die Bank 2008 eine Bilanzsumme von rund 775 Millionen Euro. Ob das auf Dauer für die Erhaltung der Selb-

Die Bebauung der Bruchsaler Straße zeigte bis Ende 1981 noch ein ganz traditionelles Bild. Dann wurden drei Häuser abgerissen, um das neue Raiffeisenbank-Gebäude (heute: Volksbank) zu errichten. Aktuelle Aufnahme vom 8. Juli 2010.

ständigkeit genügen wird, muss sich erst noch zeigen. Der direkte Konkurrent, die Sparkasse Kraichgau, ist mittlerweile mit fast 800 Mitarbeitern in 62 Filialen präsent und hatte im selben Jahr ein Geschäftsvolumen von 3,2 Milliarden Euro zu verzeichnen. Dies zu erreichen, bedurfte allerdings auch mehrerer Fusionen: 1973 erfolgte die Verbindung der Sparkassen von Bruchsal, Bretten und Langenbrücken, 2001 kam auch noch die von Sinsheim dazu.

In Forst ist die Sparkasse schon seit 50 Jahren vertreten. Am 1. August 1960 wurde eine erste Filiale eröffnet – damals noch in gemieteten Räumen in der Wiesenstraße 9 (heute Fahrschule). Dreimal wöchentlich war vormittags geöffnet (einschließlich Samstag!), zweimal nachmittags. Die Geschäfte entwickelten sich so gut, dass 1971 das Haus von Rektor Wiedemann Weiherer Straße 8 gekauft werden konnte. Nach größerem Um- und Ausbau wurde die neue Zweigstelle am 22. Januar 1973 eröffnet. Nach gerade einmal 15 Jahren erfolgte die nächste Baumaßnahme, die eine deutliche Erweiterung des Vorhandenen bewirkte. Ende 2009 wurden von sechs Mitarbeitern und Mitarbeiterinnen mehr als 2.000 Kunden betreut, die dem Geld-

Der Forster „Essen-Bauer" in Bruchsal, Schönbornstraße, bei der „Linde" nahe dem Krankenhaus.

Der Essen-Bauer. Oder: Essen auf Rädern in den 1920er und 1930er Jahren

Wie waren die in Bruchsal arbeitenden Männer mit einem warmen Mittagessen zu versorgen? Die Lösung boten Barbara Elisabeth, die Witwe Friedrich Dills, und ihr Schwager Emil Paulus. Werktags holten sie ab 11 Uhr bei der „Rose", dem „Ritter" und der „Krone" die Essenskörbe ab, die die Frauen dort für ihre Männer abgestellt hatten, und fuhren sie nach Bruchsal, wo sie an drei Stellen deponiert wurden. Hatten die Männer gegessen, wurden die leeren Körbe wieder abgeholt und nach Forst gebracht. Dort wurden sie zumeist von den Kindern wieder nach Hause gebracht.

institut einerseits 23,5 Millionen Euro anvertraut, andererseits aber auch fast 16,5 Millionen Euro Kredite aufgenommen hatten.

Kommunalwahlen

Am Meisten muss bei den Forster Kommunalwahlergebnissen aus der Weimarer Republik überraschen, wie stark sich von Wahl zu Wahl die personelle Zusammensetzung des Gemeinderats änderte. Weil es sich um Listenwahlen handelte, war dies nur zum Teil Wählerwunsch, zum Teil trugen dazu auch Umstellungen auf den jeweiligen Listen bei.

Dass bei der ersten Wahl nach der Revolution 1919 nur zwei von sechs Räten übernommen wurden, mag man vielleicht verstehen. Aber auch in den Wahlen 1922, 1926 und 1930 änderte sich dies nicht. 1922 verteidigte das Zentrum zwar seine drei Sitze, aber mit drei neuen Abgeordneten (Leopold Hintermayer, Ambros Luft und Johann Anton Weindel). Die vierte Veränderung ergab sich dadurch, dass die SPD der Bürgervereinigung einen Sitz wegnehmen konnte (den Rochus Etzkorn erhielt). Nur Karl Josef Bacher und Friedrich Böser sorgten für eine gewisse Konstanz.

1926 verlor die SPD den zweiten Sitz wieder, diesmal an die erstmals kandidierende KPD und Emil Luft; SPD-Spitzenkandidat blieb jedoch Friedrich Böser. Zentrum und Bürgervereinigung sicherten sich mit einer gemeinsamen Liste vier Plätze. Aber nur Leopold Hintermayer wurde übernommen. Neu hinzu kamen Paul Blum, Jakob Pfahler und Markus Wiedemann.

Statt drei Listen gab es 1930 gleich fünf. Und wieder wurden die Karten völlig neu gemischt. Überraschend war, dass die Partei Adolf Hitlers auch unter ungünstigen lokalen Bedingungen beträchtliche Erfolge erzielen konnte. Von 1.110 Stimmen erhielt das Zentrum 334, die NSDAP dagegen auf Anhieb 332! Mit 160 Stimmen belegte die SPD sogar nur Platz 4 – die Kommunisten hatten sie mit 207 Stimmen deutlich überholt. Weit abgeschlagen blieb mit 77 Stimmen nur die Freie Bürgervereinigung. Entsprechend waren ge-

Wahl der Gemeinderäte
in der Gemeinde Forst

1	Badische Zentrumspartei	1	◯
	Meisel Hugo — Bender Emil		
	Mohr Wilhelm — Göckel Josef		
2	Sozialdemokratische Partei	2	◯
	Böser Friedrich — Etzkorn Rochus		
	Weindel Medardus — Bacher Michael		
4	Nationalsozialistische Deutsche Arbeiterpartei (Hitler-Bewegung)	4	◯
	Huber Paul — Böser Karl II		
	Luft Karl — Wiedemann Oswald		
6	Kommunistische Partei	6	◯
	Luft Emil — Blum Hermann		
	Huber Pius — Schneider Karl		
11	Freie Bürgervereinigung	11	◯
	Blum Paul — Taylor Franz		
	Pfahler Oswald — Brückel Paul		

Bei der Kommunalwahl am 5. November 1930 bewarben sich fünf Listen um die Stimmen der Forster Wählerinnen und Wähler.

wählt: Hugo Meisel und Emil Bender (beide neu für das Zentrum), Paul Huber und Karl Böser (beide neu für die NSDAP) sowie Emil Luft (KPD) und Friedrich Böser (SPD).[97] Wieder sorgten nur zwei (die beiden letztgenannten) von sechs Räten für eine gewisse Konstanz. Es liegt nahe, dass unter diesen Umständen Friedrich Böser, der als einziger schon 1919 in das Gremium eingezogen war, kontinuierlich zum Bürgermeister-Stellvertreter gewählt wurde, was gerade um diese Zeit von besonderer Bedeutung war.

Der holprige Start der NSDAP-Ortsgruppe

Für die Nazis bildete Forst einen schlechten Boden. Während sich in Liedolsheim schon 1923 eine erste Ortsgruppe gebildet hatte, der dann in dessen evangelischem Umland rasch weitere folgten, war in Forst noch 1930 Fehlanzeige zu erstatten; hier gab es gerade

97 GLA 344/4219 & für 1930 GAF A 33.

einmal ein Parteimitglied. Noch im August jenes Jahres scheiterte der Bezirksleiter mit einem Gründungsversuch. Erst nach der Reichstagswahl im September wendete sich das Blatt. Immerhin hatte die Partei in der Gemeinde 300 Wähler gefunden – und das ohne eigene örtliche Organisation! Nach diesem Erfolg wuchs die Mitgliederzahl. Mit mittlerweile 20 Parteimitgliedern konnte nun eine selbständige Ortsgruppe gebildet werden. Zu ihrem ersten Leiter wurde der Zimmermeister Karl Luft ernannt. Die Arbeitsbedingungen blieben jedoch desolat. Weil aufgrund parteiamtlicher Anordnung die Funktionäre der Partei aus der SA auszuscheiden hatten, bestand die Forster „Sturm-Abteilung" schließlich nur noch aus einem einzigen Mann. Auch die Parteizeitung, der in Karlsruhe gedruckte „Führer", fand nur wenig Verbreitung. Mit Mühe konnten sechs bis zehn Exemplare in Forst verkauft werden.[98]

Die Auswirkungen der Weltwirtschaftskrise in Forst

Das gute Reichstagswahlergebnis der Hitler-Partei war nicht zuletzt durch die im Oktober 1929 beginnende und sich seit 1930 immer mehr verschärfende Weltwirtschaftskrise bedingt. Eine wachsende Zahl von Wählerinnen und Wählern verlor das Vertrauen in die demokratischen Parteien, die Katastrophe begrenzen zu können, und sie konnten sich noch nicht einmal sicher sein, dass dies überhaupt gewollt wurde. Bis heute ist umstritten, inwieweit der seit Sommer 1930 amtierende Kanzler Brüning nicht die Krise nutzen wollte, zuerst einmal die deutschen Reparationsverpflichtungen aus dem verlorenen Ersten Weltkrieg aus der Welt zu schaffen.

Aus der Sicht des frühen 21. Jahrhunderts könnte das Problem der vier, fünf und zeitweise sogar sechs Millionen Arbeitslosen der frühen 1930er Jahre leicht unterschätzt werden, weil man sich an derartige Zahlen schon fast gewöhnt hat. Deshalb sind die gravierenden Unterschiede in der sozialen Sicherung nicht genug zu betonen. Zwar war 1927 eine Arbeitslosen-

versicherung eingeführt worden, aber nur von begrenzter Leistungsfähigkeit. Als Ergänzung für Notzeiten war die so genannte Krisenunterstützung vorgesehen. Danach – fallabhängig nach ein bis zwei Jahren – blieb nur die Wohlfahrtsunterstützung durch die Gemeinden. Spätestens da ging es im direktesten Sinne des Wortes nur noch ums bloße Überleben, war selbst die Versorgung mit einfachsten Lebensmitteln ein Problem.

An dieser Stelle liefert der genaue Blick auf die lokalen Verhältnisse eine wichtige Ergänzung zu allgemeinen Beschreibungen. Leider sind die vorhandenen Quellen verhältnismäßig spröde und lassen viele Fragen unbeantwortet. Statistische Aussagen zur Entwicklung der Arbeitslosigkeit in Forst, ja auch nur zu den Gegebenheiten zu einem bestimmten Zeitpunkt sind nicht möglich. Allgemeineres ist nur den Gemeinderechnungen zu entnehmen.

Die Zahlen der Tabelle bedürfen nun gewisser Erläuterungen. Die Ausgaben der Wohlfahrtspflege waren im Prinzip nur eine Weiterreichung: Sie umfassten ganz überwiegend die Zahlungen an Arbeitslosengeld und Krisenunterstützung, die später wieder vom Ar-

Gemeindeausgaben 1929 bis 1932
für Sozialleistungen (in Reichsmark)[99]

| | Armenpflege | | Wohlfahrtspflege |
	Soll	Ist	Ist
1929	1.000	1.439,62	12.184,35
1930	800	2.743,42	36.143,16
1931	1.000	1.976,37	23.168,04
1932	1.500	11.599,02	21.812,72

98 Alle Informationen aus der sechsseitigen „Parteigeschichte" des „N.S.D.A.P.-Stützpunkt-Forst", datiert mit 10. Dezember 1934 und mit zwölf Unterschriften versehen, an erster Stelle von Ortsgruppenleiter Oskar Lackus und Bürgermeister Paul Huber (GLA 344/8702). Die Mitglieder-Listen, die im Mai 1945 von Ortsgruppen-Kassenleiter Anton Schneider angefertigt wurden, sind demgegenüber mit Vorsicht zu betrachten (GAF A 230, 231, 232). Die jeweils für die Frühzeit genannten Namen unterscheiden sich erheblich. Weil die ältere „Parteigeschichte" zudem mehr Namen aufführt, ist ihr der Vorzug zu geben.

99 GAF R 180-183.

beitsamt erstattet wurden (was dementsprechende Einnahmen im Haushalt zur Folge hatte). Leider wurden sie weder namentlich noch auch nur nach der Zahl der Empfänger spezifiziert. Man kann nur das rapide Ansteigen von 1929 auf 1930 konstatieren und den anschließenden Rückgang, weil immer mehr Arbeitslose „ausgesteuert" wurden, d. h. nicht mehr bezugsberechtigt waren.

In diesem Fall blieb nur noch der Gang zur Gemeinde und die Bitte um Unterstützung. Bis 1931 hielten sich die diesbezüglichen, unter der Rubrik „Armenpflege" verbuchten Ausgaben in relativ engen Grenzen. Aber auch 1932 scheint die Summe von 11.600 Reichsmark nicht allzu beeindruckend. Dies wird erst mit dem Blick auf die Gesamtausgaben der kommunalen „Wirtschaftsrechnung" relativiert. Sie betrugen nämlich nur 104.668,23 Mark. Korrekterweise wären von ihnen auch noch gut 20.000 Mark Wohlfahrtspflege-Ausgaben abzuziehen, die eigentlich vom Arbeitsamt bezahlt wurden. Auf 84.600 Mark bezogen, sind 11.600 Mark für Armenpflege fast 14 Prozent – und der größte Teil davon war gar nicht eingeplant gewesen.

Vor diesem Hintergrund ist klar, dass der Handlungsspielraum des Forster Gemeinderats eng begrenzt war. Die vor allem im Winter 1931/32 sich häufenden Gesuche um Beschäftigung bei der Gemeinde konnten eigentlich nur kategorisch abgelehnt werden – bis Februar 1932 waren es 14 Stück. Es war wohl kein Zufall, dass die einzige Ausnahme – *daß Antragsteller 6 Tage durch die Gemeinde beschäftigt werden soll* – bereits am 12. Oktober 1931 beschlossen worden war.[100]

Neben die ständigen Anträge auf Steuerstundungen und Pacht- oder Mietnachlässe trat seit Anfang 1932 ein ganz neuer Hilferuf: Am 20. Januar bat der Tagelöhner Vitus Böser um Zuweisung von Lebensmitteln und der Gemeinderat beschloss, *daß die Familie des Antragsteller auf unbestimmte Zeit mit Lebensmittel versorgt werden soll*. Allzu üppig darf man sich das Bewilligte aber nicht vorstellen. Am 26. Februar wurde im Falle Bösers konkretisiert: *pro Tag einen Liter Milch und pro Monat 2 Ztr. Kartoffeln oder dementsprechendes Brot oder Mehl*. Danach mussten vergleich-

bare Anträge fast bei jeder Gemeinderatssitzung entschieden werden.

Ab Juni 1932 wurde dann förmlich um jede Mark gerungen. Jeden Monat wurde aufs Neue die Unterstützung bewilligt – am 30. Juni erhielten Hermann Wiedemann und Robert Wörner fünf Mark, Anton Weindel 6,50 Mark und Ludwig Weschenfelder neun Mark: für den gesamten Monat Juli! Am 12. Juli folgten noch einmal sieben Gesuche: Wilhelm Böser, Karl Böser, Andreas Hoffstetter, David Hoffstetter und Ernst Leibold wurden je sechs Mark bewilligt, Christian Diehl nur fünf, Leopold Schmitt dagegen „bis zu 10 M". Artur Firnkes wurde die Unterstützung dagegen am 22. Juli verweigert, *da die Ehefrau noch Unterstützung bezieht*.

Die bewilligten Beträge waren äußerst gering. Wenn es dazu noch eines Maßstabs bedarf, so genügt der Hinweis, dass am 3. November 1932 der Stundenlohn für Wohlfahrtserwerbslose bei Gemeindearbeiten auf 45 Pfennige festgelegt wurde. Vom Lohn für 13 1/3 Stunden sollte also eine Familie einen Monat überleben!

Das konnte nicht gelingen, und so wurde am 7. Oktober eine Sammlung von Lebensmitteln für die lokale Winternothilfe beschlossen, die am 8. November durchgeführt wurde. Anschließend wurde ihr Ertrag von einer eigens gebildeten Verteilungskommission ausgeteilt. Auch zu Weihnachten gab es einen winzigen Lichtblick. Auf Antrag der Kommunistischen Partei wurde am 22. Dezember eine Weihnachtsbeihilfe für Wohlfahrtserwerbslose beschlossen. Familien erhielten einen Gutschein *zum Bezug von Lebens- oder Bedarfsartikel in Höhe von 6 M*, Ledige und sonstige Hilfsbedürftige erhielten die Hälfte.

Bei am 30. Dezember beschlossenen Notstandsarbeiten sollten insgesamt 17 Wohlfahrtserwerbslose beschäftigt werden.

Letzte große Hilfsmaßnahme im Winter 1932/33 war eine am 3. März 1933 beschlossene Schulspeisung *für die vom Schularzt untersuchten und vorgeschlagenen unterernährten Schulkinder*. Sie sollten täglich einen „Doppelweck" zu fünf Pfennig und ein Glas Milch erhalten.

Nach drei Krisenjahren ging es im Frühjahr 1933 wieder langsam aufwärts – schon ehe die nationalsozi-

100 Dieses Zitat und alle folgenden Informationen aus dem Protokollbuch GAF B 70.

alistischen Maßnahmen zu wirken begannen. Nach und nach konnte wieder Vollbeschäftigung erreicht werden. Der Preis, der dafür gezahlt werden musste, war jedoch beträchtlich. Zum einen wurde der Aufschwung zum erheblichen Teil von der auf den geplanten Krieg ausgerichteten Aufrüstung getragen. Und zum anderen darf nicht übersehen werden, dass jahrelang erhebliche Lohn- und Gehaltseinbußen hatten hingenommen werden müssen. Das sei nur an einem einzigen lokalen Beispiel illustriert. Am 30. November 1931 hatte der Gemeinderat lapidar beschlossen: *Die Gemeindebeamten und Bediensteten verzichten ab 1. Dezember 1931 bis 31. März 1932 auf 15 % ihrer seitherigen Gehälter.* Danach galt die Kürzung jedoch stillschweigend weiter. Erst als Ratschreiber Hintermayer um eine Gehaltserhöhung bat, wurden ihm am 6. April 1939 ausdrücklich jene 15 Prozent wieder bewilligt, die 1931/32 gekürzt worden waren.[101]

101 GAF B 73.
102 Chronik, S. 532.

Die Ergebnisse der Reichstagswahlen 1930 bis 1933 in Forst[102]

	IX 1930	VII 1932	XI 1932	III 1933
Wahlberechtigte	1.836	1.943	1.966	1.989
gültige Stimmen	1.289	1.198	1.292	1.650
Zentrum	488 (38 %)	516 (43 %)	484 (38 %)	640 (39 %)
SPD	166 (13 %)	79 (7 %)	98 (8 %)	112 (7 %)
KPD	268 (21 %)	282 (24 %)	353 (27 %)	336 (20 %)
NSDAP	300 (23 %)	311 (26 %)	343 (27 %)	553 (34 %)
Sonstige	67	10	14	9

Die Reichstagswahlen 1930 bis 1933

Als die Weltwirtschaftskrise seit dem Winter 1929/30 immer katastrophalere Formen anzunehmen begann, änderte sich das Wahlverhalten in Forst erheblich. Die vier Reichstagswahlen der Jahre 1930 bis 1933 zeigen ein ganz anderes Bild als die Reichstags- und Landtagswahlen zuvor. Während sich das Zentrum als stärkste politische Kraft, aber nur noch mit Stimmenanteilen um 40 Prozent, behaupten konnte, wurde die SPD mit Werten um 10 Prozent geradezu marginalisiert. Die Gewinner der Krise waren aber nicht nur die Nationalsozialisten. Bis Ende 1932 waren ihnen die Kommunisten in Forst völlig ebenbürtig.

Wie ungewöhnlich dieser Sachverhalt war, zeigen nur wenige Vergleichszahlen: Im Bezirk erreichten die Kommunisten nur einen Stimmenanteil von 14 Prozent. In vielen Dörfern lagen sie noch weit darunter, in Weiher beispielsweise bei nur 5 Prozent. Mit 27 Prozent hob sich Forst da schon erheblich ab; noch höher war der Kommunisten-Anteil übrigens nur in Kirrlach (31 Prozent).

Erst im Frühjahr 1933, nachdem Hitler schon zum Reichskanzler ernannt worden war und seine Machtergreifung begonnen hatte, konnten die Nationalsozialisten auch in Forst deutliche Gewinne erzielen. Betrachtet man dabei die absoluten Stimmenzahlen, wird klar, woher diese Gewinne kamen. Weil Zentrum, SPD und KPD nicht verloren, sondern ihre Wähler eher stärker als früher mobilisieren konnten, ist der Schluss zwangsläufig: Die Nationalsozialisten hatten ihren Erfolg vor allem bisherigen Nichtwählern zu verdanken. Allzu groß fiel er in Forst aber nicht aus. Reichsweit hatte die Partei Hitlers im März 1933 fast 44 Prozent der Stimmen erreicht, und in nicht weit entfernten evangelischen Gemeinden wie Blankenloch, Eggenstein oder Linkenheim lagen die Werte sogar zwischen 65 und 73 Prozent. In Forst gab es nur vergleichsweise bescheidene 34 Prozent. Stärkste Partei war noch immer das Zentrum.

Das Scheitern der Demokratie vor Ort: die misslungenen Bürgermeisterwahlen 1932

Die Weimarer Republik scheiterte vor allem daran, dass die Parteien zu wenig kompromissbereit waren und über ihrem Streit das Wohl des Ganzen aus dem Auge verloren. Das gilt in jedem Fall für den Reichstag, es gilt aber auch für Forst und seinen Gemeinderat.

Die Forster Krise wurde von Bürgermeister Simon Weindel ausgelöst. Worum es ging, ließ sich bislang trotz intensiver Suche noch nicht ermitteln – in allen zuständigen Archiven fehlen die entsprechenden Akten. Fakt ist jedenfalls, dass der komplette Gemeinderat über die Parteigrenzen hinweg dem Bezirksamt schon am 4. März 1930 mitteilte, *dass wir in Hinkunft jede Zusammenarbeit mit dem Bürgermeister Weindel ablehnen.*[103] Weindel wurde schließlich am 28. Juli 1931 durch Beschluss des Bezirksrats seines Amtes enthoben, seine Klage vom Verwaltungsgerichtshof Anfang 1932 zurückgewiesen.

Während des gesamten, fast zwei Jahre andauernden Hin und Hers amtierte Bürgermeisterstellvertreter Friedrich Böser (SPD) als Bürgermeister. Ruhe kehrte aber keine in die Gemeinderatsarbeit ein. Am 23. November 1931 brachte die „Kommunistische Partei bzw. Rathausfraktion" – das heißt konkret: Gemeinderat Emil Luft – ein Misstrauensvotum und den Antrag auf Amtsenthebung Bösers ein. Das Protokoll notiert lapidar: *Der Gemeinderat stimmt mit den Stimmen der Gemeinderäte Luft, Böser und Huber für den Antrag. Stimmenthaltung die Gemeinderäte Meisel und Bender.* Lufts Misstrauensvotum war damit mit den Stimmen der beiden Nationalsozialisten angenommen worden.[104]

Aber wie sollte es weitergehen? Eine Woche später tagte der Gemeinderat erneut, überraschenderweise notiert das Protokoll wie zuvor „unter dem Vorsitz des Bürgermeister-Stellv(ertreters) Böser". Nach einer langen, 24 Punkte umfassenden Tagesordnung wurde schließlich über den Antrag der Zentrumspartei abgestimmt,

Bürgermeister-Stellvertreter Böser sollte die Amtsgeschäfte weiterführen, obwohl ihm gerade erst das Misstrauen ausgesprochen worden war. Und tatsächlich beschloss der Forster Gemeinderat nun *mit den Stimmen der Gemeinderäte Meisel u. Bender, daß der Bürgermeister_Stellv. Böser die Amtsgeschäfte des Bürgermeisters weiterführt. Gegen den Antrag stimmte Gemeinderat Luft. Stimmenenthaltung der Gemeinderäte Böser und Huber.* Anscheinend war es leichter, jemanden mit Mehrheit zu stürzen, als mit derselben Mehrheit Ersatz für ihn zu finden. Dieser Einsicht hatten sich wohl auch die beiden Nationalsozialisten zu beugen.

Am 4. März 1932 konnten sich endlich die Mitglieder von Gemeindeausschuss und Gemeinderat treffen, um einen neuen Bürgermeister zu wählen. Die politischen Verhältnisse ähnelten dabei fast denen im Reichstag: Die radikale Rechte und die radikale Linke konnte mit ihren 17 und 10 Mandaten (von 54) eigentlich alles blockieren - vorausgesetzt, Bürgerliche (das

Am 23. November 1931 sprachen drei von fünf Gemeinderäten Bürgermeister-Stellvertreter Böser ihr Misstrauen aus.

103 GLA 344/4219.
104 Dies und das Folgende GAF B 70.

Zentrum mit 16 Mandaten sowie die Freie Bürgervereinigung mit drei) und die Sozialdemokraten (acht Mandate) waren sich einig.

Aber die Lage war noch viel komplizierter. Die Fronten verliefen zunächst, wie es zu erwarten war: Die 17 Nationalsozialisten stimmten geschlossen für Paul Huber, die 19 Vertreter von Zentrum und Freier Bürgervereinigung ebenso für Franz Taylor. Die SPD verzichtete nicht auf einen eigenen Kandidaten. Bürgermeister-Stellvertreter Friedrich Böser erhielt zu den acht SPD-Stimmen sogar noch eine weitere – wahrscheinlich von einem der Kommunisten. Die übrigen Kommunisten enthielten sich wohl, indem sie ungültig abstimmten. Nur einer votierte für ihren Chef, Emil Luft.

Da keiner der Kandidaten die absolute Mehrheit der Stimmberechtigten erreicht hatte, musste erneut gewählt werden. Und wieder ging es um dieselbe absolute Mehrheit. Die Nationalsozialisten schickten erneut Paul Huber ins Rennen, und erneut erhielt er alle ihre 17 Stimmen. Zentrum und Bürgerliche hatten dagegen umdisponiert. Sie präsentierten nun Zentrums-Gemeinderat Hugo Meisel als Kandidaten. Er erhielt jedoch wieder nur die 19 Stimmen des Bündnisses. Die acht Stimmen der SPD fielen aufs Neue auf Friedrich Böser, der auch beim zweiten Mal an den Start gegangen war. Die zehn Kommunisten waren erst gar nicht zur Wahl erschienen.

Damit war auch der zweite Wahlgang ergebnislos verlaufen und ein dritter Wahlgang am 11. Juni wurde erforderlich. Da sich die Regeln nicht änderten, wäre die nötige Mehrheit für einen Kandidaten nur mit Unterstützung von Sozialdemokraten oder Kommunisten

Die in den frühen 1930er Jahren entstandene Luftaufnahme zeigt, dass die Kirche damals noch am Ortsrand lag.

Forst (Baden) vom Flugzeug aus

zu erreichen gewesen. Der Nationalsozialist Paul Huber war für die Linken nicht wählbar. Auch beim dritten Versuch erhielt er nur die 17 Stimmen seiner Partei. Die Bürgerlichen zeigten sich kompromissbereit und schickten einen dritten Kandidten ins Rennen: den Kaufmann Paul Blum aus den Reihen der Freien Bürgervereinigung. Und tatsächlich konnte Blum nun 24 Stimmen auf sich vereinen. Allerdings reichten die nicht aus. Interessant ist jedoch, woher die fünf zusätzlichen Stimmen kamen: Höchstwahrscheinlich handelte es sich um Kommunisten, die da über ihren Schatten gesprungen waren. Es gab nämlich nur noch vier Enthaltungen. Die SPD hatte sich dagegen auch weiterhin einer demokratischen Lösung verweigert. Ihr Kandidat Friedrich Böser blieb auf die bisherigen acht Stimmen beschränkt.

Unter diesen Umständen war die Rechtslage eindeutig: Nach drei erfolglosen Wahlgängen hatte das Innenministerium einen kommissarischen Bürgermeister einzusetzen. Dazu wurde vom Bezirksamt zunächst ein geeigneter Kandidat gesucht. Vorgespräche in Forst führten zu dem parteilosen, in Forst gebürtigen, aber in Karlsruhe lebenden Justizassessor Alfons Weindel, der allerdings erst 34 Jahre alt war. Am Ende wurde ein erfahrener Mann berufen – Karl Pister, Bürgermeister a. D. (in Brühl von 1919 bis 1926), seit 1909 SPD-Mitglied.[105]

Die nationalsozialistische Machtergreifung

Hitlers Kanzlerschaft sorgte für eine ganz neue Situation. Große Begeisterung war in Forst zwar nicht zu verzeichnen, aber: *Im grossen und ganzen passte sich die hiesige Bevölkerung den neuen Verhältnissen rasch an*, befanden die lokalen Machthaber Ende 1934 im Rückblick. Besonders erwähnenswert fanden sie jedoch eine gewisse Renitenz, die sich im Falle eines kleinen Bäumchens artikulierte: Am 1. Mai 1933 war auf dem Kirchplatz eine „Adolf-Hitler-Linde" gepflanzt worden. Sie wurde in der Nacht zum 6. Juni abgebrochen. Dar-

aufhin wurde eine zweite Linde gesetzt, aber auch sie wurde in der folgenden Nacht abgebrochen. Dieses Mal fand sich sogar ein Zettel mit folgenden Zeilen:

> *An diesem Platze darf keine Linde wachsen,*
> *und wenn sie Hitler selbst bewacht,*
> *wird die Tat doch vollbracht.*

Der Täter wurde nicht ermittelt, eine dritte Linde aber doch gepflanzt.[106] Erwähnenswert erscheint in diesem Zusammenhang auch, dass der Gemeinderat der Pflanzung der Linde am 28. April zwar zugestimmt hatte, von der durch die NSDAP beantragten *Umbenennung des alten Kirchenplatzes in Adolf Hitler-Platz, der Langenstraße in Hindenburgstraße und der Wolfsrain- in Robert Wagner-Straße* glaubte er aber *abstand nehmen zu sollen*.[107] Dies wurde erst später durchgesetzt. Dann kamen auch noch die neu besiedelten Straßen „Schlageterstraße" und „Robert Ley-Straße" hinzu.[108]

Die neuen Machthaber wollten es nicht mit ihrer Herrschaft in Berlin bewenden lassen – auch die Länder und Gemeinden sollten entsprechend ausgerichtet, „gleichgeschaltet" werden. Das Gleichschaltungsgesetz vom 31. März 1933 sah die Umbildung aller Gremien nach den jeweiligen lokalen Ergebnissen bei der Reichstagswahl am 5. März jenes Jahres vor, unter Ausschluss der KPD-Stimmen. Für Forst bedeutete dies, dass im sechsköpfigen Gemeinderat nun nur noch drei Zentrums- und drei NSDAP-Mitglieder vertreten waren. Kommunist Emil Luft war übrigens schon am 20. März von seinem Gemeinderatsamt zurückgetreten, ohne dass etwas über die Hintergründe überliefert wäre. Vom Zentrum wurden Hugo Meisel, Emil Bender und Wilhelm Mohr berufen, von der NSDAP Franz Otto Böser, Karl Luft und Anton Schneider. Der Gemeindeausschuss war drastisch von 48 auf 12 Sitze verkleinert worden. Hier besaß das Zentrum mit sechs Sitzen sogar noch die Mehrheit, weil die NSDAP nur 5 Sitze erhielt und der letzte auf die SPD entfiel (Rochus Etzkorn). Nach der Auflösung der SPD wurde dieser Sitz ersatzlos kassiert.

Damit waren die lokalen Nationalsozialisten zwar einen Schritt vorangekommen, aber von problemlosem

105 GAF A 29 & GLA 344/4221. Die Chronik widmet diesem Drama ganze drei Zeilen (S. 498) und schreibt auch noch Pisters Namen falsch.

106 „Parteigeschichte". Die Linde wurde im August 1945 auf alliierte Weisung ausgegraben und vernichtet (GAF A 1349).

107 GAF B 70.

108 Schon 1945 wurden Adolf-Hitler-Platz, Hindenburg- und Robert-Wagner-Straße wieder rückbenannt, erst 1949 wurde die Schlageterstraße in „Gartenweg" und die Robert-Ley-Straße in „Wiesenstraße" umgetauft (GAF A 1349).

Schalten und Walten waren sie noch weit entfernt. Die Partei-Arbeit in Forst war so anstrengend, dass Ortsgruppenleiter Karl Luft einen Nervenzusammenbruch erlitt und abgelöst werden musste. Als Nachfolger wurde von Kreisleiter Epp Oskar Lackus eingesetzt, einer der Parteimitglieder der ersten Stunde. Möglicherweise gehörte zu den Nerven zehrenden Problemen das fortgesetzte Hickhack im Gemeinderat und um den Bürgermeister.

Obwohl sich die Zentrumspartei am 5. Juli 1933 auf Druck der Nationalsozialisten selbst aufgelöst hatte, weigerten sich seine Forster Mandatsträger zurückzutreten. Der Rest-Gemeinderat machte sich am 14. Juli sogar noch dafür stark, dass Karl Pister seine gesamte Zeit von zwei Jahren als kommissarischer Bürgermeister in Forst erfüllen sollte, so dass kein nationalsozialistischer Bürgermeister gewählt werden konnte. Dem schob das Innenministerium aber am 27. Juli einen Riegel vor, indem es Pisters Amtszeit auf ein Jahr begrenzte. Außerdem sekundierte das Bezirksamt, indem es den Forster Gemeinderat am 31. Juli auflöste. Die drei Zentrumsplätze wurden einfach durch Ernennung besetzt: Neu waren Otto Burkhardt und Karl Hauser, Zentrums-Mann Hugo Meisel wurde dagegen übernommen. Nun konnte am 21. September ein neuer Bürgermeister gewählt werden. Anders als 1930 hatte Huber seine Parteifreunde aber nicht mehr geschlossen hinter sich. Er erhielt nur noch zehn Stimmen, während auf Karl Pister immerhin sieben Stimmen entfielen. Und dann gab es da noch zwei ungültige Stimmen. Das summierte sich zu 19 Stimmen bei 18 Stimmberechtigten. Vor Ort hatte man keine Bedenken bei dieser Situation. Der Bezirksrat sah dies jedoch anders. Er erklärte die Wahl für ungültig. Zu einer neuen Wahl kam es allerdings nicht mehr. Innenminister Pflaumer ernannte Paul Huber am 17. Februar 1934 kurzerhand zum kommissarischen Bürgermeister auf zwei Jahre. Und schon vor deren Ablauf war die NSDAP so fest etabliert, dass sie sich um alte Rechtsvorschriften nicht mehr zu kümmern brauchte. Huber wurde endgültig bestätigt und blieb Bürgermeister bis zum Zusammenbruch des Systems.[109]

Nur in seinem Gemeinderat gab es noch ein paar Veränderungen. Im Juli 1934 wurde Ortsgruppenleiter Karl Luft nicht nur auf dieser Position ersetzt, sondern auch als Gemeinderat. An seine Stelle trat Gregor Schrag. Die neue Gemeindeordnung 1935 machte das traditionsreiche Selbstverwaltungsorgan aber nahezu bedeutungslos (der Gemeindeausschuss wurde gleich ganz beseitigt). Zukünftig hatte es den im Prinzip allein entscheidenden Bürgermeister nur noch zu beraten. Von etwas größerer Bedeutung waren bloß die neu eingeführten Beigeordneten. Von Kreisleiter Epp wurden für Forst berufen: Franz Otto Böser als erster, Anton Schneider als zweiter und Oskar Lackus als dritter Beigeordneter. Die beiden dadurch frei gewordenen Gemeinderatssitze wurden mit Anton Eisele und Paul Luft besetzt.

Im Juli 1936 wurde Otto Burkhardt als Gemeinderat entlassen, ohne dass Gründe aktenkundig wurden. An seine Stelle trat Josef Hillenbrand. Gerade einmal ein Jahr später wurde er auf eigenen Wunsch wieder entlassen und durch Oskar Blumhofer ersetzt. Die letzte Veränderung ergab sich schließlich im Sommer 1938. Dem alten Zentrumsmann Hugo Meisel wurde eine „gesinnungslose Handlungsweise" vorgeworfen, weil er von dem jüdischen Pferdehändler Berthold Bär in Karlsruhe ein Pferd gekauft habe. Das Bezirksamt enthob ihn daraufhin seiner Position und berief Ambros Huber.[110]

Die nationalsozialistische Herrschaft im Dorf

Ließen sich die Genannten aber viel zu schulden kommen, sorgten sie vielleicht gar für eine Terror-Herrschaft im Dorf? Diese Frage ist insgesamt zu verneinen. Die Untersuchung der wichtigsten Ansatzpunkte bleibt weitgehend ergebnislos.

Am Schwierigsten ist das Ausmaß möglicher Einschüchterung durch ein paar Präzedenzfälle abzuschätzen. Der seit 1920 als Ratschreiber und Grundbuchbeamter tätige Hermann Lackus wurde schon Anfang April wegen seiner SPD-Zugehörigkeit auf der

109 GAF A 29 & A 34 sowie GLA 344/4221.
110 GAF A 36 & GLA 344/4219.

Autobahn und Autobahnraststätte

Zu den größten Propagandaerfolgen der Nationalsozialisten zählt der Autobahnbau. Volkswirtschaft-
lich war er eigentlich nicht zu rechtfertigen, denn
dazu war die Autodichte damals viel zu gering; Arbeitsplätze wurden nur begrenzt geschaffen; und
den Plänen lagen ältere, seit 1926 entwickelte Überlegungen zugrunde. Psychologisch war die Aktivität
jedoch sehr wichtig, und das Bautempo musste
schon beeindrucken: Nachdem der erste Spatenstich
zum Start des gesamten Projekts beim Teilstück
Frankfurt – Darmstadt am 23. September 1933 vorgenommen worden war, erfolgte dessen Fertigstellung bis zum 19. Mai 1935. Und bis Ende 1938 umfasste das deutsche Autobahnnetz bereits mehr als
3.000 Kilometer.

Mit Hochdruck war auch an der Verlängerung der
Autobahn von Darmstadt nach Süden gearbeitet
worden. Das Teilstück Heidelberg – Bruchsal wurde
am 26. September 1936 eröffnet, das Folge-Stück
Bruchsal – Karlsruhe am 1. Oktober 1937.

Eine Tank- und Raststätte auf Forster Gemarkung
gab es damals noch nicht. Die wurde erst 1952/53 an
der Fahrspur Richtung Süden errichtet. Erst 1966
folgte dann auch das Pendant auf der Ostseite. Jahrelang hatte dies zur Folge, dass Autofahrer auf der
östlichen Seite am Autobahnrand parkten und über
die Autobahn gingen, um die Raststätte zu besuchen. Die Autobahnpolizei war deshalb Dauergast
und die Forster Gemeindekasse profitierte davon so
kräftig, dass sogar das Hamburger Nachrichtenmagazin „Der Spiegel" darauf aufmerksam wurde und
am 14. Juli 1954 dazu einen Artikel veröffentlichte.

Für die erste Raststätte auf der westlichen Seite der Autobahn wurde ein riesiger Zubringer auf ihrer östlichen
Seite gebaut. – Ihr Inneres entsprach den damaligen
Vorstellungen von Gutbürgerlichkeit. – Der Neubau auf
der östlichen Seite fiel zunächst relativ bescheiden aus.

Basis des so genannten Berufsbeamtengesetzes entlassen. Im Sommer und Winter folgten dann insgesamt drei Verhaftungen mit mehrmonatigen Gefängnisaufenthalten in Bruchsal und Mannheim.[111] Das mag für viele genügt haben, sich der mehr und mehr etablierenden NS-Herrschaft ohne größeren Widerspruch zu fügen. Mit den Ausschreitungen, die in vielen Großstädten verzeichnet wurden, war es aber nicht ansatzweise zu vergleichen.

Zu den frühesten Maßnahmen der Nationalsozialisten in Sachen Rassepolitik gehörte das Erbgesundheitsgesetz vom 14. Juli 1933, das die Unfruchtbarmachung der unter dieses Gesetz fallenden Erbkranken und Alkoholiker forderte. Zu den wichtigsten Zuträ-

gern zählten die Gemeindeverwaltungen. Bei mindestens neun Forsterinnen und Forster wurde zwar im Laufe der Jahre eine Sterilisation geprüft oder durchgeführt, aber keinem Falle lag eine Initiative der Gemeinde zugrunde. In der Regel war die Gemeinde nur involviert, wenn es um die Beantwortung der Frage nach der Kostenbegleichung ging.[112]

Auch das Thema Judenverfolgung war in Forst nicht sonderlich relevant. Eine jüdische Gemeinde gab es nicht. Der einzige in Forst lebende Jude war mit einer Christin verheiratet und kam mit ein paar Monaten Aufenthalt im Konzentrationslager Dachau verhältnismäßig glimpflich davon. Sein Überleben schrieb er später dem Forster Ortsgruppenleiter zu, der nicht zu-

Unter welchen Bedingungen Salomon Rothheimer seine Firma an Carl Lögler verkaufte, ist nicht bekannt. Im Gemeindearchiv gibt es dazu keine Unterlagen mehr.

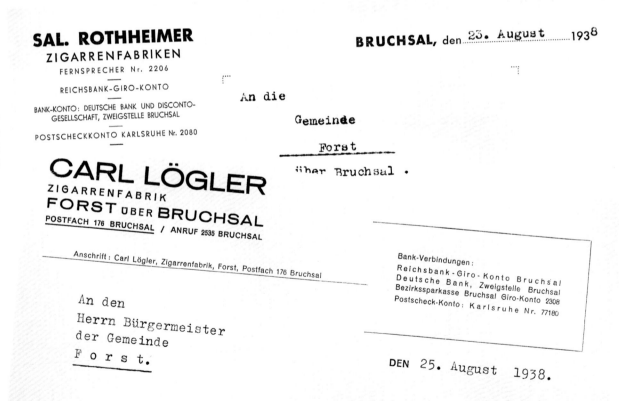

SAL. ROTHHEIMER
ZIGARRENFABRIKEN
FERNSPRECHER Nr. 2206

REICHSBANK-GIRO-KONTO

BANK-KONTO: DEUTSCHE BANK UND DISCONTO-
GESELLSCHAFT, ZWEIGSTELLE BRUCHSAL

POSTSCHECKKONTO KARLSRUHE Nr. 2080

CARL LÖGLER
ZIGARRENFABRIK
FORST ÜBER BRUCHSAL
POSTFACH 176 BRUCHSAL / ANRUF 2535 BRUCHSAL

Anschrift: Carl Lögler, Zigarrenfabrik, Forst, Postfach 176 Bruchsal

An den
Herrn Bürgermeister
der Gemeinde
F o r s t.

BRUCHSAL, den 25. August 1938

An die

Gemeinde

Forst

über Bruchsal .

Bank-Verbindungen:
Reichsbank-Giro-Konto Bruchsal
Deutsche Bank, Zweigstelle Bruchsal
Bezirkssparkasse Bruchsal Giro-Konto 2308
Postscheck-Konto: Karlsruhe Nr. 77180

DEN 25. August 1938.

111 Nach einer am 1. August 1945 vom Bürgermeister erstellten Liste politischer Häftlinge (GAF A 1232).
112 GAF A 93.

letzt aufgrund dieses Zeugnisses bei der Entnazifizierung sehr glimpflich davon kam[113] Miteinzubeziehen ist nur die „Arisierung" der Zigarrenfabrik Salomon Rothheimers im „Jägerhaus". Sie wurde am 15. August 1938 von Carl Lögler übernommen. Leider haben sich im Gemeindearchiv keine Angaben über die konkreten Modalitäten erhalten.

Nimmt man hinzu, dass auch in Forst bald die Verbesserungen der Wirtschaftslage mit ihrer sinkenden Arbeitslosigkeit zu verspüren waren, und Ordnung und innere Sicherheit groß geschrieben wurden, so wird verständlich, dass vielen Zeitgenossen die nationalsozialistischen Jahre, vor allem bis Kriegsbeginn, in positiver Erinnerung blieben. Auch dass die katholische Kirche manche Bedrängnis erfuhr und die DJK ihren Sportplatz verlor (den dann der Reiterverein übernahm), wog da nicht allzu schwer.

Das Funktionieren der NS-Herrschaft beruhte gerade darauf, dass in weiten Bereichen des Staats Ordnung, Sicherheit und in gewissem Maße auch Wohlergehen herrschte und nur Minderheiten von Verfolgung und Terror getroffen wurden. Die relative Harmlosigkeit der NS-Herrschaft vor Ort zu konstatieren, heißt deshalb nicht, das System insgesamt zu verharmlosen, sondern ein wesentliches Merkmal seiner Fundierung herauszuheben.

Das „badische Baku".
Erdölförderung in Forst

Nach dem Ersten Weltkrieg waren dem Deutschen Reich das Elsaß und seine Erdölvorkommen verloren gegangen. Also wurde versucht, auf der badischen Seite fündig zu werden. Erste Erfolge erzielte dabei der Erdölfachmann Anton Raky schon 1921. Noch erfreulicher waren die Ergebnisse der Bohrungen bei Forst in den Gewannen oben und unten am roten Weg, wo man in 400 bis 600 Meter Tiefe auf Erdöl von hoher Qualität stieß. Allerdings waren ausfließende Mengen von 300 bis 500 Liter pro Tag nicht wirtschaftlich genug, so dass Raky seine Arbeiten 1925 einstellte.

Ehrenbürger Hermann von Rautenkranz

Erster Ehrenbürger Forsts wurde ein Mann, der zwar nie in der Gemeinde lebte, dem sie aber viel zu verdanken hatte.[114]

Baron Hermann von Rautenkranz wurde am 28. Juli 1883 in Winsen an der Aller als Sohn eines Erdölindustriellen geboren. Einen entsprechenden Weg nahmen seine Ausbildung und sein Berufsleben. 1912 gründete er seine eigene Firma, die Internationale Tiefbohraktiengesellschaft, mit der er schnell international erfolgreich tätig war. Jahrzehntelang gehörte auch Forst zu ihren Standorten.

Von Rautenkranz war nicht nur Arbeitgeber, sondern auch der Gemeinde persönlich verbunden. 1949 stiftete er eine neue Amtskette für ihren Bürgermeister. Und noch viele Jahre nach Einstellung des Betriebs überwies er Geldspenden zur Unterstützung bedürftiger Einwohner.

1954 erhielt er von der Bundesregierung das große Verdienstkreuz des Verdienstordens, und anlässlich seines 90. Geburtstags sprach ihm der Forster Gemeinderat einstimmig die Ehrenbürgerwürde zu. 2005 wurde eine Straße im Gewerbegebiet nach Forsts erstem Ehrenbürger benannt.

Generalkonsul a. D. von Rautenkranz verstarb am 24. Dezember 1973.

Hermann von Rautenkranz mit seiner Gemahlin Hedwig an seinem 90. Geburtstag.

113 GAF A 1071 & A 1230; Jürgen Stude, Geschichte der Juden im Landkreis Karlsruhe. O. O., o. J. (Karlsruhe 1990), S. 354.

114 Das Folgende nach GAF A 2176.

Im Rahmen der Autarkiepolitik des NS-Staats wurde 1934 die Suche nach Erdöl wieder aufgenommen. Konkret tätig im hiesigen Raum wurde die Celler Internationale Tiefbohraktiengesellschaft (ITAG). Als besonders ergiebig erwies sich schnell die Fläche zwischen Forst, Weiher und Ubstadt. Bohrturm auf Bohrturm wurde aufgestellt, Bohrung auf Bohrung niedergebracht – willkommene Arbeiten für die Männer aus Forst und Umgebung. Das geförderte Öl galt als das Beste in Deutschland und wurde schnell mit dem im sowjetischen Baku verglichen. Während des Zweiten Weltkriegs wurde 1942 der höchste Produktionsstand erreicht und noch 1949 wurden zwischen Forst und Weiher aus 57 Förderstellen täglich zwischen 12 und 15 Tonnen Öl gewonnen. Die 1948 als Tochterunternehmen der ITAG gegründeten „Badischen Erdölwerke" beschäftigten um diese Zeit rund 50 Personen. Doch der Aufwand, neue Förderstellen zu erschließen, wuchs immer mehr, während die Fördermengen nachließen. Der Betrieb wurde unrentabel und 1960 eingestellt.[115]

Krieg und Kriegsende

Viermal ließ das NS-Regime zwischen 1933 und 1938 über seine Politik abstimmen, und jedes Mal bekam es überwältigende Zustimmung. Sicherlich kann nicht von wirklich freien Wahlen ausgegangen werden, aber letztlich ist dadurch sein Erfolg nicht in Frage zu stellen. Die Aspekte, um die es ging (zuletzt um den ‚Anschluss' Österreichs), waren einfach mehrheitsfähig. Ganz anders hätte es ausgesehen, wenn die Bevölkerung danach gefragt worden wäre, ob sie einen Krieg gegen Polen oder etwa gegen die Sowjetunion befürworten würde. In diesem Falle hätte es sicher eine deutliche Abfuhr gegeben.

Als dann der Krieg begann, wurde die Bevölkerung nur ganz allmählich hineingezogen. Am Polenfeldzug wird zwar wahrscheinlich auch der eine oder andere Forster Soldat beteiligt gewesen sein, Verluste gab es jedoch noch keine. Die ersten Forster Soldaten fielen erst im Sommer 1940 in Frankreich, Walter Schmitt am

14. und Hermann Laier am 25. Juni. Aber erst mit dem Krieg gegen die Sowjetunion begann das große Sterben. Seinen Höhepunkt erreichte es in den letzten Kriegsmonaten. Wenn das Attentat auf Hitler am 20. Juni 1944 und danach eine sofortige Beendigung des Krieges gelungen wäre, hätte die Zahl der Getöteten um fast die Hälfte begrenzt werden können! In Forst wären dann höchstwahrscheinlich 85 von 226 Opfern des Krieges am Leben geblieben.[116]

Aus dem Verlauf des Ersten Weltkriegs hatten die Nationalsozialisten gelernt, dass die Belastungen der Bevölkerung so gering wie möglich gehalten werden mussten, wenn über längere Zeit erfolgreich Krieg geführt werden sollte. Schon früh begannen zwar im Zweiten Weltkrieg überall die zur Wehrmacht eingezogenen Männer zu fehlen, doch Kriegsgefangene und Fremdarbeiter lieferten einen gewissen Ersatz. Auch die Lebensmittelversorgung war viel besser als im Ersten Weltkrieg. Die richtig schlechten Zeiten begannen

115 GAF A 2176.
116 Eine vollständige Liste aller Gefallenen und Vermissten wurde in Heft 6 der „Forschter Drehscheib'" 1995 veröffentlicht.

Ida Weimann mit ihren Kinder Sieglinde und Franz 1940 in der Finkengasse 4. Auf dem Kuhfuhrwerk sitzt ein französischer Kriegsgefangener.

Wie im Ersten Weltkrieg so mussten auch im Zweiten die Kirchenglocken als wertvolles Rohmaterial abgeliefert werden. Sie wurden 1951/52 ersetzt.

erst nach Kriegsende, als keine anderen Länder mehr ausgeplündert werden konnten.

Das Dorf selbst blieb von größeren Schäden verschont; selbst der große Luftangriff auf Bruchsal am 1. März 1945 hatte keine nennenswerten direkten Auswirkungen. Nach Kriegsende wurden 97 Prozent der 849 Gebäude als unbeschädigt gemeldet, nur zwei Dutzend Wohnhäuser und Ökonomiegebäude hatten leichte Schäden aufzuweisen.[117]

Wichtig war vor allem, dass am Ende von größeren Verteidigungsmaßnahmen abgesehen wurde. Auch der Volkssturm, der vom 1. bis zum 27. März 1945 im Clubhaus des FC einquartiert gewesen war, kam nicht zum Einsatz.[118]

Zum unmittelbaren Kriegsende und den anschließenden Tagen haben sich für Forst zwei Augenzeugenberichte erhalten. Der ausführlichere stammt von Pfarrer Johann Schmitt und wurde bereits vollständig in der Chronik (S. 508f) veröffentlicht. Ihm ist deshalb nur das Wichtigste zu entnehmen.

Nachdem französische Truppen am 31. März den Rhein hatten überwinden können, erreichten sie am frühen Morgen des 1. April, dem Ostersonntag, den Dorfeingang an der Hambrücker Straße. Pfarrer Schmitt berichtet dann: *Etwa um 10 Uhr verließen die letzten deutschen Soldaten das Dorf. Etwa um ½ 12 Uhr kam der erste Granatenbeschuß mit einem Treffer bei der Schmiede Schrag in der Bruchsaler Straße. Auch im Pfarrhaus und in anderen Häusern schlugen*

„O Gott, Du hast sie uns geliehen und sie war unser Glück; Du hast sie zurückgefordert und wir geben sie Dir ohne Murren aber das Herz voller Wehmut"

Zum frommen Gedenken im Gebete an unsere liebe, unvergeßliche Tochter und Schwester

Juliana Huber

geb. am 11. Mai 1922 in Forst
gest. am 1. März 1945 durch Fliegerangriff in Bruchsal

Die junge Juliana Huber gehörte zu den sechs Opfern aus Forst, die bei dem verheerenden Luftangriff auf Bruchsal am 1. März 1945 getötet wurden.

117 GAF A 1169.
118 Notiz vom 26. Februar 1946, GAF B 73.

Granaten ein. Etwa 25 Granaten fielen ins Dorf, aber Gott sei Dank wurde niemand verletzt. Am Nachmittag gegen 16 Uhr bemerkte ich in den Schützengräben am alten Kirchplatz wieder deutsche Soldaten. Ich forderte sie auf, den unsinnigen Widerstand gegen die feindliche Übermacht doch aufzugeben. Daraufhin zogen sich unsere Soldaten zurück. Gerade noch rechtzeitig, denn kurz darauf erschien der während des Krieges in Forst praktizierende elsässische Arzt Dr. Eschbach in Begleitung von 2 französischen Soldaten. Ich konnte ihm versichern, daß sich keine deutschen Soldaten mehr im Ort aufhielten und daß die Bevölkerung friedlich sei. Daraufhin wurden zum Zeichen der Übergabe überall weiße Fahnen gezeigt und das Dorf konnte, ohne größeren Schaden zu nehmen, übergeben werden.

... Dann bekam Forst aber die volle Härte der Besatzungsmacht zu spüren. Die französischen Truppen plünderten fast jedes Haus. Sie hatten es insbesondere auf Lebensmittel abgesehen. Es kam aber auch zu zahlreichen Übergriffen auf die Bevölkerung. Besonders gefürchtet waren die marokkanischen Soldaten, die einen großen Teil der französischen Fronttruppen stellten.

Das zweite Zeugnis ist wesentlich kürzer und wurde vom damaligen Ratschreiber Alfred Bucher dem neuen Kapitel der Forster Gemeinderatsprotokolle vorangestellt.[119] Bucher schrieb mit Datum 10. Juni 1945 vor allem über die Situation im Rathaus:

Am 1. April 1945 (Ostersonntag) erfolgte die Besetzung der Gemeinde durch französische Truppen. Die Nazi-Gemeindeverwaltung wurde abgesetzt. Vom 1.–4.4. war die Gemeinde ohne Bürgermeister und ohne Verwaltung. Die Rathausräume wurden verwüstet, viele Akten und Bücher verbrannt, viele Einrichtungen zerstört, u. a. die Ortsrufanlage (die erst 1942 errichtet worden war). Am 5. April wurde Josef Weindel III zum Bürgermeister ernannt. Dieser setzte den Kriegsversehrten Alfred Bucher zum Ratschreiber ein, Beigeordneter war Paul Blum.

Der politische Neubeginn 1945/46

Im Blick über das vergangene 20. Jahrhundert bilden die Jahre 1945 bis 1949 sicherlich die turbulenteste Zeit nicht nur für ganz Deutschland, sondern auch für die Gemeinde – ja vielleicht für die ganz besonders. Andere Umbrüche waren hier ja ziemlich unauffällig verlaufen – die Revolution nach dem Ersten Weltkrieg, die nationalsozialistische Machtergreifung, der Luftkrieg im Zweiten Weltkrieg, und auch später die Wiedervereinigung. In der kurzen Zeit zwischen 1945 und 1949 aber gab es eine kaum erschöpfend zu behandelnde Menge von verwirrenden Veränderungen, die bis in die Gemeinde und zu jedem Einzelnen durchschlugen – das Chaos des zu Ende gehenden Krieges, die Besetzung durch die Siegermächte, die wirtschaftliche Not, die Pflicht, die Heimatvertriebenen aufnehmen zu müssen, das entwertete Geld, die Unklarheit über die staatliche Zukunft, um nur die wichtigsten Stichworte zu nennen. Dass schon im Juni 1948 mit der Währungsreform und im Mai 1949 mit der Gründung der Bundesrepublik Weichen gestellt würden, die der Gemeinde Wohlstand und Sicherheit in bislang nie da gewesenem Ausmaß bringen würden, war 1945 und 1946, ja noch 1947 überhaupt nicht absehbar.

Das größte Chaos herrschte sicherlich im Frühjahr 1945. Mit dem Einmarsch der Franzosen am 1. April war für Forst zwar der Krieg zu Ende, aber bis zum allgemeinen Waffenstillstand dauerte es noch einmal mehr als vier Wochen. Aber auch dann war noch vieles unklar – für Besatzer wie Besetzte. Die Alliierten hatten sich zwar schon während des Krieges darauf verständigt, dass sie das Gebiet in verschiedene Besatzungszonen einteilen würden, eine französische Zone war dabei jedoch nicht vorgesehen gewesen. Durch das Vorgehen der französischen Armeen in Südwestdeutschland versuchte General de Gaulle, vollendete Tatsachen zu schaffen. Letztlich gelang ihm das auch. Die Amerikaner fanden sich bereit, den Franzosen ein Stück ihres Gebiets abzutreten. Es erforderte allerdings ein längeres Hin und Her, bis alle Details geklärt waren. In den alten Ländern Baden und Württemberg war schließlich die Regelung die, dass alle

119 GAF B 73. Vgl. als knappen allgemeinen Überblick: Hermann Ehmer: Die Besetzung Badens im April 1945. In: Hansmartin Schwarzmaier (Hg), Kriegsende 1945 und demokratischer Neubeginn am Oberrhein. Karlsruhe 1980, S. 35-58.
120 GAF A 208.

Motorisierung 1945

Vor dem Ersten Weltkrieg war ein Auto in Forst noch eine Attraktion und dann wurde auch noch fotografiert – wenn das kein Grund zum Zusammenkommen war! Die Ansichtskarte wurde im Mai 1914 verschickt. Die „Rose" steht noch immer an der Einmündung der Wiesen- in die Hambrücker Straße, heißt heute aber „Poseidon".

Zugegeben: Den Sommer 1945 würde man sich nicht unbedingt als Untersuchungszeitraum heraussuchen, wenn man sich Angaben zur Motorisierung in Forst zu früheren Zeiten zusammenstellen dürfte. Aber als Historiker muss man die Daten nehmen, die man findet. Und gerade nach Kriegsende wurde eben mehrmals genau nachgefragt, was es alles an Fahrzeugen in Forst gab.

Allzu viel war es nicht, was da zusammenkam, und das Meiste war nicht fahrbereit (was aber angesichts der Zeitumstände nicht verwundern dürfte). An LKWs gab es einen – allerdings sollte man hier besser Anführungszeichen setzen, denn es handelte sich nur um ein Dreirad „Tempo" mit gerade einmal 400 ccm Hubraum. Ähnlich üppig sah es bei den Zugmaschinen aus: Thomas Blumhofer in der Schwanenstraße verfügte über einen Lanz-Bulldog aus dem Jahr 1936. Fahrbereite PKWs gab es zwei (darunter den Opel Kadett Baujahr 1937 des Bürgermeisters), nicht fahrbereite dagegen etwa 20 – bei den meisten fehlten die Reifen. Ähnlich sah es bei den Krafträdern aus.

Daneben war der Bestand an Pferdewagen noch immer beachtlich. Verzeichnet wurden 30 Einspänner und elf Zweispänner.[120]

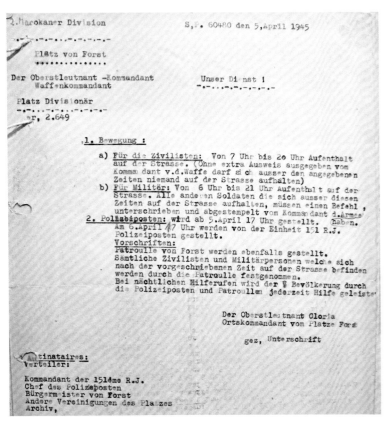

Aus der Zeit der französischen Besetzung haben sich im Gemeindearchiv (A 221) verschiedene Bekanntmachungen erhalten – die erste schon vom 5. April 1945 und sowohl in französisch wie auch in deutsch. Sie regelte vor allem die Ausgangszeiten. Eine Ausnahmegenehmigung erhielt am 9. April nur Bürgermeister Weindel, der zu Dienstgeschäften auch das Fahrrad benutzen durfte. Am 13. April wurde dann ergänzt: „Es durfen nie mehr als zwei personen auf der strasse stehen", außerdem sollten „Alle photo apperate und gewwehren … auf das Rathaus getragen werden bis den 14/4/45 bis 12 uhr."

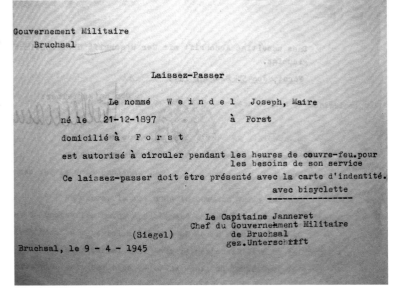

Landkreise, die südlich der (heutigen) A 8 lagen, den Franzosen zufallen sollten, während die von ihr durchschnittenen Landkreise gemeinsam mit den nördlich davon gelegenen zur amerikanischen Zone gehören würden. Auf die A 8 wollten die Amerikaner auf keinen Fall verzichten, weil es für sie die Hauptverbindung vom Rhein nach Bayern war.

Zunächst war Forst wie sein Umland aber von französischen Truppen besetzt. Erstmals bekam die Zivilbevölkerung die Schrecken des Krieges zu spüren. Hausdurchsuchungen und Plünderungen standen auf der Tagesordnung, Willkürmaßnahmen und Gewalt gegen Frauen sorgten für ein Klima der Angst und des Schreckens.

Wichtigstes Ziel der von den Franzosen neu eingesetzten Gemeindeführung war die Organisation des Überlebens der Bevölkerung unter Aufsicht der Besatzer. Die Schlüsselfigur war zunächst der zum Bürgermeister berufene Josef Weindel; am 8. Juni trat ihm auch noch ein sechsköpfiger Gemeinderat zur Seite, der aus Thomas Böser, Hermann (gemeint war wohl: Heinrich) Brückel, Josef Hoffmann, Robert Kretzler, Josef Wiedemann und Hermann Wiedemann bestand.[121]

Nachdem am 1. Juli die Festlegung der neuen Besatzungszonengrenzen in Kraft getreten war, zogen die Franzosen am Samstag, dem 7. Juli, aus Forst ab und überließen amerikanischen Soldaten das Feld. Bürgermeister Weindel wurde von dem in Bruchsal stationierten Captain Orren L. Hays bereits zum 12. Juli entlassen und Hermann Wiedemann als sein Nachfolger berufen. Ein paar Wochen später wurde auch der Gemeinderat umgestaltet. Beibehalten wurden nur Thomas Böser, Heinrich Brückel und Josef Hoffmann, die als der SPD zugehörig bezeichnet wurden. Neu berufen wurden Albert Blum von der KPD sowie Hermann Hintermayer und Hugo Meisel vom Zentrum.

Die politischen Verhältnisse scheinen jedoch noch im Fluss gewesen zu sein. Im November versuchte jedenfalls die örtliche KPD Thomas Böser *wegen parteiwidrigen Verhaltens* zurückzuziehen und durch Friedrich Bacher zu ersetzen. Das Dilemma wurde durch den „freiwilligen" Rücktritt Bösers gelöst.

Die Amerikaner stießen sich auch an Alfred Bucher als neuem Ratschreiber. Er musste zum 15. September entlassen werden. Am 9. September wurde Ewald Wie-

Altbürgermeister Hermann Wiedemann

Der am 24. Dezember 1899 geborene Hermann Wiedemann hatte die ersten Jahrzehnte seines Lebens unauffällig als Landwirt und Mitglied des Roten Kreuzes und des Musikvereins verbracht, auch in der viele diskreditierenden Zeit des NS-Staats. Im August 1945 wurde er von den Amerikanern als Bürgermeister eingesetzt, wenig später vom ersten gewählten Gemeinderat in diesem Amt bestätigt. 1948 kandidierte er nicht mehr. Als Gemeinderat amtierte er jedoch bis 1965, davon die meiste Zeit als Bürgermeister-Stellvertreter. Von 1959 bis 1966 war er auch Kreistagsmitglied.

Seine Verdienste in schwierigen Zeiten wurden nicht vergessen. Im Januar 1975 wurde ihm das Bundesverdienstkreuz verliehen. Und anlässlich seines 90. Geburtstags wäre ihm auch, das hatte der Gemeinderat bereits beschlossen, die Ehrenbürgerwürde der Gemeinde zuteil geworden. Hermann Wiedemann konnte dies jedoch nicht mehr erleben. Er verstarb am 2. Mai 1989.[122]

Berta, geb. Wiedemann, und Hermann Wiedemann heirateten am 15. Oktober 1928. Berta war schon damals ganz in Weiß gekleidet (vgl. dazu S. 63).

121 Diese und die folgenden Informationen aus KAK 514/1994/10/2162 & 2163.
122 GAF A 2176.

demann vom Gemeinderat einstimmig zu seinem Nachfolger gewählt.[123]

Wenig später, im Januar 1946, durften die Forsterinnen und Forster selbst über die Zusammensetzung ihres Gemeinderats entscheiden. Sie taten das mit großem Engagement: 1.587 von 1.724 Wahlberechtigte gaben ihre Stimme ab, das waren 92 Prozent. Sie entschieden sich mit großer Mehrheit für die Liste der mittlerweile gegründeten CDU. Für 972 Stimmen (63 Prozent) erhielt sie fünf Mandate und zwar für die bereits amtierenden Hugo Meisel und Hermann Hintermayer sowie Franz Müller und Leopold Wiedemann. Hermann Wiedemann wurde zwar auch gewählt, war als kommissarischer Bürgermeister aber durch August Huber zu ersetzen. Die SPD musste sich mit 499 Stimmen (32 Prozent) und drei Sitzen für Josef Hoffmann, Heinrich Brückel und Heinrich Diehl begnügen. Die KPD konnte nicht an ihre Erfolge in der späten Weimarer Republik anknüpfen. Mit 82 Stimmen (5 Prozent) blieb sie chancen- und sitzlos.[124]

Die acht Gemeinderäte fanden sich am 8. April 1946 zusammen, um seit langem wieder einmal einen Forster Bürgermeister zu wählen. Hermann Wiedemann wurde mit vier Stimmen knapp in seinem Amt bestätigt. Zwei Stimmen waren auf Hermann Lackus, eine auf Franz Schneider entfallen. Die achte Stimme war ungültig.

Schon wenige Wochen später, am 30. Juni, stand der nächste Urnengang auf dem Programm, nun aber nicht für das Kommunal- sondern für das Landesparlament, genauer gesagt: zunächst einmal für die verfassunggebende Landesversammlung. Mit 71 Prozent (1.331 von 1.868) war die Wahlbeteiligung nicht ganz so hoch wie bei der Kommunalwahl und auch der Sieg der CDU fiel nicht ganz so deutlich aus. Gleichwohl erreichte sie mit 601 Stimmen einen Anteil von fast 49 Prozent. Die SPD kam mit 464 Stimmen auf fast 38 Prozent. Recht stark schnitt die KPD mit 126 Stimmen (10 Prozent) ab, die DVP musste sich mit 43 Stimmen (3 Prozent) begnügen.

Weil die Landesversammlung auf die Ausarbeitung der Verfassung beschränkt war und diese Aufgabe sehr schnell erledigte, musste am 24. November schon wieder abgestimmt werden – über die vorgelegte Verfassung und über die Zusammensetzung des ersten württemberg-badischen Parlaments. Die Verfassung stieß in Forst nur begrenzt auf Zustimmung. Zwar gab es nur zehn Prozent Nein-Stimmen (103 von 1.048), aber hinzugerechnet werden müssten eigentlich noch die 453 ungültigen Stimmen, 30 Prozent der abgegebenen Stimmen überhaupt. Die Landtagswahl brachte dagegen in Forst nur wenige Veränderungen. CDU und SPD behaupteten ihre Anteile weitgehend, die KPD verlor etwas, die DVP konnte sich verbessern.[125]

Heimatvertriebene und Flüchtlinge

Die größte Herausforderung, die Bürgermeister Wiedemann mit seinem Gemeinderat und der ganzen Gemeinde 1946 zu bewältigen hatte, war die Aufnahme und Versorgung der Heimatvertriebenen. Die Niederlage der Wehrmacht in Hitlers Krieg hatte zur Folge, dass fast alle Deutschen aus den von der Roten Armee eroberten Ländern vertrieben wurden. Hinzu kamen jene Millionen Deutsche, die durch die dramatische Umgestaltung Polens ihre Heimat verloren. Fast zwölf Millionen Menschen wurden umgesiedelt. Zwar war von den Alliierten auf der Potsdamer Konferenz vereinbart worden, dass die Aktion in „ordnungsgemäßer und humaner Weise" erfolgen sollte, aber die Praxis wurde dem kaum gerecht. Im Prinzip mussten die Betroffenen von einem Tag auf den anderen ihren Besitz aufgeben, durften sich nur mit dem Allernötigsten versehen und wurden unter zahlreiche Todesopfer fordernde Bedingungen gen West transportiert.

In den westlichen Besatzungszonen war man auf die Ankommenden nur sehr ungenügend vorbereitet. Weil sich die Franzosen zunächst weigerten, überhaupt irgendwelche Vertriebenen aufzunehmen, konnten diese nur in die britische und amerikanische Zone geleitet werden. Ende Oktober 1945 musste der württemberg-badische Staatskommissar für Evakuierung mitteilen, dass in seinem Gebiet in den nächsten Monaten 500.000 Vertrie-

123 GAF B 73, KAK 514/1994/10/2169.

124 Die Zuweisung dieser Stimmen in der Chronik, S. 535, zum BHE ist falsch.

125 Statistische Landesämter in Stuttgart und Karlsruhe, Wie wählte Württemberg-Baden? Ergebnisse der Wahlen des Jahres 1946. Karlsruhe o. J., S. 121.

bene aufzunehmen wären, davon 150.000 in Nordbaden. Die Landrätekonferenz beschloss am 3. November die Einrichtung von Durchgangslager, für den Landkreis Bruchsal in Kislau. Immer 1.500 Vertriebene sollten dort angenommen und im Landkreis verteilt werden. Aufgrund der starken Zerstörung Bruchsals kam die Region vergleichsweise glimpflich davon. Statt 10.000 Personen erhielt sie ein Kontingent von nur 6.000 Personen zugewiesen. Im Sommer 1946 wurde jedoch umdisponiert. Die Amerikaner hatten beschlossen, den Stadtkreis Heidelberg von Vertriebenenzuteilungen auszunehmen, weil der Wohnraum den Besatzungstruppen zugewiesen werden sollte. Für den Landkreis Bruchsal wurde deshalb die Quote von 6.000 auf 10.500 Personen erhöht.[126]

Die ersten Vertriebenen scheinen in Forst um den 15. April 1946 eingetroffen zu sein, jedenfalls behandelte der Gemeinderat am 16. April die *Unterbringung der am 15. 4. 46 zugeteilten Ostflüchtlinge*.[127] Ihre Zahl war bis zum 20. Dezember bereits auf 214 Personen gewachsen. Die konfessionellen Gegebenheiten wurden von ihnen übrigens so gut wie gar nicht verändert, weil nur fünf Personen evangelischen Bekenntnisses darunter waren.[128]

Nachdem Mitte November 1947 in Forst 229 Vertriebene gezählt wurden, war im Dezember 1950 mit 266 die Höchstzahl erreicht, die sich danach nur noch geringfügig veränderte. Mit 97 Personen stellten die Ungarndeutschen die größte Gruppe, 81 stammten aus den ehemaligen deutschen Ostgebieten, die nun an Polen gefallen waren, 48 kamen aus Jugoslawien, 40 aus der Tschechoslowakei.[129]

Wichtigste Aufgabe war die Verbesserung der Wohnsituation, denn die Militärregierung hatte von vornherein die Anlage von Lagern verboten. Zu diesem Zweck wurde der Wohnraum rigide bewirtschaftet. Zum 31. Dezember 1946 waren in Forst 843 Wohnungen mit 1.716 Wohnräumen und einer Gesamtfläche von 21.364 Quadratmeter vorhanden. Bezogen auf die 3.536 Einwohner zu dieser Zeit ergab dies eine durchschnittliche Fläche von sechs Quadratmetern pro Person. Weil die Räume durchschnittlich nur wenig mehr

als 12 Quadratmeter groß waren, musste jeder Raum mit mindestens zwei Personen belegt werden.[130]

Eine gewisse Entlastung war am schnellsten dadurch zu erreichen, dass die während des Krieges Evakuierten wieder in ihre Heimatgemeinden zurückkehrten. Im Oktober 1946 waren in Forst neben 212 Ostflüchtlingen immerhin 192 Evakuierte (davon 146 aus der amerikanischen Zone und vor allem aus Mannheim und Pforzheim) untergebracht.[131]

Das konnte jedoch nur ein Anfang sein. Wirkliche Entlastung und eine deutliche Verbesserung der Situation konnten nur Neubauten in großer Zahl bringen.

Das Wachstum der Gemeinde

Ende der 1920er Jahre hatte man noch geplant, das Dorf Richtung Bruchsal zu erweitern. Entsprechende Pläne wurden dem Bezirksamt unter dem 12. Januar 1929 vorgelegt. Als neues Baugebiet war das Gelände zwischen Bruchsaler Straße und Burgweg vorgesehen, die heutige Hardt-, Schiller- und Goethestraße.[132] Die Wirtschaftskrise verhinderte eine schnelle Nutzung. Und in den 1930er Jahren wurde erst ein anderer Bereich bebaut: westlich der Kirche, die heutige Wiesenstraße und der Gartenweg sowie Teile der Dörnig- und Zeiligstraße.[133]

Unmittelbar nach dem Krieg hielt sich die Neubautätigkeit aufgrund der katastrophalen Verkehrs- und Materialverhältnisse nur in bescheidenstem Rahmen. Im ersten Nachkriegsjahr konnten im gesamten Landkreis Bruchsal nur 306 Neubauten erstellt werden! Und bis 1950 änderte sich daran nur wenig. Eine Zäsur bedeutete dann das erste Wohnungsbaugesetz vom 24. April 1950, das sich in seinem § 1 das Ziel setzte, *dass innerhalb von 6 Jahren möglichst 1,8 Millionen Wohnungen* geschaffen werden. Großzügige öffentliche Förderungen wurden in Aussicht gestellt, aber nur bei – aus heutiger Sicht – bescheidenen Bauvorhaben. § 17 legte nämlich fest, dass *die Wohnfläche der öffentlich geförderten Wohnungen ... höchstens 65 Quadratmeter betragen soll.*

126 Vgl. meinen Beitrag „Verwaltung in chaotischer Zeit: Das Landratsamt Bruchsal 1945 bis 1955" in: Bernd Breitkopf (Bearb.), 140 Jahre kommunale Selbstverwaltung im Landkreis Karlsruhe. Ubstadt-Weiher 2003, S. 339-342.

127 GAF B 73.

128 GAF A 1726.

129 GAF A 1635.

130 Berechnung vom 19. März 1947 für das Landratsamt, GAF A 1217.

131 GAF A 1244.

132 GAF A 5.

133 GAF A 237.

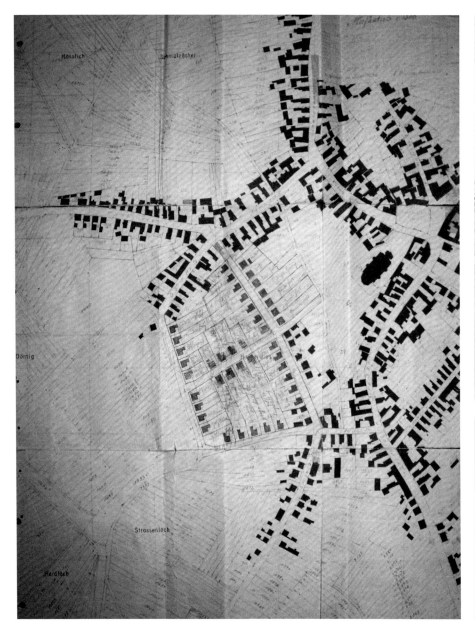

Ein Anfang der 1940er Jahre entstandener Ortsplan zeigt das damalige Neubaugebiet. – Neubauten an der Wiesenstraße (ganz im Hintergrund rechts ist ein Stück des alten Gasthauses „Rose" zu sehen). – Der Name „Wiesenstraße" war zeitweise wörtlich zu nehmen. Es präsentieren sich Friedbert (rechts) und Richard Schneider mit ihrer kleinen Schwester Gertrud und ihrer Cousine Margot, im Hintergrund beobachtet von ihrer Großmutter Ida Schneider.

Nachdem schon 1948/49 von der gemeinnützigen Siedlungsgesellschaft „Neue Heimat" in der Hardtstraße sieben Doppelhäuser mit insgesamt 14 Wohnungen gebaut worden waren, folgten 1952 und 1956 in der Kronauer Allee noch einmal jeweils acht Doppelhäuser mit insgesamt 32 Wohnungen.

Ging es bis dahin von Seiten der Gemeinde darum, nur reaktiv dem dringendsten Bedarf abzuhelfen, erfolgte seit Mitte der 1950er Jahre eine Umorientierung hin zu einer offensiven, systematisch die Gemeindevergrößerung betreibenden Siedlungspolitik. Fortan

Bevölkerungszahlen seit dem Jahr 1900[134]

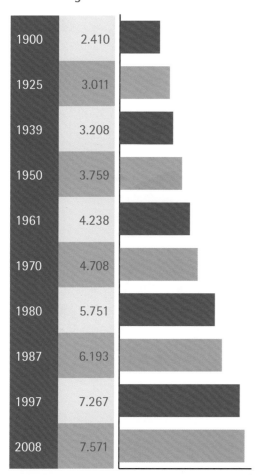

Jahr	Einwohner
1900	2.410
1925	3.011
1939	3.208
1950	3.759
1961	4.238
1970	4.708
1980	5.751
1987	6.193
1997	7.267
2008	7.571

standen für Jahrzehnte das Wachstum des Gemeindegebiets und die Zunahme der Bevölkerungszahlen in engem Wechselverhältnis.

Zwei Anmerkungen zur nebenstehenden Tabelle dürfen jedoch nicht fehlen. Zum einen bedarf es kaum besonderer Betonung, dass nur das Wenigste des Bevölkerungswachstums ‚hausgemacht', das heißt auf eigene Geburtenüberschüsse zurückzuführen ist – selbst wenn in einem Jahr wie 1982 nicht nur 73 Geburten 42 Sterbefälle deutlich überwogen, sondern auch diese Geburtenbilanz von +31 größer war als der Wanderungsgewinn von nur 13 Personen. Das Gros der Zunahme war trotzdem auf Wanderungsgewinne zurückzuführen, das heißt darauf, dass (fast) jedes Jahr mehr Menschen nach Forst zogen als wieder wegzogen.

Zum anderen ist jedoch gerade diese Mobilität das eigentlich Erwähnenswerte. Im Jahr 1982 zogen nämlich nicht einfach nur 13 neue Bürgerinnen und Bürger nach Forst – es waren insgesamt sogar 312, denen aber andererseits 299 Wegzüge gegenüberstanden. Auch in dieser Hinsicht war 1982 ein Stück weit ein Ausnahmejahr, denn ansonsten sind viel mehr Zu- und Wegzüge zu konstatieren. Die bisherigen Spitzenwerte wurden 2002 verzeichnet. Da gab es bei 725 Zu- und

Von Zeilig- und Dörnigstraße war noch nicht viel zu sehen, da waren bereits die ersten Häuser gebaut. Das langgestreckte Gebäude war von Hermann Wiedemann 1956 zur Fabrikation von Kunststeinen (für Fensterbänke, Treppenstufen, Gehwegplatten u. ä.) gebaut worden. Die Fabrik wurde bis etwa 1970 betrieben. Im Vordergrund ist der Rand des Betriebsgeländes der ITAG zu sehen.

134 Für die Jahre 1900-1970: Chronik, S. 537, danach: LIS.

„Westlich der Mozartstraße" in den frühen 1970ern – im Hintergrund Häuser der Ubstadter Straße.

549 Wegzügen einen Wanderungsgewinn von 176 Personen.[135]

Ein ganz neuer Ortsteil entstand, als seit 1957 das Neubaugebiet Dörnig-Straßenloch erschlossen wurde, das am Ende auf einer Fläche von 11,8 Hektar 152 Bauplätze aufwies. Vom späteren Vorgehen war man damals allerdings noch weit entfernt. Im Prinzip erfolgte eigentlich nur die Festlegung von Straßenverläufen und Grundstücksgrenzen. Dann konnte mit dem Hausbau begonnen werden. Der Ausbau der Straßen erfolgte erst später – schließlich mussten weder Wasser-, noch Abwasserrohre verlegt werden und die Stromleitungen wurden oberirdisch verlegt.

Beim nächsten Baugebiet war dies schon ganz anders. Nun war nach der Planung auch das Verlegen der Wasser- und Abwasserrohre in die Straßen Voraussetzung, um mit der Hausbebauung beginnen zu können. 1966 wurden im Gewann Birkig-Nord zunächst eher zögernd nur 58 Bauplätze erschlossen; schon 1968 erfolgte jedoch die Planfeststellung für das gesamte Birkig-Gebiet, das auf weiteren fast 19 Hektar Fläche noch einmal 169 Bauplätze bereitstellte. Hinzugefügt werden muss jedoch, dass erste Bebauungsanfänge bis in das Jahr 1950 zurückreichen, als an der Kronauer Allee die ersten Siedlungshäuser geplant wurden.[136]

Die Grenzen des Wachstums waren damit jedoch noch nicht erreicht. Fast nahtlos wurde mit dem nächsten Baugebiet weiter gemacht, das als „Nahe Igenau – westlich der Mozartstraße" im Juni 1968 vom Landratsamt genehmigt wurde. Zunächst waren auf 6,64

Hektar Fläche nur 50 Häuser mit 91 Wohnungen für 373 Einwohner geplant,[137] dann folgte eine Erweiterung nach Westen, so dass ab 1971 die 12,3 Hektar große Fläche zwischen Weiherer Straße und Frieden- und Mozartstraße mit 89 Bauplätzen gefüllt wurde.

Innerhalb von fünf Jahren waren damit 316 Bauplätze geschaffen worden, die Platz für mehr als tausend neue Einwohner schufen. Aber damit war es noch nicht genug. Noch einmal wurde das Tempo verschärft. Schon 1974 folgte die Planfeststellung zum Baugebiet Schmalzäcker-Bukloch, das auf einen Schlag die Vorgaben der letzten Jahre fast verdoppelte: Fast 26 Hektar Fläche wurden auf 252 Bauplätze verteilt. Damit waren innerhalb eines knappen Jahrzehnts mehr als 60 Hektar Fläche in Straßen und 568 Baugrundstücke umgewandelt worden.[138]

Danach musste nahezu zwangsläufig eine gewisse Pause folgen – wenn auch nicht voller Ruhe für die Gemeinde, denn die Vergrößerung des Ortes erzwang förmlich eine Menge Anpassungen, auf die in eigenen Abschnitten eingegangen werden muss: die Erweiterung der Schule, den Ausbau des Kindergartenangebots, die Abrundung der Freizeitgestaltungsmöglichkeiten durch Waldseehalle und Heidesee-Modellanlage.

Das Birkig-Gebiet (mit Blick auf die Rückfront der Wannenstraße) 1966.

135 LIS.
136 GAF A 1648 & A 2013 für die Fortsetzung 1955.
137 GAF A 2021.
138 Chronik, S. 439 & 520.

Seit der zweiten Hälfte der 1970er Jahre wurde das Gebiet Kronauer Allee/ Donaustraße bebaut. Das mittlerweile stark rotstichige Bild links zeigt die Anfänge an der Lechstraße 1975/76.

Im August 1979 inspizieren Ingrid und Günter Kluge mit Brigitte Oberschmidt (Mitte) die Fortschritte beim Neubau der Oberschmidts.

Ende 1982 ist die Bebauung des Gebiets bereits weit voran geschritten. Nur an der Rheinstraße fehlen noch die Gewerbebetriebe.

Die Luftaufnahme von den ersten (Vor)Arbeiten am Zeilich-Gebiet zeigt beeindruckend die Struktur der Straßen. Als die dann fertig waren, schossen die Häuser geradezu aus dem Boden.

139 Die folgenden Daten nach einer Zusammenstellung des Bauamts der Gemeinde.

Als all dies erledigt war, konnte auch wieder an die Erschließung neuer Baugebiete gedacht werden.[139] Die dominanten Projekte, die in ihrer Größenordnung an die Spitzenwerte der 1960er und 1970er Jahre anknüpften, waren die Umlegungen der Gewanne Hardlach und Zeilich. Von vornherein in enger Verbindung geplant, wurden sie jedoch erst im Abstand von fast zwei Jahrzehnten verwirklicht. Das Hardlach-Gebiet zwischen Burgweg und Waldsee, dessen Planfeststellung 1991 erfolgte, schuf auf 12,5 Hektar 194 neue Bauplätze, das Zeilich-Gebiet zwischen Burgweg und Bruchsaler Straße, dessen Bebauung am 1. August 2008 begonnen wurde, 188 Bauplätze auf 10,2 Hektar.

Im Laufe von 40 Jahren hatten sich die Maßstäbe rasant verändert. Während 1968 im Birkig-Gebiet 18,9 Hektar Fläche nur 169 Bauplätze ergaben – im Schnitt standen damals mehr als 1.100 Quadratmeter pro Platz (und zugehöriger öffentlicher Fläche) zur Verfügung –, war es nun mit 542 Quadratmetern nur noch knapp die Hälfte. Verantwortlich waren vor allem die

geradezu explodierten Bodenpreise. Während damals noch mit Quadratmeterpreisen um zehn Mark, also rund fünf Euro, gerechnet wurde, sind es am Anfang des 21. Jahrhunderts rund 250 Euro – eine Steigerung um das Fünfzigfache! In diesem Zusammenhang dürfte nicht uninteressant zu wissen sein, dass das statistische Landesamt für denselben Zeitraum bloß eine Verdreifachung der Lebenshaltungskosten insgesamt berechnet.

Die großen Grundstücke vergangener Zeiten, die noch eine gewisse Garten-Landwirtschaft hatten ermöglichen sollen, boten da ganz neue Chancen zur Baulandgewinnung. Unterstützt wurden derartige Überlegungen durch ein gewisses Umdenken, bei dem der enorme Flächenverbrauch immer neuer Neubaugebiete auch kritisch gesehen wurde. Neben die Ausweisung neuer Baugebiete an Ortsrandlage trat der Versuch, innerörtliche Spielräume zu nützen und durch behutsame Verdichtung den Ortskern aufzuwerten. Keine der Maßnahmen war für sich so spektakulär wie ein großes Neubaugebiet, aber insgesamt brachten die bislang sieben Arrondierungen doch 141 neue Bauplätze und ersetzten dadurch ein zusammenhängendes Neubaugebiet von 10,8 Hektar Fläche. Die wichtigsten Einzelangaben zu ihnen sind der folgenden Tabelle zu entnehmen.

Mit dem Baugebiet „Hirtengärten" ist eine neue Entwicklungsstufe erreicht. Während bislang nur frühere landwirtschaftliche Nutzflächen oder unbebautes Gelände zu Bauplätzen umgeformt wurden, er-

Innerörtliche Neubaugebiete 1981 bis 2007

Jahr der Planfeststellung	Baugebiet	Fläche in Hektar	Bauplatzzahl
1981	Dörnig I (Staren-, Falken-, Drossel- und Amselweg, Adlerstraße)	1,9	28
1983	Festplatz (Zeilig-, St. Georg-, Barbara-Straße)	0,9	14
1986	Im alten Ortsteil III (Jahnstraße)	0,7	12
1997	Waldhornweg	1,32	25
2001	Landsberger Straße	1,05	22
2005	Am See (Weindelsee)	1,8 (+ See 2,8)	26
2007	Hirtengärten (Lange Straße)	3,1	14

folgte erstmals ein Eingriff in die Siedlungsstruktur, wurden im Rahmen des Landessanierungsprogramms bestehende Altbauten abgerissen und die Grundstücke neu zu geschnitten und bebaut. Diesem ersten Schritt werden sicherlich noch weitere folgen müssen.

Schließlich darf nicht vergessen werden, dass bislang nur von neuen Wohngebieten die Rede war. Dies ist insofern berechtigt, als nach dem Zweiten Weltkrieg auf die traditionelle Durchmischung von Wohn- und Gewerbegebieten verzichtet und beide Bereiche fortan klar voneinander geschieden wurden. 1969 wurden auf Gemeinderatsbeschluss die Gewanne Hohenrain, Häßlich und Reitfeld als erstes Forster Gewerbe- und Industriegebiet ausgewiesen. Dank der optimalen Anbindung an die Autobahn war das 27 Hektar große Gelände schon 1973 fast vollständig belegt. Nach verschiedenen Erweiterungen wurde der nächste Schritt erst nach etlichen Jahren vollzogen. Obwohl die Plan-

Durch Abriss mehrerer älterer Gebäude und geschickte Neuaufteilung der Grundstücke wurde das kleine, aber attraktive Wohngebiet „Hirtengärten" mitten im alten Ortskern an der Lange Straße geschaffen.

feststellung schon 1996 erfolgte, dauerte es bis zum Jahr 2006, bis die Erschließung des elf Hektar großen Gewerbegebiets „Schwanenwiese" beendet war.

Weichenstellungen durch neue Bürgermeister

Ein Bürgermeister kann nicht alles bewegen, aber ohne Bürgermeister bewegt sich eigentlich nichts. In den 1950er Jahren lernten die Forster beide Seiten dieser Medaille kennen.

1948 war DVP-Mann Josef Weindel erneut – und diesmal von der Bürgerschaft – als Bürgermeister gewählt worden.[140] 1949 durfte er sogar für seine Partei

Gregor Umhof (7. August 1916–21. Juli 1969).

140 Wahlunterlagen sind keine mehr vorhanden. Den BNN ist nur zu entnehmen, dass es eines zweiten Wahlgangs bedurfte, in dem sich Weindel mit 1.171 von 1.898 Stimmen durchsetzte (Ausgabe vom 26. Februar 1948).
141 GLA 344/4225.

für den Bundestag kandidieren. Schon bald gab es jedoch erhebliche Spannungen zwischen ihm und dem Gemeinderat. Mehrere Strafprozesse kamen hinzu und am Ende entkam er der Dienstenthebung vor allem durch Rücktritt zum 1. Dezember 1953.[141]

Unter dem 1954 erstmals gewählten Gregor Umhof begann sich alles zu ändern. Selbstverständlich wurde er von sehr viel günstigeren Zeitumständen unterstützt. Die Not des Nachkriegs wurde durch einen nie da gewesenen wirtschaftlichen Aufschwung abgelöst. Das machte sich auch in Forst bemerkbar. Endlich konnte in größerem Ausmaß investiert werden – eine der ersten Maßnahmen war der Aufbau der zentralen Wasserversorgung. Aber Umhof selbst war auch zupackend und verstrickte sich nicht in alle möglichen Querelen. Ende 1961 wurde ihm dies durch ein überzeugendes Ergebnis bei der Wiederwahl (nun auf zwölf Jahre) durch die Bürgerschaft honoriert.

Die Projekte wurden immer größer und zahlreicher. Unter Umhof wurde mit dem Bau der Kanalisation begonnen, große Baugebiete erschlossen, die neue Schule geplant. Viel durchführen konnte er davon allerdings nicht mehr. Er verstarb überraschend am 21. Juli 1969.

Aber Forst hatte Glück: Umhofs Nachfolger setzte die begonnene Erfolgsgeschichte fort.

Die Entstehung der Forster „Seenplatte"

Letztlich könnte man bis in graue Vorzeiten zurückgreifen, in denen durch die Kraft urzeitlicher Riesengewässer die Voraussetzungen der „Bodenschätze" der Rheinebene geschaffen wurden, die großen Kies- und Sandablagerungen. Dann wäre auf die erste Etappe ihrer Ausbeutung einzugehen, jene Zeiten, in denen vor allem Sand für den Hausbau abgegraben wurde. Sicher begann man damit schon lange vor dem Ersten Weltkrieg, als der Fachwerkbau durch festes Mauerwerk ersetzt wurde, für dessen Mörtel eben Sand erforderlich war. Aber letztlich bliebe das doch alles Vorgeschichte, weil bis zum Ende des Zweiten Weltkriegs

Ehrenbürger Bürgermeister a. D. Alex Huber

Aus der Rückschau betrachtet, konnte es eigentlich gar nicht anders kommen: Zielstrebig marschierte der am 24. November 1941 in der Schwanenstraße 18 geborene Alex Huber auf das Amt des Forster Bürgermeisters zu. Nach dem Abschluss der Schule begann er am 1. April 1956 als Lehrling bei der lokalen Verwaltung. Nach seinem Wehrdienst absolvierte er aufbauend die Ausbildung für den mittleren Verwaltungsdienst und wurde 1965 Ratschreiber seiner Gemeinde. Sein Diplom als Verwaltungswirt (FH) erhielt er schließlich am 12. April 1966. Mittlerweile hatte er Ursula Brückel geheiratet, und nach der Geburt von Tochter Karin (1966) folgte 1974 Sohn Ulrich.

Seine große Chance erhielt Alex Huber durch den überraschenden Tod von Bürgermeister Gregor Umhof. Obwohl sich insgesamt acht Kandidaten um Umhofs Nachfolge bewarben, wurde der Forster Ratschreiber am 12. Oktober 1969 bereits im ersten Wahlgang mit eindrucksvollen 58,8 Prozent der Stimmen zum neuen Forster Bürgermeister gewählt. 1977 und 1985 wurde er jeweils nachdrücklich in seinem Amt bestätigt. Ein Gegenkandidat hatte sich gar nicht erst gefunden.

Zu einer echten Wahl kam es erst am 22. Juli 1993, als der Fraktionsvorsitzende der Freien Wähler im Gemeinderat, Reinhold Gsell, den amtierenden Bürgermeister herausforderte. Bei einer Wahlbeteiligung von fast 70 Prozent sammelte er zwar 1.339 Stimmen, dies genügte jedoch nicht, um den Sieg Hubers mit 2.065 Stimmen in Frage zu stellen. Vor diesem Hintergrund wurde die Wahl am 5. August 2001 mit besonderer Spannung erwartet, weil Alex Huber sich um eine fünfte Amtszeit bewarb und Reinhold Gsell sich erneut als Alternative präsentierte. 3.631 der 5.595 Wahlberechtigten (65 Prozent) gaben daraufhin ihr Votum ab. Nur 27 wichen der Entscheidung aus, indem sie ungültig oder für einen sonstigen Namen stimmten. Für Huber votierten allerdings nur noch 1.760 Wählerinnen und Wähler, für Gsell dagegen 1.844.[142]

Die Leistungen, die Huber in 32 Jahren als Bürgermeister für Forst erbrachte, vermag dies jedoch nicht zu schmälern. Mit großem Einsatz hatte er dafür gesorgt, dass die selbständig gebliebene Gemeinde sich zu einem prosperierenden Arbeits- und Wohnort von hoher Lebensqualität entwickelte. Waldseehalle und Heidesee-Gelände, Jägerhaus und Gemeindebücherei sowie vieles andere wurden während seiner Amtszeit auf- und ausgebaut. Mehr als 130 Millionen D-Mark (rund 70 Millionen Euro) wurden investiert, ohne dass dabei die Schulden der Gemeinde wuchsen. Obwohl sich zwischen 1970 und 1999 das Volumen des Gemeindehaushalts gut verzehnfachte, sank die Verschuldung sogar leicht von 3,7 auf 3,3 Millionen Mark. Aber nicht nur bei den Finanzen, sondern auch bei seiner Personalpolitik bewies der Bürgermeister eine glückliche Hand. Die Hauptamtsleiter, die er berief, waren so qualifiziert, dass fast alle irgendwann selbst in einer anderen Gemeinde zu Bürgermeistern gewählt wurden, und neue kommunale Institutionen wie Musikschule und Gemeindebücherei verdankten ihr Profil nicht zuletzt der Qualität der von ihm ausgewählten Führungspersonen.

Nimmt man hinzu, dass er nicht nur im Kreistag vertreten war (seit 1971), sondern auch noch als Aufsichtsratsvorsitzender der lokalen Raiffeisenbank fungierte (ebenfalls seit 1971), sich beim baden-württembergischen Gemeindetag engagierte, Mitglied weiterer Gremien war und seit 1979 auch noch den Vorsitz bei der Lebenshilfe Bruchsal-Bretten inne hatte, ist klar, dass eine ganze Reihe von Ehrungen nicht ausbleiben konnte: 1988 erhielt er das Bundesverdienstkreuz, 1989 die Ehrenmedaille des Gemeindetags Baden-Württemberg, 1991 die Stauffermedaille des Landes Baden-Württemberg und gleich nach seinem Ausscheiden als Bürgermeister die Ehrenbürgerwürde seiner Heimatgemeinde.

142 Alle Ergebnisse nach den der Wahl folgenden Mitteilungsblättern.

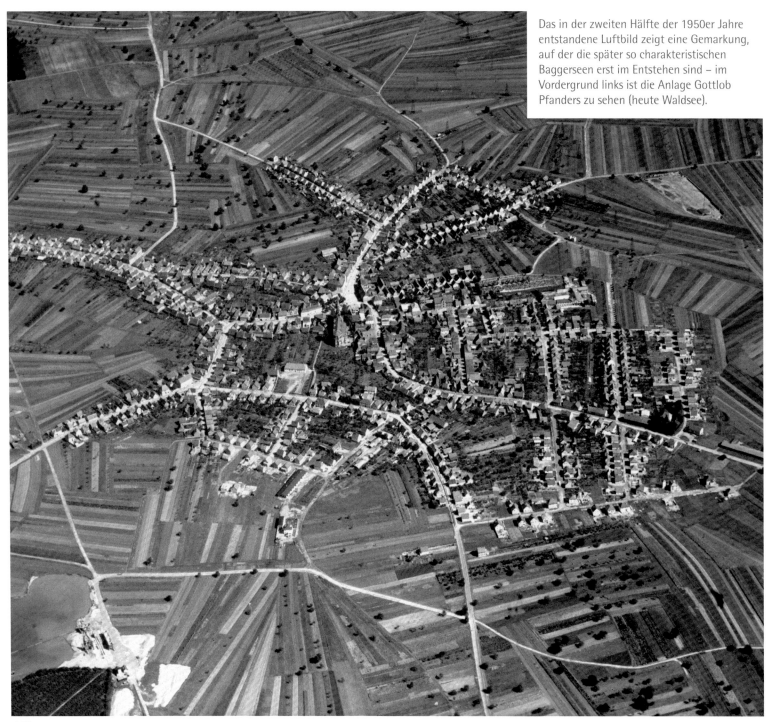

Das in der zweiten Hälfte der 1950er Jahre entstandene Luftbild zeigt eine Gemarkung, auf der die später so charakteristischen Baggerseen erst im Entstehen sind – im Vordergrund links ist die Anlage Gottlob Pfanders zu sehen (heute Waldsee).

noch keiner der Forster Seen entstanden war. Die älteren „Sandbauern" hatten mit einfachsten Methoden ausschließlich Trockenabbau betrieben: Mit bloßer Muskelkraft und Schaufeln war man nicht in der Lage tiefer als bis zum Grundwasser vorzudringen. Dann musste man die Arbeit einstellen. Der zuvor beiseite geschaffte Mutterboden wurde wieder aufgetragen und das Gelände konnte weiter landwirtschaftlich genutzt werden.

Nach dem Zweiten Weltkrieg knüpfte man zunächst wieder an die alten Verhältnisse an. Am 27. März 1946 bat Otto Hintermayer (Ubstadter Straße) das Landratsamt um die Erlaubnis zur *Weiterführung meines elterlichen Sand- und Kiesgeschäftes mit Fuhrbetrieb, das mein Vater Heinrich Hintermayer seit dem Jahr 1900 in Forst betreibt.* Wenig später, am 1. November, folgte ihm Hermann Schrag (Wolfrainstraße), der diese Arbeiten 1935/36 begonnen hatte. Auch er arbeitete ohne Hilfskräfte und unter Verzicht auf „mechanische Ausbaggerung" nur mit der Schaufel. Bis zum Jahr 1949 waren wieder sieben Sandgrubenbesitzer aktiv: neben Schrag und Hintermayer die Gebrüder Böser (Burgweg 1), Ludwig Böser (Langestraße), Heinrich Diehl (Wiesenstraße), Heinrich Laier (Ubstadter Straße) und Anton Umhof (Hambrücker Straße).[143]

Der Bauboom der 1950er Jahre sorgte für eine völlig neue Situation. Es war geradezu hoffnungslos, den wachsenden Bedarf per Schaufel decken zu wollen. Größere Investitionen und Maschineneinsatz waren erforderlich. Ein Stück weit muss Goldgräberstimmung geherrscht haben, obwohl es doch nur um Sand und zunehmend um Kies ging. Das hatte eine wachsende Unübersichtlichkeit zur Folge. Da gab es jene wie Otto Böser, die noch immer wie in alten Zeiten etwas Sand oberhalb des Grundwassers abgraben wollten, ordnungsgemäß einen Antrag stellten und dies auch ohne weiteres genehmigt bekamen.[144] Dann gab es jene, die zwar Anträge stellten, ihre Genehmigung aber nicht abwarteten oder auch ganz ohne Antrag einfach losarbeiteten. Und schließlich sind auch noch jene zu nennen, die in neue Dimensionen hineinwuchsen. Zu ihnen gehörte Thomas Blumhofer (Schwanenstraße 10). Sein

Antrag vom 14. Mai 1951 sah bereits die Ausbeutung von etwa 2 ½ Hektar Fläche im Gewann Haide „mit Schaufel und einem Schrapper" bis in 10–15 Meter Tiefe vor. Mit der Auflage, das dadurch entstehende Loch am Ende wieder aufzufüllen, wurde ihm dies bereits am 4. Oktober 1951 genehmigt. Der Folge-Antrag vom 3. Januar 1954, bei dem es um eine Erweiterung der Fläche auf sechs Hektar ging, wurde sogar schon am 20. März jenes Jahres genehmigt.

Gleich zwei Sand- und Kiesgruben betrieb Heinrich Diehl: die eine im Gewann Häßlich an der Hambrücker Straße, die andere am Gewann Hardlach am Burgweg. Diese Grube wurde später tatsächlich wieder zugeschüttet, so dass das Gelände landwirtschaftlich genutzt werden konnte. Später wurde es in die Neuanlage der B 35 einbezogen.

Noch Anfang der 1950er Jahre war das Sand- und Kiesgeschäft fest in der Hand einheimischer Unternehmer. Als die Besigheimer Firma Pfander aktiv werden wollte, stieß sie am 18. September und 7. Oktober 1952 auf die einhellige Ablehnung des Gemeinderats. Doch lange war dies nicht mehr aufrecht zu erhalten. Gottlob Pfander erhielt am 10. Juli 1953 vom Landratsamt eine erste Genehmigung, im Gewann Maiäcker bis maximal fünf Meter unter den Grundwasserspiegel zu baggern.

Als nächstes auswärtiges Unternehmen durfte das Neulußheimer Sand- und Kieswerk Walther hart an der Gemarkungsgrenze zu Bruchsal Ende 1954 mit den Abbauarbeiten beginnen. Sie übernahm die ehemalige Sandgrube Ludwig Bösers. Die schon bald beantragte Erweiterung wurde zwar vom Landratsamt verweigert, weil man eine zu große Beeinträchtigung der Landwirtschaft befürchtete, die Firma gewann jedoch das deswegen angestrengte Verwaltungsgerichtsverfahren.

Allmählich waren die Schattenseiten aber nicht mehr zu übersehen. Fast alle Unternehmen kollidierten immer wieder mit den Auflagen der Behörden. Für den Pfanderschen Betrieb brachte dies ein frühes Aus. Am 17. August 1957 war noch Antrag gestellt worden, die Förderfläche ungefähr verdoppeln und bis in 25 Meter Tiefe ausbaggern zu dürfen. Obwohl das Landratsamt

143 Liste vom 20. September 1949 GAF A 1177; die beiden Anträge in KAK 514/1994/10/2.198 bzw. 11.098.
144 KAK 514/1994/10/2.191.

Im Luftbild von 1977 sind die Baggerseen noch deutlich als solche wahrzunehmen. Die große Zeit der Renaturierung begann erst anschließend. Der größte Teil der Kronauer Allee war damals noch ein Feldweg.

die Genehmigung verweigerte, ehe frühere Auflagen erfüllt wären, wurde der Betrieb fortgesetzt. Am 9. Juni 1958 erfolgte die Stilllegung durch die Polizei. Als im April 1959 der Verwaltungsgerichtshof das Vorgehen des Landratsamts für rechtmäßig erklärte, zog sich Pfander aus Forst zurück und hinterließ den ersten Baggersee, den heutigen Waldsee.[145]

Auch Otto Hintermayer ging immer wieder bis an die Grenzen des Erlaubten und auch darüber hinaus. Dies zeigte sich vor allem nach seinem Tod 1961, als seine Frau Maria und sein Sohn Walter das Geschäft weiterführten. Schon 1958 wurde festgestellt, dass im Gewann Heide Kies gebaggert wurde, obwohl der Antrag von 1955, Sand „von Hand" abzugraben noch gar nicht genehmigt war. 1962 wurden die Arbeiten von der Bruchsaler Firma Emil Philipp in einer Weise betrieben, dass das Badenwerk seine Strommasten gefährdet sah.[146]

Die größten Probleme mit dem Hintermayerschen Betrieb gab es jedoch bei der Kiesgrube am Roten Weg, ganz in der Nähe des heutigen neuen Friedhofs. Nachdem der Beginn der Arbeiten im September 1954 aktenkundig geworden war, wurde ein entsprechender Antrag erst ein Jahr später gestellt. Seine Genehmigung dauerte bis Januar 1959. Die Arbeiten waren unterdessen weiter gegangen, und sie wurden auch über das erlaubte Maß hinaus fortgesetzt. Wieder gab es – 1968 – eine nachträgliche Genehmigung. 1970 wurde schließlich die definitive Einstellung des Betriebs gefordert, weil erneut das Erweiterungsgebiet überschritten worden war und immer näher an den geplanten Friedhof heranrückte. Erst nach längerem Hin und Her gab Hintermayer nach und füllte seine längst zum kleinen See ausgebaute Grube wieder auf, so dass das Gelände bis heute von der Gärtnerei Klostermeier genutzt werden kann.[147]

Im Nachhinein ist es nicht mehr nachzuvollziehen, wieso Emil Bühler in den 1950er Jahren das Schicksal Pfanders verhindern und bis Ende der 1960er Jahre arbeiten konnte. Bühler hatte Anfang 1954 die Blumhofersche Kiesgrube im Gewann Haide übernommen. Von Anfang an stand er unter schärfster Kritik. Schon am 3. Juni jenes Jahres beklagte sich das Forstamt über die Verletzung mehrerer Auflagen – unter anderem war

der für das zugesagte Auffüllen notwendige Abraum weggeschafft worden, der Abstand zum Wald wurde nicht eingehalten und immer wieder wurde auch nachts gearbeitet. Bürgermeister Umhof selbst brachte am 16. Dezember 1954 einen Fall zur Anzeige, in dem ein LKW noch nachts um 1 Uhr beladen wurde.

Dabei waren die Spielräume für Bühler weit gesteckt: Es war ihm erlaubt, täglich von 6 bis 20 Uhr den geförderten Kies abzufahren. Der Weg führte damals durch das noch unbebaute Gewann Birkig bis auf die Schwanenstraße und über diese und den Burgweg zur B 35. Die Lärmbelastung der Anwohner durch die ratternden „Kiesbomber" war beträchtlich.

Schließlich wurde Bühler auch nachgewiesen, dass er bis zwölf Meter unter den Grundwasserspiegel gebaggert hatte, obwohl ihm nur fünf Meter erlaubt waren. Juristische Konsequenzen hatte dies nicht: Die Tatzeit war nicht nachweisbar, und so griff die Verjährungsfrist von nur drei Monaten.

In der zweiten Hälfte der 1960er Jahre konnte Bühler seine Abbaufläche drastisch vergrößern. Entsprechende Genehmigungen wurden jährlich erteilt: am 20. August 1965, am 20. Juli 1966, am 20. Februar 1967 und am 20. Mai 1968. Zunächst hatte Bühler noch die Auflagen, die Thomas Blumhofer erteilt worden waren, erfüllt und und ausgeräumte Baggerloch-Teile aufgefüllt. Noch 1965 und 1966 ging er ähnliche Verpflichtungen ein. Dann wurde allerdings umdisponiert. An die Stelle des Auffüllens trat ein Rekultivierungsplan. Nach der Pleite Bühlers übernahm die Gemeinde 1977 den See und seine Umgebung und formte daraus in den folgenden Jahren den Freizeitpark „Heidesee".

Freizeitpark „Heidesee"

Das Bühlersche Baggerloch sollte nicht nur notdürftig für den Badebetrieb hergerichtet, sondern zum attraktiven überregionalen Freizeitpark ausgestaltet werden. Dafür wurde als erstes im Jahre 1978 ein Badepavillion gebaut, um die hygienischen Probleme zu lösen: Neben Umkleidekabinen, Duschen und WCs enthielt er

145 KAK 514/1994/10/2.195 & 2.196.
146 KAK 514/1994/10/11.098 & 2.194.
147 KAK 514/1994/10/11.098.

Forst / Baden Kr. Karlsruhe

Freizeitpark Heidesee

Waldsee

Waldseehalle

Planschbecken im Fzp. Heidesee

Rathaus

Vogelpark

auch die Wasseraufbereitungsanlage für das neue Kinderplanschbecken. Im folgenden Jahr wurde das Regiegebäude – ebenfalls als Rundbau – am Beginn des Sees errichtet, das nicht nur die Zahl der Umkleiden, Duschen und WCs vergrößerte, sondern auch Räumlichkeiten für eine Sauna, eine Diskothek und ein Café zur Verfügung stellte. Im Außenbereich kamen eine Minigolfanlage, verschiedene Spielfelder und vor allem eine Großwasserrutsche hinzu. Rechtzeitig zum Beginn der Badesaison 1980 wurde der gesamte Freizeitpark im Juni 1980 eröffnet.

Die Kosten, die die Gemeinde für die gesamte Unternehmung zu bewältigen hatte, waren beträchtlich und beliefen sich auf knapp 10 Millionen Mark (5,2 Mio. Euro). Allerdings konnten erhebliche Zuschüsse eingeworben werden. Aus Landesmitteln für die Fremdenverkehrsförderung wurden allein 1,5 Millionen Mark zur Verfügung gestellt. Insgesamt kamen fast 2,5 Millionen Mark (1,2 Mio. Euro) zusammen.

Mit dem neuen Freizeitpark wurde auch gleich auf einer Postkarte geworben.

Als besondere Attraktion wurde eine Großwasserrutsche errichtet. Nur aus der Luft zeigt sich ihre wahre Imposanz: Aus zehn Meter Höhe schlängeln sich zwei 99 Meter lange Bahnen zum Auffangbecken. Wer es rasanter will, kann in sechs Metern Höhe die 27 Meter lange Speedbahn besteigen, auf der Geschwindigkeiten von 10–12 Metern pro Sekunde (d. h. bis zu 40 km/h) erzielt werden. (Aufnahme frühe 1980er Jahre)

Sondertilgungen ermöglichten dann eine rasche Reduzierung der aufgenommenen Darlehen.

Der Erfolg des Freizeitparks übertraf zunächst alle Erwartungen. Zu Spitzenzeiten Mitte der 1980er Jahre wurden mehr als 10.000 Tagesbesucher gezählt, mehrfach kamen so mehr als 100.000 Saisonbesuche zusammen. Auch die „Beach Club"-Discothek im Regiegebäude entwickelte sich zum Besuchermagneten.

Probleme blieben jedoch nicht aus. Neue Auflagen der Gesundheitsbehörden erzwangen bereits 1992 kostspielige Nachbesserungen bei der Großrutsche. Schon zuvor hatten sich verschiedene Probleme im ökologischen System gezeigt, die nur durch Einbau einer – damals ziemlich umstrittenen – Tiefenwasserbelüftungsanlage gelöst werden konnten. Die nachlassende Attraktivität der Discothek war durch solche Maßnahmen nicht zu beseitigen. Letztlich wurde das ganze Projekt aufgegeben und die Räumlichkeiten nach ein paar Jahren für den Gaststättenbetrieb umgebaut. Ob er sich finanzieren wird, muss sich noch zeigen. Mit der Gesamtanlage ist jedenfalls kein Geld zu verdienen (worauf noch eingegangen wird[148]). Sie muss als Beitrag zur Steigerung der kommunalen Lebensqualität betrachtet werden.

Waldseehalle, Modellanlage „Waldsee" und Waldseestadion

Musste alles so kommen, wie es gekommen ist? Der neugierige Blick in die Vergangenheit fördert immer wieder Überraschungen zutage. Manches hätte sich nämlich auch ganz anders entwickeln können. Lange wurde erwogen, nicht den Heidesee, sondern den heutigen Waldsee zum Badesee auszubauen. 1962 und 1964 wurden sogar detaillierte Pläne ausgearbeitet, die ein großes Sportzentrum an der Hambrücker Straße vorsahen – von den Sportplätzen am Ortsausgang Richtung Hambrücken bis zum Schwimmbad um den Waldsee.[149]

In den 1970er Jahren erfolgte dann die Umorientierung: nicht der Waldsee, sondern der Heidesee sollte zum Bad ausgebaut werden. Dafür kam eine große

Die Waldseehalle nach der Renovierung 2003/04.

Mehrzweckhalle am Waldsee ins Spiel. Im Juli 1974 wurde mit den Planungen für die spätere Waldseehalle begonnen, am 15. Dezember 1975 wurden die Pläne genehmigt und die Arbeiten begonnen. Kaum neun Monate später war der aus ca. 380 Einzelfertigteilen konstruierte Rohbau bereits fertig gestellt. Die Einweihung erfolgte am 3. Juni 1977.[150]

Das 68 x 57 Meter große Gebäude enthält eine Sporthalle mit 1.269 qm Fläche, die für rund 2.000 Sitzplätze bestuhlt werden kann. Die Gesamtkosten (mit Einrichtung) betrugen gut vier Millionen Mark (2,3 Mio. Euro), wovon fast 1,5 Millionen durch verschiedene Zuschüsse gedeckt werden konnten. Vom Rest wurde die Hälfte mit enorm günstigen Krediten finanziert (für den größeren Teil mussten nur zwei Prozent Zinsen gezahlt werden), die zweite Hälfte brachte die Gemeinde aus Eigenmitteln auf.

Die Außenanlage, zu der auch ein Parkplatz mit fast 400 Stellplätzen zählt, verschlang allerdings noch einmal fast zwei Millionen Mark (rund eine Million Euro).

Jahrzehnte lange intensive Nutzung durch Vereine, Schulen und Großveranstaltungen (vor allem zur Faschingszeit) sowie zuletzt ein Brand im Gastronomiebereich hinterließen tiefe Spuren, die zu Beginn des 21. Jahrhunderts zu aufwändigen Sanierungsarbeiten zwangen. 2003/04 wurde die Halle monatelang fast

148 Vgl. S. 115.
149 GAF A 1423 & 1424.
150 Statistisches Handbuch der Gemeinde, Manuskript beim Hauptamt.

1995 war man noch davon überzeugt, im Stadion Fußballplatz und Laufbahnen miteinander verbinden zu müssen. Mittlerweile geht der Trend eindeutig Richtung Trennung.

151 Statistisches Handbuch.

Der Waldsee ist im Winter vielleicht noch idyllischer als zu den anderen Jahreszeiten.

völlig entkernt und geradezu rundum erneuert. Insgesamt waren dafür fast 4,3 Millionen Euro aufzuwenden – viel mehr als der Neubau gekostet hatte und ohne dass es dafür Zuschüsse gegeben hätte (wenn man die Versicherungsleistungen für den Brand nicht als solche betrachten möchte). Immerhin war der zuvor gezogene Kostenrahmen nur wenig überschritten worden.

Nach und nach wurde nach dem Bau der Halle ihre Umgebung immer mehr zur „Modellanlage" erweitert, die vielfältige sportliche Nutzungsmöglichkeiten bereitstellen sollte. Ein Trimm-Dich-Pfad war nur eine Modeerscheinung. Längeren Bestand hatten der Kinderspielplatz, das Kunststoffkleinspielfeld und ein Erdhügel mit Rollschuh- und Skateboardbahn sowie vor allem eine großzügige Tennisanlage mit fünf Plätzen. Weitere drei Plätze fügte der neu gegründete Tennisclub hinzu. Die Tennishalle mit drei Spielfeldern ließen schließlich auf einem von der Gemeinde in Erbpacht abgetretenen Gelände von Mai bis Oktober 1986 Bernd und Manfred Sauter errichten.

Namensgebendes Zentrum des Ganzen war und blieb jedoch das rund 3 ½ Hektar große und über 18 Meter tiefe von der Firma Pfander hinterlassene Baggerloch, das nun mit renaturierten Ufern und einem gut 800 Meter langen Uferrandweg versehen den Namen „Waldsee" erhielt. Seit 1982 ist das idyllische Gewässer an den Angelsportverein verpachtet.

Den größten Aufwand nahm die Gemeinde jedoch auf sich, um den gesamten Sportbereich durch ein zeitgemäßes Stadion zu ergänzen.[151] Nach ersten Überlegungen im Oktober 1991 wurde mit der Ausführung des Projekts im Frühjahr 1993 begonnen. Gut zwei Jahre dauerte es, bis die umfangreichen Tief- und Hochbauarbeiten abgeschlossen waren. Vom 16. bis 18. Juni 1995 wurde das neue „Waldseestadion" eingeweiht.

Das Stadion umfasst nun den zentralen Rasenplatz umgeben mit sechs Kunststofflaufbahnen sowie drei weitere Rasenspielfelder. Ergänzt wird es durch eine Tribünenanlage sowie den Sanitärtrakt, an den zwei große, fächerartige Überdachungen anschließen.

Insgesamt mussten dafür fast drei Millionen Euro aufgewandt werden. Anders als bei der Waldseehalle hielten sich die Zuschüsse mit insgesamt 236.000 Euro in vergleichsweise bescheidenem Rahmen.

Schon den Bau und Ausbau ihrer Sport- und Freizeiteinrichtungen ließ sich die Gemeinde – wie gezeigt – Millionen kosten. Damit hatte es jedoch kein Bewenden. Der Unterhalt all dieser Einrichtungen ist kostspieliger, als wohl so mancher denkt. Die Selbstverständlichkeit, mit der dies in Anspruch genommen wird, sollte zumindest mit dem Wissen um die tatsächlichen Defizite fundiert

Tennisclub „Waldsee"

Jahre bevor Boris Becker durch seinen Wimbledon-Sieg eine ungeheure Tennis-Begeisterung in Deutschland auslöste, fanden sich bereits 30 Tennis-Interessierte am 2. September 1977 zusammen, um die Tennisabteilung Rot-Weiß innerhalb des FC Germania zu gründen. Als ‚Morgengabe' der Gemeinde erhielten sie am 5. Mai 1978 fünf Spielfelder zur Verfügung gestellt. Die genügten aber schon bald nicht mehr, weil die Abteilung nach einem guten Jahr bereits fast 200 Mitglieder zählte. Bis zum Frühjahr 1979 mussten deshalb noch drei weitere Plätze hinzugefügt werden.

Um der anhaltenden Dynamik der Vereinigung besser gerecht zu werden, erfolgte zum 1. Januar 1983 die Verselbständigung zum Tennisclub „Waldsee". Wenig später wurde die überfällige Ergänzung der Plätze mit einem eigenen Clubhaus in Angriff genommen. Am 28. Juli 1984 erfolgte seine Einweihung. Als dann noch 1986 die Tennishalle hinzukam, war für optimale Trainings- und Spielmöglichkeiten gesorgt. Aber nicht jeder erreichte das Niveau von Becker & Graf, so dass die Begeisterung, die dem Verein zeitweise 460 Mitglieder bescherte, auch wieder abflaute. Als 2003 nur noch 141 Mitglieder vorhanden waren, mussten zeitweise sogar drei Plätze stillgelegt werden. Mittlerweile ist auch diese Talsohle Vergangenheit. Heute werden die Farben des Vereins wieder durch vier Mannschaften vertreten: einer Herren- und einer Mixedmannschaft sowie einer Senioren- und einer Juniorenmannschaft.

Als am 24. Juli 2005 nach längerer Pause wieder einmal ein Ortsturnier gespielt wurde, gewannen die „Betonbohrer" mit Kurt Riffel, Hubert Leibold, Karl-Heinz Marder und Imo Gardlo (v.l.). Bürgermeister Gsell (Mitte) freut sich mit ihnen.

sein. Deshalb seien hier nur wenige Zahlen angefügt.[152] Bilanziert man Einnahmen und Ausgaben nach den gesetzlichen Vorgaben, die nicht nur die Berücksichtigung der konkreten Betriebsausgaben vorsehen, sondern auch Abschreibungen für Abnutzung und Verzinsungen der gebundenen Kapitalien, so mussten für das Stadion mit seinen Sportplätzen in den letzten Jahren jährlich um die 200.000 Euro aufgewandt werden – mal nur 180.000 wie 2005 oder 2008, aber auch schon 230- und 235.000 wie 2001 bzw. 2002. Weitaus größer waren die Schwankungen bei der Waldseehalle. In den letzten Jahren haben sie sich jedoch bei einer Größenordnung von gut 400.000 Euro stabilisiert. Auch der Betrieb des Heidesees ist alles andere als kostendeckend. Er verursacht jährliche Defizite zwischen 230.000 (2005) und 360.000 (2003) Euro. Wer (außer dem Kämmerer und den von ihm Informierten) macht sich schon klar, dass die Gemeinde durch den Betrieb nur von Waldseehalle, Stadion und Heidesee jährlich rund eine Million Euro Bilanzverluste erleidet, die ja irgendwie finanziert werden müssen?

152 Auskünfte des Rechnungsamts der Gemeinde.

Von den „Kapitollichtspielen" zur „Filmbühne Forst"

Das Forster „Capitol" wurde am 9. Februar 1950 eröffnet. Die Anzeige stammt aus der „Bruchsaler Rundschau" vom 27. April 1950. Schon 1951 gab es jedoch einen ersten Betreiber-Wechsel. Abgemeldet wurde der Betrieb 1964. Die Anlagen waren aber mindestens noch bis 1971 vorhanden.

Neben dem Kino war das Tanzen eine wichtige Freizeitbeschäftigung. Vorbereitende Kurse wurden von auswärtigen Tanzlehrern im Saal des „Kaisers" abgehalten. Mit Tanzlehrer Rau präsentiert sich ein Kurs beim Abschlussball 1954. Einer der Teilnehmer war Franz Hoffmann (in der mittleren Reihe, zweiter von links).

In der Weimarer Republik und im NS-Staat gab es nur unregelmäßig Filmvorführungen in Forst. Dies änderte sich erst nach dem Zweiten Weltkrieg. Am 17. Dezember 1946 erhielt das „Bruhrain-Wander-Filmtheater" vom Gemeinderat die Erlaubnis einmal wöchentlich Filme in der „Krone" vorführen zu dürfen.[153] Das Angebot scheint gut angenommen worden zu sein, denn schon recht bald bekam Forst in einem anderen Gasthaus-Saal, dem der „Traube" in der Weiherer Straße, sein erstes ständiges „Lichtspieltheater".

Ganz problemlos war der Spielbetrieb jedoch nicht, wie sein Gründer Willy Zimmermann bald erfahren musste. Der heimatvertriebene ehemalige Kinobesitzer hatte mit seiner Frau einen größeren Kredit aufgenommen, um den „Traube"-Saal umzubauen (das Kino bot danach immerhin 296 Sitzplätze) und auch in Forst Filme zeigen zu können. Zunächst schien auch alles gut zu gehen und sein Angebot wurde gut angenommen. Dann kam es jedoch zu immer größeren Konflikten mit Pfarrverweser Löhle, für den nicht nur manche Pro-

gramme, sondern auch schon die Form ihrer Ankündigung anstößig waren. Bezirksamt und Amtsgericht wurden mit dem Streit beschäftigt, ohne dass es zu einer Klärung kam. Selbst das Hamburger Nachrichtenmagazin „Der Spiegel" wurde auf die Angelegenheit in Forst aufmerksam und widmete ihr am 18. April 1951 einen eigenen Artikel. Zimmermann hatte nichts mehr davon. Er hatte bereits aufgegeben und Forst verlassen. Schon am 2. März 1951 eröffnete Nachfolger Werner Hochadel die neue „Filmbühne Forst".[154]

Gruß aus Forst (Baden) — Festhalle zur Traube, Besitzer Rudolf Blumhofer

Das erste Kino wurde im Festsaal der „Traube" (auf der Straßenansicht rechts) an der Weiherer Straße untergebracht.

153 GAF B 73.
154 GAF A 2134 (inklusive des erwähnten „Spiegels"; KAK 514/1994/10/2189.

Neue kulturelle Einrichtungen: Die Musikschule ...

Vielleicht wurde ja auch im alten Gasthaus „Zum Schwanen" in der Schwanenstraße musiziert. Zeitweise fand sich darin dann die erste Diskothek in Forst. Aber schließlich sollte das Gebäude einer gediegeneren musikalischen Nutzung zugeführt werden. Im Mai 1979 wurde es jedenfalls von der Gemeinde erworben und von September 1982 bis September 1983 mit einem Kostenaufwand von rund einer halben Million Mark zur Jugend-Musikschule umgebaut. Der Bruchsaler Jugendmusikschule war Forst bereits am 1. Oktober 1981 beigetreten.

Es hieße die Geschichte zu beschönigen, wollte man die Stürme, die die Institution in den 1980er Jahren zu erleben hatte, unerwähnt lassen. Mehr als eine Krisensitzung musste abgehalten werden, bis die Finanzierung der rasch wachsenden Gesamtinstitution in Form einer Zweckverbandsgründung abgesichert war. Nicht zuletzt war das Überleben der Forster Zweigstelle ihrem engagierten Leiter Karl Kaiser zu verdanken, der dieses Amt im Februar 1987 von Gründungsleiter Heinz Acker übernommen hatte. Acker hatte eine Professur für Musiktheorie an der staatlichen Hochschule für Musik Heidelberg-Mannheim erhalten. Nach fünf Jahren gab Kaiser jedoch die Musikschulleitung auf, um sich mehr seiner Tätigkeit als Flötist widmen zu können

Forsts erste Diskothek war schon ziemlich mitgenommen, als sie 1982/83 zur neuen Musikschule umgebaut wurde.

Im Advent erinnert das von der Kunstklasse der Musikschule gestaltete Treppenhaus des Jägerhauses zeitweise an eine Kathedrale (Aufnahme 26. November 2005).

Klaus Heinrich unterrichtet an der Musikschule, die er seit 1995 leitet, Klavier (hier mit Michel Gramberg, Aufnahme 21. September 2010), daneben ist er begeisterter Chorleiter. Zu seinen markantesten Projekten zählt seit dem Jahr 2001 der Musical-Projekt-Chor mit Mitgliedern aus Musik- und Lußhardtschule. 2010 war dieser mit seinem vollständig selbst produzierten Musical „Magnus Moll und der geheimnisvolle Spiegel" Preisträger bei dem vom baden-württembergischen Kultusministerium ausgeschriebenen Wettbewerb „Junge Künstler braucht das Land".

um das Jägerhaus veranstaltete „Adventszauber" – unterstützt von einer Vielzahl von Institutionen, Gewerbetreibenden und Einzelpersonen der Gemeinde, aber initiiert und immer mehr abgerundet (etwa durch die Bemalung der Jägerhaus-Fenster) durch die Musikschule und ihren Leiter.

... und die Gemeindebücherei

Als am 16. Juni 1991 die Gemeindebücherei ihre Türen in den neuen Räumlichkeiten in der Lange Straße öffnete, begann eine neue Ära für alle Bücherfreunde der Gemeinde. Zwar hatte es schon seit 1970 eine kleine Vorgängerin in der Lußhardtschule gegeben, die nebenamtlich betreuten Bestände wurden aber fast nur von Schülerinnen und Schülern genutzt. Nun wurde alles anders: Großzügig untergebracht und von der genauso engagierten wie sympathischen Bibliothekarin Barbara Hildebrand betreut, war der deutlich erweiterte Medienbestand optimal zu nutzen. Nicht nur Bücher und Zeitschriften standen nämlich nun zur Verfügung, sondern auch Videos und Kassetten, Compact Discs und Spiele. Schon im dritten Jahr wurden bei 13.351 „Medieneinheiten" insgesamt 47.334 Ausleihen verzeichnet, das heißt im Durchschnitt drei bis vier pro Stück!

Grundlage des über die Jahre sich fortsetzenden Erfolgs war, dass die Bücherei von Anfang an keine bloße Buch-Bewahranstalt war, sondern durch ein weit ge-

(zu der auch noch eine Professur für historische Querflöte und Aufführungspraxis an der Hochschule für Musik Frankfurt hinzukam). Nach einer kurzen Zeit unter Michael Ruf wird die Forster Musikschule, die schon 1986 auch um einen Kunstschulzweig erweitert wurde, seit 1995 von Klaus Heinrich geleitet.

Schon lange wird die Existenz der Schule von niemand mehr in Frage gestellt. Mittlerweile unterrichten mehr als 30 Lehrerinnen und Lehrer eine mehr als 300köpfige Schülerschaft – einen beträchtlichen Teil der Forster Jugendlichen.

Der Unterricht bildet zwar die Zentralaufgabe der Schule, ihr Tätigkeitsfeld erschöpft er jedoch nicht. Lehrer und Schüler sind vielfältig in das Musikleben der Gemeinde integriert, geben Konzerte, liefern musikalische Beiträge zu allen möglichen Veranstaltungen, kooperieren mit Chören und Musikverein und überraschen immer wieder durch neue Initiativen. Besonders hervorzuheben ist hierbei der Ende 2001 erstmals rund

Für die heitere Atmosphäre der Bücherei (rechts der Kinderbereich mit der Auszubildenden Hanna Weindel) sorgt vor allem Leiterin Edina Bärwald; Aufnahmen 10. Juni 2010.

spanntes Veranstaltungsprogramm Jung und Alt in immer größeren Zahlen anlockte und sich bald als kulturelles Zentrum etablierte. Da gab es nicht nur die klassischen Lesungen, sondern auch pfiffiges Kindertheater, Workshops, Info- und Bastelabende, im Laufe der Zeit ergänzt durch Vorlesestunden, Lesefrühstücke und kleine Ausstellungen.

Das ambitionierte Programm wurde von Edina Bärwald nahtlos fortgeführt, als Barbara Hildebrand ihren Mutterschafts- und Erziehungsurlaub antrat (und danach Forst verließ). 1996 wurden bei 860 Öffnungsstunden fast 60.000 Entleihungen durch rund 2.500 angemeldete Nutzer registriert. Außerdem wurden bei 24 Veranstaltungen rund 1.500 Besucher gezählt. Damit war ein Niveau erreicht, das in einer Gemeinde wie Forst kaum noch zu steigern war, wie man vielleicht annehmen sollte. Doch nach einer gewissen Stabilisierungsphase setzte sich der Aufschwung fort. Fundiert durch kontinuierliche Aktualisierung und Vermehrung des Angebots (das im Jahr 2002 fast 20.000 und 2010 mehr als 27.000 Einheiten erreichte) begannen Ausleih- wie Besucherzahlen erneut zu wachsen: 2002 65.000 Ausleihen, 2005 fast 70.000, 2010 fast 100.000! Daneben wurden 2010 rund 200 Veranstaltungen bewältigt, davon 90 Vorlesestunden und Leseaktionen.

Immer wichtiger wurden dabei neben vier Mitarbeiterinnen und einer Auszubildenden die mittlerweile 18 ehrenamtlichen Helferinnen. Die Maßstäbe werden jedoch nach wie vor von Büchereileiterin Edina Bärwald gesetzt.

Die Finanzkraft der Gemeinde

Mit einem Haushalt, wie er noch bis Anfang der 1950er Jahre beschaffen war, wären die vielen bereits behandelten (und noch zu behandelnden) Großprojekte der Gemeinde nicht zu finanzieren gewesen. Noch 1953 betrug das Haushaltsvolumen weniger als 200.000 Mark, also kaum 100.000 Euro. Da stellte schon der Aufbau der zentralen Wasserversorgung ein großes Problem dar. In den folgenden Jahren veränderten sich die Verhältnisse jedoch rasant. Bis 1963, also in nur einem Jahrzehnt, hatte sich das Haushaltsvolumen insgesamt rund verzehnfacht! Die nächste Verzehnfachung dauerte zwar fast 25 Jahre – bis 1986, aber insgesamt bedeutete dies nunmehr eine Verhundertfachung in kaum 35 Jahren! Seitdem nahm das Tempo zwar merklich ab, aber eine Verdoppelung ist immerhin doch noch zu verzeichnen.[155]

155 Bis 1980: Chronik, S. 523, danach Statistisches Handbuch.

Aber woher kommt das viele Geld? Zu fragen ist dabei nicht nach Krediten oder direkt zweckgebundenen Einnahmen wie konkreten Gebühren. Zu fragen ist nach den relativ frei verfügbaren Steuereinnahmen und deren Struktur. Die Eckwerte für drei Stichjahre stellt die nebenstehende Tabelle zusammen:

Die Tabelle zeigt, dass die Gemeinde einen großen Teil ihrer Einnahmen direkt dem Fleiß ihrer Bürger verdankt – wobei die Einkommenssteueranteile gegenüber der Gewerbesteuer immer größeres Gewicht erlangen. Allerdings muss hinzugefügt werden, dass letztere von Jahr zu Jahr erheblichen Schwankungen ausgesetzt ist. Im Jahr 1996 flossen beispielsweise maximale 1,5 Millionen Euro in die Gemeindekasse (28 Prozent der Steuereinnahmen) – im Jahr darauf wurde noch nicht einmal eine Million erreicht (21 Prozent).

Der Wandel der Erwerbstätigkeit

Die letzten Jahrzehnte sind gesamtgesellschaftlich durch einen tiefgreifenden Wandel von der Industriegesellschaft hin zur Dienstleistungsgesellschaft geprägt. Dies gilt auch für Forst. Die Tabelle auf Seite 122 stellt die wichtigsten Zahlen zusammen, in erschöpfender Fülle sind sie beim Landesinformationssystem des Statistischen Landesamtes im Internet abzurufen.

Die genannten Werte gliedern die Jahre seit 1974 nicht in gleichmäßige Abstände, sondern markieren ganz unterschiedliche Zäsuren. Zwischen 1974 und 1989 wuchs zwar die Zahl der Arbeitsplätze insgesamt in Forst erheblich, das grundsätzliche Verhältnis zwischen produzierendem Gewerbe und Dienstleitungssektor veränderte sich jedoch nicht, von kleineren Schwankungen zwischendurch einmal abgesehen. 1989 war dann das Maximum bei den industriellen Arbeitsplätzen erreicht; danach ging ihr Wert nur noch zurück. Im Jahrzehnt bis 1999 hielt sich dies allerdings noch in Grenzen, die absoluten Zahlen waren durchweg von einer gewissen Stagnation geprägt.

Das beginnende 21. Jahrhundert wurde dann von einer neuen kräftigen Zunahme der Arbeitsplätze be-

Steuereinnahmen der Gemeinde (in Euro)[156]

	1980	1990	2000
insgesamt	2.466.220	3.759.887	5.628.581
pro Kopf	423	577	770

Herkunft aus:

	1980	1990	2000
allgemeinem Finanzausgleich	704.894	1.171.840	1.755.167
Prozent	29	31	31
Einkommenssteueranteil	922.630	1.698.608	2.529.429
Prozent	37	46	45
Grundsteuer A & B	148.215	242.341	549.386
Prozent	6	6	10
Gewerbesteuer	690.453	647.070	794.562
Prozent	28	17	14

gleitet. Ihr Maximum wurde 2007 erreicht. Das produzierende Gewerbe trug dazu jedoch nichts bei. Der Motor waren die modernen Dienstleistungen jenseits der klassischen Angebote von Handel, Gastronomie und Verkehr. Allerdings erwiesen sie sich auch als enorm krisenanfällig. Schon der Beginn der Wirtschaftskrise seit 2008 brachte ihnen herbe Rückgänge, während

156 Statistisches Handbuch.

Beschäftigte nach Bereichen am Arbeitsort

	Insgesamt	produzierendes Gewerbe	Handel/ Gastronomie/ Verkehr	Sonstige Dienst- leistungen
1974	783	476 (61 %)	307 (39 %)	
1989	1.466	892 (61 %)	574 (39 %)	
1999	1.571	831 (53 %)	419 (27 %)	321 (20 %)
2007	1.942	641 (33 %)	474 (24 %)	827 (43 %)
2008	1.784	617 (35 %)	501 (28 %)	666 (37 %)

sich die beiden anderen Bereiche einigermaßen behaupten bzw. sogar leicht zulegen konnten.

Wachsende Pendlerzahlen

Zum Wandel der Erwerbstätigkeit gehört, dass immer weniger Erwerbstätige an ihrem Wohnort tätig sein können und immer weitere Wege zu ihren Arbeitsplätzen zurücklegen müssen. 1949 gab es in Forst nur 452 Auspendler – das waren gerade einmal zwölf Prozent der Einwohner. Bis 2008 war dieser Anteil auf 30 Prozent gestiegen, da steuerten 2.309 ihren Arbeitsplatz auswärts an.

Doch nicht nur die Gesamtzahl veränderte sich stark, dies gilt auch für ihre Zusammensetzung. Als Ende 1949 für den Gewerbesteuerausgleich die Ziele der Pendler festgestellt wurden, war die Liste kurz und hatte einen eindeutigen Schwerpunkt: 383 von 452 Pendlern fanden ihre Arbeit im benachbarten Bruchsal und nimmt man das damals noch selbständige Heidels-

heim hinzu, waren es 385 von 452, also 85 Prozent. Mit weitem Abstand folgte Karlsruhe, das 58 Forstern Arbeit bot. Nur fünf fuhren schließlich nach Mannheim, drei nach Hambrücken und einer nach Weingarten. Die männliche Form ist dabei ziemlich berechtigt, denn von den 115 pendelnden Frauen wandten sich 113 nach Bruchsal. Und die meisten von ihnen hatten nur ein Ziel: das Siemenswerk, in dem 104 Forsterinnen (aber auch ein paar Forster) arbeiteten.

Wie sehr die Wirtschaft in jenen Jahren boomte, ist an der Veränderung der Zahlen in den nächsten Jahren abzulesen. Nach nur vier Jahren, bis 1953, hatte sich die Zahl der Pendler auf 809 fast verdoppelt. Bruchsal hatte seine Spitzenposition sogar noch etwas ausgebaut. Es war nun Ziel für 710 Pendler (plus zwei nach Heidelsheim). Bei den Frauen waren es sogar 325 von 336, die nun nach Bruchsal pendelten. Erneut folgte Karlsruhe mit weitem Abstand (64). Neu hinzugekommen waren Pforzheim (13), Weiher (5), Karlsdorf (4), Ubstadt und Nussloch (je 3). Die fünf Mannheim-Fahrer waren geblieben, die Pendler nach Hambrücken und Weingarten dagegen weggefallen.[157]

Vergleichbare Angaben werden von den Gemeinden schon lange nicht mehr erhoben. Immerhin stellt sie das Statistische Landesamt im Allgemeinen zur Verfügung und die Agentur für Arbeit auf spezielle Anfrage, wenn auch kostenpflichtig. Für das letzte Jahrzehnt liegen folgende Gesamtwerte vor:

Weniger stark als die Pendlerzahlen haben sich zwei andere Werte verändert, die in diesem Zusammenhang noch zu ergänzen sind: die Zahl der Arbeitsplätze in Forst (um genau zu sein: der sozialversicherungspflichtig Beschäftigten) sowie die der Einheimischen, die an ihrem Wohnort auch arbeiten können. Die Zahl der Arbeitsplätze in Forst erhöhte sich von 1998 bis 2008 leicht von 1.558 auf 1.798. Umgekehrt war es bei jenen, die in Forst wohnen und arbeiten konnten. Ihre Zahl verringerte sich von 463 auf 391. Dies bedeutet, dass letztlich nur noch für 15 Prozent der Beschäftigten Wohn- und Arbeitsort identisch ist. Nimmt man noch ein paar hundert in Forst lebende Selbständige hinzu, dürfte sich dieser Wert zwar gegen 25 Prozent

157 GAF A 1459.
158 Alle Informationen von Norbert Oberschmidt.

Ronal und seine 40jährige Erfolgsgeschichte

Der 1. Oktober 1970 ist für Forst ein denkwürdiges Datum. An diesem Tag gingen offiziell gleich zwei Unternehmen an den Start, die die Industriegeschichte der Gemeinde erheblich prägten: die Karl Wirth GmbH und das Eloxalwerk Streitz. Sie stehen auch beispielhaft für den angesprochenen Wandel der Erwerbstätigkeit, weg von der Produktion. Im Falle des Eloxalwerks geschah dies allerdings in endgültiger Form. Hans-Jürgen Streitz musste seinen Betrieb am 30. Juni 1998 schließen. Karl Wirths „Ronal" dagegen wusste sich nicht nur zu behaupten, sondern vermochte sich – begründet auf entsprechenden Betriebsstrukturen – sogar auf dem Weltmarkt zu etablieren.

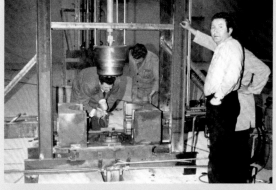

Nachdem er 1968 in Walldorf eine Firma für die Herstellung von Motorprüfgeräten gegründet hatte, startete Karl Wirth mit Norbert Oberschmidt als engstem Mitarbeiter bereits 1969 mit der Produktion von Leichtmetallrädern unter der Bezeichnung „Ronal". Im Frühjahr 1970 wurde mit dem Bau der Fertigungsstätte in Forst begonnen, und schon im Oktober rollten die ersten Räder vom Band. Bis zum Jahresende wuchs die Belegschaft auf 24 Köpfe. Die Ronal-Räder fanden reißenden Absatz und entsprechend wuchsen Mitarbeiter-, Herstellungs- und Umsatzzahlen von Jahr zu Jahr. 1975 wurden mit 91 Mitarbeitern bereits 140.000 Räder gefertigt und 9,3 Millionen Mark umgesetzt. Gleichzeitig begann die internationale Expansion mit der Gründung eines Zweigbetriebs im französischen St. Avold. 1980/81 musste die Anlage in Forst erweitert werden: Eine eigene Lackiererei und ein Verwaltungsgebäude kamen hinzu. Gleichzeitig wurde ein Werk im spanischen Teruel aufgebaut, wenig später folgte eines im schweizerischen Härkingen. 1984 wurden mit knapp 600 Mitarbeitern erstmals mehr als eine Million Räder hergestellt; der Umsatz war auf 110 Millionen Mark gewachsen.

1986 wurde mit der Gründung einer kanadischen Filiale der europäische Kontinent verlassen, 1987 mit der Produktion im pfälzischen Landau begonnen. 1988 zählte die Ronal-Gruppe weltweit mehr als tausend Beschäftigte. Ihre Expansion setzte sie auch fort, nachdem Firmengründer Karl Wirth am 15. August 1991 bei einem Verkehrsunfall in Tschechien ums Leben gekommen war. Bis 1997 verdoppelte die Firma ihre Mitarbeiterzahl auf mehr als 2.000; 169 davon waren in Forst tätig. Mit einer Produktion von 4,2 Millionen Rädern wurde ein Umsatz von 392 Millionen Mark erzielt.

In nur vier Jahren, bis 2001, konnte die Mitarbeiterzahl auf fast 3.300 erhöht werden, davon 846 in Deutschland und 187 in Forst. Für den Forster Betrieb war damit jedoch ein Wendepunkt erreicht. 2003 wurde die Gießerei, 2004 auch die restliche Produktion in Forst geschlossen, was insgesamt 150 Arbeitsplätze betraf. Gleichzeitig wuchs die Produktion in Landau und im Ausland jedoch weiter. 2005 wurde mit dem Verkauf von mehr als 10 Millionen Rädern ein Umsatz von mehr als 500 Millionen Euro erzielt. Die entsprechend gewachsenen Vertriebs- und Verwaltungsaufgaben blieben in Forst konzentriert. Mittlerweile sind damit mehr als 80 der weltweit insgesamt 4.400 Mitarbeiter beschäftigt.[158]

Zur Würdigung der Verdienste Karl Wirths um die Gemeinde wurde 2005 eine Straße nach ihm benannt.

Karl Wirth (rechts) bei ersten Gießversuchen in Forst, Ende 1970. – Detail der komplexen Rad-Fertigung.

Ein- und Auspendler in Forst[159]

	Einpendler		Auspendler	
	gesamt	davon männlich	gesamt	davon männlich
1998	1.095	756 (69 %)	2.077	1.170 (56 %)
2003	1.337	813 (61 %)	2.201	1.222 (56 %)
2008	1.407	858 (61 %)	2.309	1.292 (56 %)

hin verschieben. Der Befund bleibt aber eindeutig: Die überwältigende Mehrheit der Forsterinnen und Forster muss heutzutage ihren Lebensunterhalt außerhalb der Gemeinde erarbeiten.

Der Aufwand dazu ist in den letzten Jahrzehnten erheblich gewachsen. Noch immer fanden zum Stichtag 30. Juni 2008 zwar die weitaus meisten der 2.309 Forster Pendler ihr Ziel in Bruchsal – 780 –, ihr Anteil war jedoch auf 34 Prozent gesunken.[160] Stark aufgeholt hatte dagegen die Stadt Karlsruhe mit 445 Pendlern und einem Anteil von 19 Prozent. Mit weitem Abstand, aber doch immerhin beträchtlichen absoluten Zahlen folgten Graben-Neudorf (70), Waghäusel (58), Bretten (52) und Ubstadt-Weiher (52). Eine lange Liste weiterer Orte wäre anzuschließen, denn schließlich sind mit den genannten erst 63 Prozent der Pendler erfasst. Selbstverständlich liegen die meisten davon in der Region und im Land Baden-Württemberg. 154 Arbeitnehmer verlassen jedoch sogar die Landesgrenzen – 58 Richtung Rheinland-Pfalz, 39 nach Hessen (davon 13 nach Frankfurt), 22 nach Nordrhein-Westfalen, 21 nach Bayern und 14 in die übrigen Bundesländer.

Noch weiter verteilt waren 2008 die Herkunftsorte der nach Forst zur Arbeit Einpendelnden. Selbstverständlich lag auch hier Bruchsal an erster Stelle. Aber mit 320 von 1.407 Einpendlern stellte es nur gerade

einmal einen Anteil von 23 Prozent. Aus dem nächstfolgenden Ort – Ubstadt-Weiher – kamen 118 Beschäftigte, acht Prozent. Es folgten Waghäusel (90), Karlsdorf-Neuthard (79), Kraichtal (73) und Östringen (67). Alles in allem sind damit aber erst 53 Prozent der Einpendler erfasst. Die meisten anderen Einpendler stammten aus der Region, weit gefasst aus dem Regierungsbezirk Karlsruhe. Aber immerhin: 53 kamen aus Rheinland-Pfalz, 14 aus Hessen, 10 aus Bayern und 49 aus anderen Bundesländern.

Die letzten Landwirte

1911 wurden in Forst bei 2.792 Einwohnern noch 468 landwirtschaftliche Betriebe gezählt. Die meisten davon – 326 – konnten nur einen Nebenerwerb liefern, denn mit weniger als zwei Hektar Fläche war auch damals kein ausreichendes Einkommen zu erzielen. Immerhin bewirtschafteten aber noch 141 Betriebe zwischen zwei und zehn Hektar. Nur einer verfügte über mehr als zehn Hektar. Insgesamt wurden 593 Hektar Ackerland und 44 Hektar Wiesen landwirtschaftlich genutzt.[161]

Die Lebensumstände für die meisten dieser Kleinlandwirte waren auch in der Weimarer Republik äußerst bescheiden, gleichwohl besaßen sie doch noch Hoffnung, irgendwie weitermachen zu können. Bestärkt wurden sie zudem durch die Krisen des frühen 20. Jahrhunderts – die schlechten Zeiten während des Ersten Weltkriegs, die Jahre der Hyperinflation 1922/23, die Weltwirtschaftskrise 1929 bis 1933, die Jahre des Zweiten Weltkriegs und der unmittelbaren Nachkriegszeit. Da war es ein geradezu lebenswichtiger Vorteil, etwas Land bebauen zu können und mit etwas Vieh das Überleben zu sichern.

Dies hatte zur Folge, dass noch lange in mittlerweile fast völlig vergessene Gemeinschaftseinrichtungen investiert wurde. Eine erste Milchsammelstelle beispielsweise wurde erst 1939/40 Ecke Josef-/Friedhofstraße (auf der Seite der heutigen Sprachheilschule) erbaut. Und so sicher schien der Markt zu sein, dass die Spar-

159 Statistisches Landesamt Baden-Württemberg, online-Dienst „Landesinformations-System". (Im Folgenden immer nur: LIS).

160 Diese und die folgenden Angaben nach speziell angeforderten Daten der Bundesagentur für Arbeit.

161 Lott, Badisches Gemeindebüchlein, S. 50f.

und Darlehenskasse (die die alte Ein- und Verkaufsgenossenschaft übernommen hatte) einen im März 1960 eröffneten Neubau riskierte (heute Parkplatz gegenüber der Gemeindebücherei). Immerhin hatte es 1954 noch 154 Milchkuh-Halter in der Gemeinde gegeben. Die Lieferungsmengen waren allerdings ziemlich bescheiden. 1951 gab es von 262 Kühen gerade einmal 65.287 Liter Milch – das waren nur 250 Liter pro Kuh im Jahr! Zwei Jahre zuvor waren es noch fast 340 Liter gewesen. Die Gemeinde musste sich deshalb vom Landrat Vorhaltungen gefallen lassen, dass zu viel Milch verbotenerweise direkt ab Stall verkauft wurde.[162]

1949 wurde auch noch die gemeindeeigene Dreschhalle erweitert, die sich damals am Ende der Schwanenstraße, Ecke Kronauer Alle (die es in heutiger Form jedoch noch nicht gab) befand. Wie schnell sich die Verhältnisse jedoch dann änderten, ist gerade an ihr zu demonstrieren. Schon nach wenigen Jahren wurde sie nicht mehr gebraucht. Im Frühjahr 1961 wurde sie an den Kleintierzuchtverein verkauft, der sie als Vereinsheim auf sein Gelände neben der Reiterhalle versetzte.[163]

1961, fünfzig Jahre nach 1911, war die landwirtschaftlich genutzte Fläche in Forst um 15 Prozent auf 504 Hektar zurückgegangen, die Zahl der Betriebe aber um mehr als dreißig Prozent auf 322. Nach wie vor bewirtschaftete der größte Teil von ihnen (240) weniger als zwei Hektar Fläche, 80 lagen zwischen zwei und

zehn Hektar, zwei über zehn Hektar. Die neue Statistik erfasste auch eine weitere wichtige Gegebenheit: 306 der 413 in der Landwirtschaft Tätigen waren Frauen, das waren 82 Prozent.[164]

Die 413 in der Landwirtschaft Tätigen bildeten 1961 immerhin noch einen Anteil von fast 18 Prozent an allen Erwerbstätigen in Forst. Dieser Wert reduzierte sich in den folgenden Jahren auf dramatische Weise. 1970 betrug er nur noch drei Prozent! Danach verlangsamte sich der Rückgang zwangsläufig, um dann bis 1987 die Ein-Prozent-Grenze zu unterschreiten. Konkret bedeutete das, dass von den 3.214 bei der Volkszählung am 25. Mai 1987 erfassten Erwerbspersonen in Forst nur noch 26 der Landwirtschaft zugeordnet wurden.[165]

Die jüngeren Statistiken sind mit den älteren nur noch begrenzt in Einklang zu bringen, weil nach der Basis der alten Landwirtschaft überhaupt nicht gefragt wird: Wer weniger als zwei Hektar Land bewirtschaftet, taucht in modernen Statistiken überhaupt nicht mehr auf. Unter diesen Umständen wurden 1979 in Forst nur sieben Haupt- und 23 Nebenerwerbsbetriebe gezählt, 2007 waren es noch vier Haupt- und sechs Nebenerwerbsbetriebe. Gleichzeitig wuchs jedoch die von ihnen bewirtschaftete Fläche erheblich, von 311 auf 438 Hektar.[166] Immerhin sind das rund zwei Drittel der 1911 bewirtschafteten Fläche. Allerdings ist zu ihrer Bearbeitung nur noch ein Bruchteil der früheren Personenzahl erforderlich.

Um zu diesem Ergebnis zu gelangen, waren viele Veränderungen nötig. Unverzichtbar war vor allem ein möglichst effizientes Wirtschaften mit erheblichem Maschineneinsatz. Beides erzwang die Verlagerung der Höfe an den Ortsrand oder direkt ins Feld. Darüber hinaus musste eine radikale Spezialisierung erfolgen; mit Selbstversorger-Betrieben alten Stils war nicht mehr zu überleben. Die Konzentration erfolgte einerseits auf die weitgehend zu mechanisierende Getreideproduktion, andererseits auf die zwar arbeitsintensive, aber rentable Anlage von Spezialkulturen. Hauptgewinner bei ersterer war der Mais, bei letzteren der Spargel und die Erdbeeren. 1979 wurden 200 von 249 Hektar Acker-

In den 1950er Jahren waren längst noch nicht überall Traktoren im Einsatz. Hier fährt Ludwig Erbe mit seinem „Einspänner" durch die Schwanenstraße.

162 GAF A 1362 (Milchlieferungen) & A 1363 (erste Milchsammelstelle).
163 Zur Erweiterung: GAF A 1224; zum Verkauf GAF A 1905.
164 Gemeindestatistik Baden-Württemberg 1960/61, Teil 1, S. 68; Teil 4, S. 61f.
165 Statistik von Baden-Württemberg Bd. 402, S. 296f; Bd. 426, S. 169f.
166 LIS.

Zur typischen Kleinlandwirtschaft gehörten Hühner und Schweine, die hier von Marianne Niederbühl 1953 gefüttert werden. – Genauso gang und gäbe waren Hausschlachtungen. Anton Niederbühl, von Beruf Metzger, präsentiert 1961 nach getaner Arbeit Frau Rosa und die Kinder – sowie Leber- und Griebenwürste und Schwartenmagen. – Den ersten Lanz Bulldog schafften sich die Niederbühls 1965 an. Der junge Klaus musste da natürlich auch eine Probefahrt machen.

167 Lott, Gemeindebüchlein, S. 51.
168 Eine andere Quelle verzeichnet für 1979 noch 511 Hühner bei 51 Haltern – aber auch sie erstattet für 2003 Fehlanzeige.

land dem Getreide gewidmet und nur zehn Hektar Spargeln und Erdbeeren; im Jahren 2007 galten dem Getreide 227 von 359, dem Gartenbau dagegen 49 Hektar.

Weil der Spargel nicht nur für Forst, sondern für die gesamte Region einige Bedeutung hat, wurde 1994 die „Spargelstraße" eingerichtet, die sich von Bruchsal bis Schwetzingen erstreckt und quer durch Forst nach Hambrücken weiter führt.

Ein Paradebeispiel für den Erfolg der neuen Landwirtschaft liefert der Erdbeer- und Spargelhof Böser.

Folge der Spezialisierung war die Reduzierung der Viehhaltung. Vor hundert Jahren (Stand 1. Dezember 1910) wurden in Forst noch fast 2.000 Stück Großvieh gehalten: 640 Rinder, 901 Schweine, 68 Pferde und 292 Ziegen.[167] Das hat sich drastisch geändert. Schon seit Jahren werden eigentlich keine Nutztiere mehr in Forst gehalten. 1979 standen noch 181 Rinder in zwölf Ställen; 2003 gab es keine mehr. 1979 wurden auch noch an 19 Stellen 96 Schweine versorgt; schon 1999 war dies ganz aufgegeben worden. Und selbst die Hühner bildeten keine Ausnahme. 1979 zählte man noch in 13 Betrieben 152 Stück; auch hier wurde 2003 Fehlanzeige erstattet.[168] Auch die Zahl der Pferdehalter ging zwischen 1979 und 2007 von zwölf auf fünf zurück. Allerdings wuchs die Zahl der Pferde im selben Zeitraum von 24 auf 47. Mit traditioneller Landwirtschaft kann dies jedoch nicht mehr in Verbindung gebracht

Der Erdbeer- und Spargelhof Böser

Der erste Forster Spargelacker soll 1924 von Gregor Böser, dem Großvater der heutigen Betriebsinhaber, angelegt worden sein. Damals war das nur ein Versuch, die günstigen klimatischen und bodenmäßigen Voraussetzungen der Gegend zu nutzen, um so der sich abzeichnenden Krise der Landwirtschaft zu begegnen. Die Nöte der folgenden Zeiten erzwangen jedoch andere Prioritäten. Erst 1952 wandte sich Gregors Sohn Bernhard ganz der Gemüseproduktion zu und ergänzte dies 1954 auch gleich mit einem eigenen Groß- und Einzelhandelsgeschäft für Obst und Gemüse (Weiherer Straße 7). Durch die Übernahme eines Obstbaubetriebs wurde 1961 mit dem großflächigen Erdbeeranbau begonnen, 1972 wurde dies mit Spargeln erweitert.

Während der väterliche Betrieb noch in der Lange Straße gelegen hatte, verlagerte ihn Bernhard aufs Feld, an den Burgweg Richtung Bruchsal. Sein Wohnhaus steht heute im Osten des mächtigen Dammes für den B 35-Neubau. Dieser Straßenbau, verbunden mit der Übernahme weiterer Spargelkulturen, erzwang die Anlage des Erdbeer- und Spargelhofs 1984 an heutiger Stelle.

Auf 64 Hektar Fläche, von denen rund 80 Prozent Pachtland sind, werden nun vor allem Erdbeeren und Spargel gezüchtet. Ein großer Teil wird im eigenen Hofladen verkauft, und in zunehmendem Maße wird das edle Gemüse auch an Ort und Stelle verzehrt: Seit dem Jahr 2001 etabliert sich mehr und mehr ein riesiges Spargel-Restaurant, das seine Besucher aus weitem Umkreis heranzieht.

Das Restaurant hat wiederum zu einer gewissen Diversifikation der Produktion geführt. Um möglichst viel des Angebots möglichst frisch auf den Tisch zu bringen, kümmert man sich auch wieder um die nötigen Kartoffeln, Gemüse und Salate. Der Anbau von Ölfrüchten wie Raps und Ölrettich hat dagegen nur ausgleichende Funktion, er dient der umweltschonenden Gründüngung, wenn die Spargeläcker nach etwa zehn Jahren Nutzung einer gewissen Erholung bedürfen.

Der riesige Betrieb wird mittlerweile von Otmar und Wolfgang Böser geführt, den Söhnen Bernhards und Enkeln Gregors. Unterstützt werden sie dabei von nur zwei festangestellten Mitarbeitern. Unverzichtbar sind darüber hinaus jedoch 140 Saisonkräfte für die aufwändigen Erntearbeiten. Zum Teil kommen sie schon seit vielen Jahren im Frühjahr aus Polen und Kroatien angereist, um bis zum Sommer die Forster Delikatessen zu ernten.

In den 1980er Jahren war der erste Bösersche Aussiedlerhof noch nicht durch eine gewaltige Straßenanlage von seinem Nachfolger getrennt und wo heute ein mächtiges Restaurant-Zelt steht, wurden noch Spargel angebaut.

Für Anton Niederbühl war es ein besonderes Ereignis, als um 1963 seine letzte Kuh ihr letztes Kalb bekam. Das ließ er auf einem Foto festhalten. Außerdem präsentieren sich seine Söhne Klaus und Reinhard.

Lebensmittelgeschäfte

Oskar Blumhofer	Bruchsalerstraße 21
Rita Blumhofer	Friedenstraße 6
Johann Burkard	Kirchstraße 11
Wilma Diehl	Schwanenstraße 69
Anton Firnkes	Hardtstraße 10
Josef Fischer	Schwanenstraße 25
Roman Frank	Bruchsalerstraße 2
Maria Hoffmann	Wiesenstraße 7
Fred Holzer	Bruchsalerstraße 62
Jakob Leibold	Paulusstraße 10
Anna Wiedemann	Querstraße 10
Gertrud Wiedemann	Dörnigstraße 6
Auguste Wirth	Weihererstraße 31

Bäckereien mit sonstigem Lebensmittelverkauf

Berthold Blumhofer	Weihererstraße 21
Franz Böser	Kirchstraße 22
Rolf Dürr	Wiesenstraße 15
Gosbert Layer	Kronenstraße 9
Johann Layer	Ubstadterstraße 32
Erich Stütz	Langestraße 1

Bäckereien ohne sonstigen Lebensmittelverkauf

Albert Esslinger	Bruchsalerstraße 47

werden. Die Zeit der Pferde als Arbeitstiere ist vorbei; sie werden nur noch zur Freizeitgestaltung gehalten.

Das Ende des Kolonialwaren-Handels

Es ist noch nicht sehr lange her, dass in Forst der tägliche Bedarf durch eine Fülle kleiner Geschäfte gedeckt wurde. Mehl und Zucker, Streichhölzer und Seife wurden nicht im Supermarkt gekauft, sondern im „Kolonialwarenladen" – weil dort eben auch Exotischeres erhältlich war wie Pfeffer oder Kaffee. 1938 gab es elf derartige Geschäfte in Forst sowie acht Bäckereien, in denen zum Teil auch mehr als nur Brot und Brötchen verkauft wurden. 1957 wurden sogar vierzehn Lebensmittelgeschäfte verzeichnet und sieben Bäckereien. Weil fast alle von ihnen mittlerweile verschwunden sind und häufig noch nicht einmal mehr die Häuser daran erinnern, seien sie alle namentlich und mit Standort aufgeführt:[169]

Damit dürfte der Höhepunkt der Entwicklung erreicht und vielleicht sogar schon überschritten gewesen sein, denn immerhin wurde der Laden Paul Blums (Schwanenstraße 2) schon nicht mehr erfasst (obwohl er offiziell erst im Herbst 1957 abgemeldet wurde). Obwohl die Nachkriegsnot überwunden war und der Wohlstand wuchs, gerieten diese Läden nämlich in wachsende Probleme, weil die Konkurrenz durch immer größere „Selbstbedienungsläden" und später „Supermärkte" wuchs. Nach und nach mussten die kleinen Läden ihre Türen schließen.

Der Übergang vollzog sich schleichend. Die Inhaber kleinerer Geschäfte machten nach und nach zu, wie etwa Gertrud Wiedemann Ende 1964, Johann Layer im August 1965 oder Gosbert Layer im September 1971. Größere Geschäfte versuchten sich dem Trend der Zeit

169 Liste vom 23. Mai 1957 der Gemeindeverwaltung für das Landratsamt (GAF A 1883).

anzupassen. Die Bäckerei Blumhofer erweiterte sich in den 1970ern immer mehr Richtung Selbstbedienung, ohne dass hierfür ein klares Datum zu nennen wäre. Emil Junghans schloss Anfang 1975, in seinen Räumen etablierte sich aber eine Filiale der Handelsunion Südwest. Um diese Zeit hatte sogar ein neues Lebensmittelgeschäft im damaligen Neubaugebiet eröffnet, aber mit dem festen Standbein einer Bäckerei: Bernhard und Gerdi Fellhauer führten ihren Betrieb in der Dan-

Die Bäckerei Böser (ganz links) war lange von sehr bescheidenem Äußeren – wie überhaupt das gesamte Dorf. Nur die Straßenbäume standen prächtig da. – Der „Hansa-Hannes" (= Johann Burkard) vor seinem Laden Kirchstraße 10, links Metzger Bernhard Frank.

Die Bäckerei Max Knoch in der Kronenstraße (vgl. dazu S. 54) sowie die Andreas Stangs in der Wiesenstraße.

Die „Krone" war bis Sommer 1980 in Betrieb, das Foto stammt vom Juli jenes Jahres. Dann wurde ihr Hauptgebäude abgerissen, und an seinem Platz ein HL-Markt gebaut. Der Saal der „Krone" war schon 1972 an die Polsterei Manfred Becker verkauft worden.

ziger Straße 12 vom 1. Februar 1973 bis Ende 2002; er musste mangels Nachfolgern aufgegeben werden.

Der erste „richtige" Supermarkt öffnete am 9. Dezember 1975 in der Bruchsaler Straße 67 seine Pforten. Es war die Filiale der Handelsunion, die ihr bisheriges Domizil Bruchsaler Straße 31 verlassen hatte, und nun als „Sparpfennig" firmierte. Schon im April 1977 wurde der Name in „Primo Kauf" abgeändert, später dann in „Prima". Unter dieser Bezeichnung war der Supermarkt am Ortseingang bis zum September 1991 präsent.

Konnte man in den 1970er Jahren die Situation noch für relativ offen halten und hoffen, dass sich zumindest ein paar kleinere Händler behaupten könnten, waren in den 1980ern die Würfel zugunsten der immer größeren Anbieter gefallen. Als letzter Klein-Händler

Der „Sparpfennig" kündigte nicht nur seinen Start im lokalen Mitteilungsblatt an, hier inserierte er auch regelmäßig seine Sonderangebote. Seine Nachfolger und Konkurrenten unterließen dies durchweg.

schloss wohl der damals immerhin schon 85jährige Jakob Leibold Ende Juni 1984 seinen Laden Ecke Paulusstraße-Wolfrainstraße. Man könnte höchstens noch den Fall der Drogerie Frank diskutieren, denn Roman Frank hatte immer auch Lebensmittel verkauft. Frank starb ebenfalls 1984, sein Geschäft wurde jedoch noch bis 1987 von seiner Tochter Gabi weiter geführt. (Es dauerte bis 1991, bis der Drogerie-Bereich durch eine Schlecker-Filiale, damals noch in der Kirchstraße, abgedeckt wurde.)

Die Versorgung mit Lebensmittel und Alltagsbedarf wurde von vier Supermärkten übernommen, von denen sich drei zentral im Ort platziert hatten. Ältester Anbieter war der EDEKA der Blumhofers in der Weiherer Straße, der seit April 1986 von Familie Roemhold betrieben wurde. Am Ortseingang Bruchsaler Straße hatte sich der ‚Prima' postiert. Für den ersten einschlägigen Neubau sorgte die Hugo Leibbrand-Gruppe, die ihren am 21. Mai 1981 eröffneten HL-Markt auf dem Gelände des früheren Gasthauses ‚Krone' unterbrachte. Und schließlich trat am 26. November 1987 ein richtig großer Filialist auf den Plan: die Lidl GmbH & Co. KG in der Weiherer Straße 10.

Als Lidl im August 2000 seine Forster Filiale aufgab und einen viel größeren Neubau in Bruchsal bezog, war bereits eine neue Runde der Verkaufspraxis eröffnet worden: Mittlerweile zählten nur noch viel größere Einheiten mit riesigen Parkplätzen am Rande der Gemeinden. Kleinere Märkte waren nicht mehr konkur-

gesetzt. Der Discounter der REWE Group eröffnete am 1. Juli 1997. Zwei Jahre später, am 6. September 1999 folgte ihm der nächste Anbieter, der EDEKA Neukauf an der Rudolf-Diesel-Straße. Den bisherigen Schlusspunkt setzte der ebenfalls zur EDEKA-Gruppe gehörende Netto-Markt an der Hambrücker Straße am 9. November 2000.

Besser als die Lebensmittelgeschäfte konnten sich die Bäckereien behaupten. Von den 1957 sieben vorhandenen Betrieben existieren noch immer drei (darunter eine weiterhin im Familienbesitz, „Bösers Backstube"). Hinzu kamen drei Filialen auswärtiger Großbäckereien sowie zwei Verkaufsstellen in Netto und EDEKA.

Großbrand vernichtet Netto-Filiale

Am Ende waren am Dienstag Nachmittag, dem 6. Juli 2010, fast hundert Feuerwehrleute aus Forst und den umliegenden Orten im Einsatz, um den Großbrand der Netto-Filiale an der Hambrücker Straße unter Kontrolle zu bringen. Obwohl die Forster Wehr schon nach wenigen Minuten am Brandplatz war, konnte vom Gebäude nichts mehr gerettet werden. Das offene Dachgebälk und Isolationsmaterial lieferten dem Feuer zu viel Nahrung. Immerhin wurde sein Übergreifen auf die umliegenden Häuser und Anlagen verhindert.

Die Umstrukturierung des Handwerks

Der Lebensmittelhandel alten Stils ist definitiv Vergangenheit. Aber das gilt nicht für den Handel insgesamt, denn im Laufe der Zeit etablierten sich Anbieter, an die früher überhaupt nicht gedacht wurde: Mittlerweile gibt es sogar zwei Optiker und einen Spezialisten für Hörhilfen. Ähnlich stellt sich die Situation auf dem Feld des Handwerks dar. Die Fülle der Vergangenheit ist nicht einfach nur verschwunden, zum Teil hat sie bloß ganz andere Formen angenommen.

So ziemlich verschwunden sind die primär produzierenden Bereiche des Handwerks. Als Paradefall sind hier die Schneider zu nennen. Als die Gemeindeverwaltung am 11. Oktober 1956 für das Kreisadressbuch eine Liste aller Gewerbetreibenden in Forst zusammenstellte, kamen 145 Betriebe zusammen.[170] Unter ihnen wurden sechs Damenschneiderinnen und fünf Herrenschneider aufgezählt, und zwar: Lisa Blumhofer (Hardtstraße), Hilda Böser (Ubstadter Straße), Sieglinde Firnkes (Mozartstraße), Ludwina Taylor (Weiherer Straße), Mina Weindel (Kirchstraße) und Erika Weindel (Bruchsaler Straße) sowie Max Greulich (Wiesenstraße), Hermann Kütler (Burgweg), Eugen Lackus (Bruchsaler Straße), Oskar Stumpf (Bruchsaler Straße) und Rupert Wiedemann (Lange Straße).

renzfähig. Die Roemholds hatten bereits Ende Juni 1992 kapituliert, der HL Markt (Leibbrand war 1989 komplett von REWE übernommen worden) folgte Ende des Jahres 2000. Danach gab es keinen Lebensmittelmarkt mehr im Ortskern.

Ein erstes Signal für die neue Richtung hatte zuvor schon der neue PENNY-Markt an der Kronauer Allee

170 GAF A 1923.

Das Gebäude Bruchsaler Straße 67 beherbergte ursprünglich eine Textilfabrik, diente dann jahrelang als Supermarkt und anschließend für verschiedene Geschäfte und ein Café. 2010 wurden vom Gemeinderat die Weichen für den Bau eines neuen Supermarktes gestellt.

Bescheidene Anfänge der Firma Elektro-Epp in der Bruchsaler Straße.

Sie alle produzierten für den täglichen Bedarf, denn Konfektionsware gab es erst ansatzweise – und in Forst schon gar nicht zu kaufen. Alois Kritzer betrieb zwar einen Handel mit Textilien in der Bruchsaler Straße 5 (heute Parkplatz der Firma Epp), aber dabei handelte es sich mehr um Kurzwaren und Stoffe.

Allerdings begann sich die maschinelle Fabrikation zu etablieren. In Forst geschah dies in Form der 1948 in Bruchsal gegründeten Baden Textil GmbH, die Ende 1952 ein Grundstück am Ortsrand an der Bruchsaler Straße erwarb und dort ein Fabrikgebäude errichtete. Gesellschaftszweck der von dem Bruchsaler Textiltechniker Dr. Walter Mevius und dem Maschinenbaumeister Adolf Hornecker ins Leben gerufenen Gesellschaft war *Herstellung und Verkauf von gewirkter Unter- und Oberbekleidung, Gardinen und Gitterstoffen, Strümpfen und Bandagen sowie der einschlägigen Textilmaschinen und Ersatzteile.* 1954 wurden acht Personen beschäftigt. Spätestens 1971 scheint der Betrieb aufgegeben worden zu sein.

Doch nicht nur die Textil-Fabrik hatte einen schweren Stand. Auch für die Schneiderinnen und Schneider liefen die Geschäfte immer schlechter. Rupert Wiedemann etwa gab seine 1949 begonnene Tätigkeit im Sommer 1970 auf. Auch alle anderen gaben

nach und nach auf. Heute gibt es nur noch eine Änderungsschneiderin in der Gemeinde.

Nur Sieglinde Firnkes, die im Juli 1950 als Schneiderin begonnen hatte, war einen anderen Weg gegangen. Sie eröffnete am 6. November 1963 das erste Modegeschäft in Forst, damals noch Mozartstraße 10. Als trotz zweimaligen Umbaus der Platz nicht reichte, erfolgte der Umzug in die Räume des früheren Möbelhauses Hoffmann, Bruchsaler Straße 60. Seit 1. Juli 1991 wird das Geschäft von Sohn Jürgen (mit einer Unterbrechung) weiter geführt.

Wandel der Gastronomie

Von den wachsenden Einwohnerzahlen nach dem Zweiten Weltkrieg hat die Forster Gastronomie nicht profitiert. Ende 1935 wies die Gemeinde bei 3.200 Einwohnern insgesamt zehn Wirtschaften auf. Wäre diese Proportion erhalten geblieben, müsste Forst heute mit 7.500 Einwohnern über 23 Gasthäuser verfügen. Es sind jedoch nur 19 vorhanden, die beiden Teilzeit-Angebote des FC und des Schützenvereins sogar eingerechnet.

Und möglich ist dieses vergleichsweise breite Angebot überhaupt nur noch, weil die deutschen Betreiber

Bei einer Gewerbeausstellung im alten Schulhaus in der Josefstraße, wohl 1954, präsentierte Sieglinde Firnkes ihre Arbeiten gemeinsam mit zwei Kostümen von Rupert Wiedemann (rechts oben). – 1969 erhielt ihr Modegeschäft in der Mozartstraße ein größeres Schaufenster und mehr Platz im Inneren, weil viel untergebracht werden musste.

Das waren noch Zeiten, als unbedingt alle auf einem Foto verewigt werden wollten!

Der Gewerbeverein

Karlsruhe sucht seine Position als Oberzentrum zu stärken und baut ein Einkaufszentrum nach dem andern. Bruchsal will seine Innenstadt aufwerten, um sich als Mittelzentrum behaupten zu können. Und Forst? Gründet 1985 einen Gewerbeverein, der die lokalen Kräfte bündelt und mit gezielten Aktionen auf die lokale Leistungsfähigkeit aufmerksam macht.

Besonders findig ist der Verein, was die Begründung neuer Traditionen betrifft: Die längst vergessene Kerwe (=Kirchweih) wurde 1986 wieder belebt, 1987 folgte die erste Maibaumaufstellung, 2002 die Präsentation der ersten Maikönigin (Kristin Zumbach) und wie ein Leben ohne Rote-Taschen-Tag möglich war, kann man sich gar nicht mehr so recht vorstellen.

immer mehr ausländische Unterstützung fanden. An erster Stelle sind dabei die Italiener zu nennen. Die erste Pizza scheint von Domenico di Nardo 1978 in der Zeiligstraße 5 gebacken worden zu sein, und noch im selben Jahr folgte Constantino d'Alessandro in der Bruchsaler Straße 31. Beide hielt es jedoch nicht lange in Forst, auch Bogdana Damjanovic nicht, die 1979 das Restaurant der Jahnhalle übernahm. Zur Institution wurde erst Antonio Mistretta, der Anfang 1980 den ehemaligen „Deutschen Kaiser" zur Pizzeria umformte und sie bis heute betreibt.

Nach Mistretta suchten eine Menge anderer ausländischer Wirte in Forst mit mehr oder minder großem Erfolg Fuß zu fassen: eine Menge Italiener, aber auch Griechen, Jugoslawen (samt deren Teilnationalitäten), Türken und Asiaten.

Wer in Forst nicht nur etwas Essen, sondern auch Übernachten will, hat keine große Auswahl. Aber immerhin: Mit dem im Juni 1973 durch Friedel Weindel, geb. Diehl eröffneten Hotel „Forst" steht ihm ein Haus guter Qualität zur Verfügung. Zahlenmäßig bescheidene Alternativen bieten die Gästezimmer im „Hirsch" und bei ein paar privaten Vermietern.

Der Ausbau der medizinischen Versorgung

Zu den seit Jahren expandierenden Bereichen zählt das Gesundheitswesen. Seine Geschichte in Forst ist ziemlich kurz. Sie beginnt eigentlich erst in der Weimarer Republik, wenn man einmal die Hebammen als Sonderfall außer Betracht lässt. In den frühen 1920er Jahren siedelte sich der erste praktische Arzt in der Gemeinde an, die damals immerhin schon rund 3.000 Einwohner zählte. Dr. Adalbert Kleiser war für seine Patienten immer erreichbar, auch beim Kartenspiel, dem er mit Leidenschaft frönte. Dazu hängte er ein Schild an seine Praxistür. Auf seiner einen Seite stand: „Bin im Kaiser". Und auf der anderen: „Bin in der Krone" (längst abgerissen und durch ein Supermarktgebäude ersetzt, das mittlerweile auf neue Nutzung wartet). Außerdem war er bis zu einem gewissen Grad auch für die zahnärztliche Versorgung zuständig, denn einen entsprechenden Spezialisten gab es ja in Forst noch nicht. Dr. Kleiser soll auch Zähne gezogen haben, wird erzählt, natürlich ohne örtliche Betäubung.

1938 wechselte Dr. Kleiser nach Karlsruhe, um die Praxis seines Onkels zu übernehmen. Seine Nachfolge trat der junge, 1909 geborene Dr. Walter Pickel an, der als Assistenzarzt am Bruchsaler Krankenhaus Dr. Kleiser schon manchmal vertreten hatte. Um die Praxis übernehmen zu können, musste er allerdings verheiratet sein. Hals über Kopf wurde das am letzten Septemberwochende erledigt, damit am Montag, dem 1. Oktober 1938, morgens um 8 Uhr die Praxis in der Lange Straße 20 geöffnet werden konnte.

Die räumlichen Verhältnisse waren von bescheidenem Zuschnitt. Die Praxis bestand aus dem Behandlungsraum im oberen Sock des Wohnhauses und der Diele als Wartezimmer. Platz für eine Sprechstundenhilfe war nicht vorhanden. Dieses Geschäft wurde von Frau Pickel nebenbei miterledigt. Sprechstunde war täglich nur von 8 bis 10 Uhr. Danach standen bis zur Mittagspause Hausbesuche in Forst auf dem Programm. Nachmittags war Dr. Pickel nach strengem Plan dann auswärts unterwegs, denn Hambrücken und Karlsdorf zählten auch noch zu seinem Praxisbereich. Die dortigen Anlaufstellen waren der „Prinz Karl" in Hambrücken und die „Sonne" in Karlsdorf.

Fast um dieselbe Zeit wie Dr. Pickel war auch der erste Zahnarzt nach Forst gekommen – genauer gesagt ein Dentist, das heißt ein nur ausgebildeter, nicht-akademischer Zahntechniker. Hans Visel, 1912 in Karlsruhe geboren, hatte 1935 sein Examen gemacht und danach zwei Pflichtjahre als Assistent gearbeitet. Im Mai 1937 kam er nach Forst, wo er in der Hambrücker Straße 20 seine erste Praxis eröffnete. Fließend Wasser gab es damals genauso wenig wie Kanalisation. Die Spülgläser der Patienten wurden aus einer Thermoskanne gefüllt, das Waschbecken war nur mit einem Eimer verbunden, der immer wieder geleert werden musste. Erste Sprechstundenhilfe war Visels Verlobte und spätere Frau Elisabeth. Große Verbesserungen in der Praxis gab es erst 1953, als Familie Visel ihr neues Haus in der Bruchsaler Straße (Ecke Schillerstraße) beziehen konnte. Nun war sogar fließend Wasser vorhanden. Hans Visel praktizierte bis Dezember 1975.

Visels Praxisräume in der Hambrücker Straße blieben jedoch nicht leer. Sie wurden von einem zweiten Zahnarzt – mittlerweile war der alte Begriff „Dentist" ersetzt worden – übernommen, dem 1916 in Forst geborenen Alfons Pfahler. Auch Pfahler hatte seine Ausbildung schon vor Kriegsbeginn absolviert. An seine Assistentenzeit (die er vormittags in Bruchsal und nachmittags in Karlsruhe zu verbringen hatte), schlossen sich aber zuerst einmal Kriegsdienst und Kriegsgefangenschaft an. Immerhin wurde er in beiden Phasen zumeist auf seinem erlernten Arbeitsfeld eingesetzt. Der gebürtige Forster kam in seiner Heimatgemeinde mit seiner Frau sehr gut an, so dass schon 1956 der

Umzug in das neu erbaute Haus Goethestraße 9 erfolgen konnte. Dort praktizierte er Jahrzehnte lang. Das Ende erfolgte nicht abrupt, sondern schleichend in den 1980er Jahren.

17 Jahre war Dr. Pickel völlig konkurrenzlos tätig. Erst 1955 kam mit Dr. Max Dauer ein zweiter Arzt nach Forst. Seine Praxis eröffnete er in der Kirchstraße 5. Der Anfang war jedoch schwer. In den ersten sechs Wochen soll ihn kein einziger Patient aufgesucht haben. Dann war jedoch das Eis gebrochen, und Dr. Dauer etablierte sich neben Dr. Pickel.

Ende der 1950er Jahre zählte Forst fast 4.000 Einwohner und zwei praktizierende Ärzte. Da wurde es Zeit, die erste Apotheke anzusiedeln. Am 13. April 1959 erhielt der Odenheimer Karlfritz Sohns die offizielle Niederlassungserlaubnis durch das Regierungspräsidium für seine Apotheke in der Kirchstraße. Anfänglich versorgte er auch die Gemeinde Hambrücken mit Medikamenten. Zu diesem Zweck gab es dort eine Rezeptsammelstelle, eine Art Briefkasten, der von einem Boten regelmäßig geleert wurde. Die verlangten Arzneien wurden dann nach Hambrücken geliefert. Anders als heute wurden viele von ihnen noch vom Apotheker selbst gemischt – viel Gebrauchtes wie Hustensaft zu Winterbeginn auch gleich in größeren Mengen auf Vorrat.

Anfang der 1980er Jahre vollzog sich ein tiefer Umbruch im Forster Gesundheitswesen, eine neue Phase begann, mit neuen Gesichtern, aber auch einem erweiterten Angebot. Ende 1980 zog sich Dr. Pickel als erster der alten Garde zurück. Er verstarb 1990. Mittlerweile wurde auch sein Wohnhaus abgerissen. An Dr. Pickels Stelle traten gleich zwei neue Ärzte, Dr. Kurt Link und Dr. Karl-Heinrich Schumacher, beide damals Assistenzärzte am Krankenhaus Bruchsal. Ihre Praxis eröffneten sie am 2. Januar 1981 in einem Neubau Sudetenstraße 15. Zwei Jahre später übergab auch Dr. Dauer seine Praxis. Sie wurde von Dr. Karin Lerner weitergeführt, zunächst noch in den alten Räumen, dann ab 1986 in einem Neubau in der Kirchstraße 15.

1981 war es auch Apotheker Sohns nicht mehr möglich gewesen, sein Geschäft weiter zu führen. Die "Marien Apotheke" wurde am 14. August jenes Jahres von Klaus Reinhard aus Sandhausen übernommen. Ein knappes Jahr später, am 1. Juli 1982, erhielt Forst dann seine zweite, die St. Barbara Apotheke in der Sudetenstraße. Geführt wurde sie zunächst von Ursula Grundel-Schuster, ehe deren Schwester Angelika Grundel am 1. April 1994 den Betrieb übernahm.

Als letzte Veränderung der frühen 1980er Jahre ist schließlich die Eröffnung einer neuen zahnärztlichen Doppelpraxis zu nennen. Über der St. Barbara Apotheke ließen sich ebenfalls im Juli 1982 Sybille Lambrix und Dr. Reiner Kuhn nieder. Nach dem Ausscheiden von Dr. Kuhn Ende 1991 führt Frau Lambrix die Praxis seit Anfang 1993 mit Klaus-W. Lippold.

Einen dritten Zahnarzt-Sitz gab es seit Anfang 1988 für Benno Raddatz (in der Weiherer Straße 10); am 1. Oktober 1989 wurde seine Praxis von Joachim Paul übernommen. Die vierte Zahnarztpraxis wurde am 1. Oktober 2002 von Dr. Heike Stengel im Seniorenzentrum eröffnet, 2009/10 wurde sie zeitweise von Dr. Ingrid Stehfest unterstützt.

Das medizinische Spektrum wurde in den 1990er Jahren erweitert. 1990 eröffnete Dr. Eberhard Prinz eine internistische Facharztpraxis in der Jahnstraße 9. Der Bedarf war so groß, dass er ab 1. April 2004 mit Dr. Michael Zimmermann einen Kollegen aufnehmen konnte.

Im November 1997 kam schließlich ein weiteres Angebot hinzu. Mit Dr. Monika Hankeln ließ sich eine Gynäkologin in Forst nieder (Hambrücker Straße 52).

Eine dritte Phase setzte um die Jahrtausendwende ein. Sie ist durch eine beträchtliche Erweiterung des heilkundlichen Bereichs verbunden. Neben den traditionellen Angeboten der Ärzte und Zahnärzte etablierte sich eine Fülle von ganz neuen Therapieformen.

Zum Teil war dies auch durch einen Wandel der Gesetzeslage bedingt. Das Psychotherapeuten-Gesetz des Jahres 1998 etablierte die psychologische Psychotherapie als von den Krankenkassen zu bezahlende Leistung. Von den der Region Karlsruhe-Land zugewiesenen Sitzen konnte Gisela Dussel einen übernehmen. Im Frühjahr des Jahres 2000 bezog sie ihre neuen Räumlichkeiten in der Gregor-Um-hof-Straße.

Vor allem differenzierten sich die Helfer-Berufe in erheblicher Weise aus. Auf dem Feld der Krankengymnastik, Massage und Physiotherapie, das zunächst nur von Siegfried Oberst abgedeckt wurde, der 1981 seine Praxis im Haus der Doktores Link und Schumacher eröffnet hatte, werden mittlerweile noch vier weitere Praxen betrieben, von Jörg Gerloff, Markus Hörner, Peter Klein sowie Erika Slaby und Christiane Gräff. Außerdem praktizieren seit Oktober 1999 die Ergotherapeutinnen Silke Schuster und Christine Wiederspahn, sowie seit Mai 2003 die Logopädin Christina Walter, die mittlerweile von drei Fachkräften unterstützt wird. Fast gleichzeitig begannen Anfang des 21. Jahrhunderts auch die beiden Heilpraktikerinnen Gabriele Krutki und Angelika Wonka (geb. Bahm) ihre Arbeit; 2007 eröffnete auch noch Birgit Lüll eine Praxis in Forst. 2006 war die Motopädin Ruth Schenz in der Kirchstraße hinzugekommen, die vor allem psychomotorische Defizite von Vor- und Grundschulkindern zu beseitigen hilft.

Nach Jahren des Auf- und Ausbaus scheint eine gewisse Beruhigung eingetreten zu sein. Der bislang letzte Wechsel vollzog sich im Februar 2008, als Dr. Lerner ihre Praxis an die Allgemeinärztin Simone Wiedemann übergab. Und schließlich ergab sich Ende 2009 die erste Reduzierung. Die Doktores Prinz und Zimmermann verlegten ihre Praxis nach Bruchsal in das neue Ärztehaus im alten Postgebäude.

Am Ende soll nicht unerwähnt bleiben, dass in Forst seit ein paar Jahren nicht nur menschliche, sondern auch tierische Krankheiten von einem eigenen, hier ansässigen Spezialisten versorgt werden. Im Dezember 1998 eröffnete Tierarzt Markus Vogelbacher seine erste Praxis Wolfrainstraße 13. Im Mai 2006 verlagerte er sie in einen Neubau Sperlingsweg 32.

Die St. Barbara-Gemeinde vor neuen Herausforderungen

Vom allgemeinen sozialen Wandel, der bereits an vielen Stellen beschrieben wurde, blieben auch die Kirchen nicht ausgenommen, und es ist müßig darüber zu diskutieren, wer wohl stärker betroffen war, die katholische oder die evangelische. In beiden Fällen handelte

Die Konfessionsstruktur 1960–2000[171]

	Gesamteinwohnerzahl	davon kath.	%	evang.	%	sonst.	%
1960	4.196	3.876	92	303	7	17	
1970	4.708	4.180	89	451	10	77	
1980	5.822	4.631	80	893	15	268	5
1990	6.558	4.841	74	1.226	19	491	7
2000	7.194	4.715	65	1.351	19	1.128	16

171 Statistisches Handbuch.

es sich jedenfalls nicht nur um Oberflächenerscheinungen, sondern um tiefgreifende Umwälzungen.

Einen ersten Eindruck davon vermittelt bereits ein Blick auf die Veränderungen der Konfessionsstruktur:

Die Trends sind eindeutig: Die katholische Kirche profitierte nur begrenzt vom Bevölkerungswachstum seit 1960. Ihr Bevölkerungsanteil sinkt vielmehr kontinuierlich. Und seit den 1990er Jahren sinken auch die absoluten Zahlen der Gläubigen (das Maximum mit 5.135 Katholiken war 1996 erreicht). Im Gegensatz dazu konnte die evangelische Kirche ihren Bevölkerungsanteil jahrzehntelang ausweiten. Seit 1990 ist es damit zu Ende. Seitdem wächst nur noch die dritte Gruppe der „Sonstigen". Seit dem Jahr 2003 ist sie größer als die der evangelischen. Berücksichtigt man, dass die türkische Minderheit in Forst nur rund hundert Köpfe zählt, sind die meisten der „Sonstigen" als Konfessionslose zu betrachten, die sich von den beiden traditionellen Kirchen verabschiedeten (oder ihnen nie angehörten).

In der katholischen Kirche wurden die Weichen für ein ganz neues Selbstverständnis durch das Zweite Va-

tikanische Konzil Anfang der 1960er Jahre gestellt. Zwar wurden die alten Hierarchien nicht ganz verabschiedet, aber an die Stelle der alten, ganz auf den Priester zugeschnittenen Amtskirche trat ein stärker auf die Gemeinde und die Gläubigen bezogenes Modell. Sinnfällig war die Ersetzung der lateinischen Liturgie durch volkssprachliche Gottesdienste, verbunden mit der Hinwendung des Priesters vom Hochaltar zur Gemeinde. Mindestens ebenso bedeutsam war aber auch die Aufwertung der Laienarbeit. Die katholische Kirche pflegte zwar mit langer Tradition die Mitarbeit der Laien in vielfältigen Organisationen und Vereinen, in früheren Zeiten jedoch mit nie in Frage zu stellender Ausrichtung auf die Autorität des Pfarrers. Sicher war es auch ein Stück weit Reaktion auf den absehbaren Priestermangel, der von dieser Fixierung allmählich abrücken ließ und den Laien mehr Spielraum gewährte; ein Stück echte Neuorientierung sollte jedoch nicht übersehen werden. Waren die alten Stiftungsräte nur für finanzielle Angelegenheiten zuständig, so tragen die neuen Pfarrgemeinderäte in allen Bereichen Mitverantwortung und liefern sogar im seelsorgerischen Bereich Unterstützung, etwa in Form der Kommunionhelfer.

Die säkularen Veränderungen innerhalb der Gemeinden konnten damit jedoch nicht gestoppt werden. Am Auffälligsten ist der Bedeutungsverlust, den die Gottesdienstbesuche erlitten haben: War es noch 1966 geradezu eine Selbstverständlichkeit, den sonntäglichen Gottesdienst zu besuchen, der rund die Hälfte der Gemeinde entsprach, so ist es 40 Jahre später nur noch eine verschwindende Minderheit von kaum fünf Prozent, die einen Kirchgang auf sich nimmt.

Die vielfältigen Veränderungen innerhalb der katholischen Kirche vollzogen sich nicht schlagartig. Schon unter Viktor Wildschütte (Pfarrer in Forst von 1954 bis zu seinem Tod 1968) wurde die Kirche gemäß den neuen liturgischen Vorgaben umgestaltet. Und auch die wachsende Bedeutung der Freizeitgestaltung erkannte dieser dynamische Priester früh. Schon 1964 erwarb er den Hilsenhof, der seit seinem (ersten) Um- und Ausbau 1967 als viel genutztes Jugend- und Freizeitheim zur Verfügung steht. So recht konnte sich der

172 Nach Angaben des katholischen Pfarramts. Durchschnittswerte aus jeweils zwei Besucherzählungen.

Katholischer Kirchenbesuch[172]

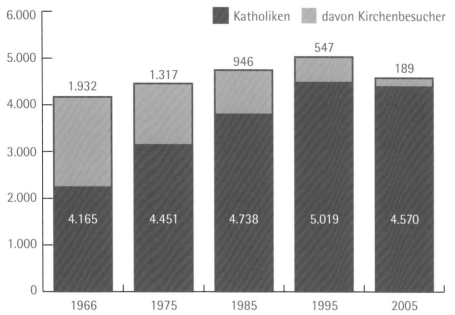

neue Geist jedoch erst unter seinen Nachfolgern Bahn brechen: Alois Seidel (Pfarrer in Forst von 1968 bis 1980), Klaus Frey (1980 bis 1985), Erwin Bertsch (1985 bis 2000) und Michael Storost (seit 2000).

Obwohl die Gemeinde Forst noch in den 1990er Jahren zwei Priester hervorbrachte (Priesterweihe von Friedbert Böser am 23. Mai 1992 und von Volker Ochs am 16. Mai 1993), sind die Zeiten vorbei, in denen der Pfarrer noch durch einen zweiten geweihten Priester als Kaplan entlastet werden kann. Immer mehr Pfarreien verfügen über keinen Pfarrer mehr. Seit 1992 musste der Forster Pfarrer deshalb auch die verwaiste Pfarrei St. Nikolaus in Weiher mitversorgen. Das anfängliche Provisorium erwies sich als nicht revidierbar. 2002 wurden die beiden Pfarreien (unter Wahrung ihrer kirchen- und vermögensrechtlichen Selbstständigkeit) in Form einer neuen Seelsorgeeinheit noch enger miteinander verbunden. Und die nächste Erweiterung ist absehbar: Spätestens 2015 wird auch noch die St. Andreas-Gemeinde Ubstadt hinzustoßen.

Unter diesen Umständen war der Einsatz von weiterem hauptamtlichen Personal unverzichtbar, zumal Pfarrer Bertsch ab 1996 auch noch als Dekan amtierte. An die Seite des Pfarrers mussten theologisch gebildete Pastoral- und religionspädagogisch geschulte Gemeindereferenten treten, die vor allem im Bildungsbereich Einsatz finden. Nachdem bereits in den 1960er Jahren Martina Vogel als Seelsorgehelferin präsent war, war als erste Gemeindereferentin von 1983 bis 1985 Ulrike Gärtner tätig, der von 1985 bis 1993 Bernd Gärtner folgte. Danach erhielt die Gemeinde ihren ersten Pastoralreferenten, Kilian Stark, der von 1993 bis 2002 in Forst arbeitete. Sein Nachfolger war in den Jahren 2003 bis 2009 Michael Wiedensohler. Seit 1. Oktober 2009 hat diese Stelle Johannes Deubel inne. Zeitweise steht auch ein Platz für einen Pastoralassistenten – einen Pastoralreferenten in Ausbildung – zur Verfügung. Die Vollzeit-Stelle der Gemeindereferentin hat seit ihrer erneuten Besetzung im Herbst 2000 Lore Wermuth inne. Unterstützt wird dieses hauptamtliche

Im Hilsenhof können bis zu 35 Personen übernachten, im 2004/05 komplett renovierten „Brennhäusle" noch einmal sechs. Insgesamt betreut der mittlerweile den Hof betreibende Verein völlig ehrenamtlich durchschnittlich 7–8.000 Übernachtungen im Jahr.

Pfarrer Storost mit den beiden Erstkommunikanten Jonas Wagner und Leonie Klein, Aufnahme am 11. April 2010.

Bild rechts unten: Von den hiesigen Gemeinden finanziert, konnten im Juni 1991 die Peruanerin Zaida (stehend), der Campesino Nemesio (mit weiß-rot-blauem Anorak) und Pfarrer Federigo (nicht auf dem Bild) nach Forst und Neuthard kommen.

Wenig später reisten die ersten Forster nach Peru. Dritter von links, mit grauem Hut: Pfarrer Federigo. Daneben Ursula Wiedemann und Maria Baur. Josef Mohr ist als Fotograf nicht auf dem Bild.

Team durch zwei ehrenamtliche Diakone: Werner Heger und Karl Landkammer, beide zwar aus Weiher, aber auch in Forst in Einsatz.

Noch nicht so recht gelöst wurde ein anderes Problem. Neben seiner eigentlichen Tätigkeit als Geistlicher wird der Pfarrer immer mehr zum Betriebsführer und Arbeitgeber – für das ihm direkt zuarbeitende Personal, aber auch für die kirchlichen Kindergärten (in Forst und Weiher mittlerweile vier Stück). Außerdem sind immer mehr Immobilien zu verwalten. Dem persönlichen Kontakt zur Gemeinde über die wichtigsten Anlässe hinaus ist das nicht gerade förderlich.

Glücklicherweise mangelt es in der Pfarrei nicht an Initiativen der Gemeindemitglieder, als deren oberstes Organ sich der Pfarrgemeinderat etabliert hat. Im Laufe der Zeit entfaltete sich das innergemeindliche Leben in beeindruckender Weise – gemessen nicht am immer mehr zurückgehenden Gottesdienst-Besuch, sondern an der Vielzahl der kirchlichen Gruppierungen und der Zahl ihrer Mitglieder. Der jeweils aktuelle Stand kann mittlerweile problemlos im Internet nachgelesen werden, das mittlerweile die traditionellen Mitteilungsorgane immer mehr ergänzt. Schon allein ihre Aufzählung zeigt die Breite des Engagements: Altenwerk, Besuchsdienst, Caritasverein, Familienschola, Frauengemeinschaft, Gebetskreis, Kinder- und Jugendschola, Kirchenchor, KJG, Ministranten, Partnerkreis Yanaoca, Verein der Freunde des Hilsenhofs sowie Vorbereitungsgruppen für Familien- und Kleinkindergottesdienste.

Wieviel Engagement in diesen Zusammenschlüssen entfaltet wird, sei nur an einem Beispiel angedeutet, dem Partnerkreis Yanaoca. Im Rahmen der Verbindung zwischen der Erzdiözese Freiburg und Peru bewarben sich 1986 auch die Pfarreien von Neuthard und Forst um eine Partnerschaft. Sie kam 1987/88 mit Yanaoca zustande, einer kleinen Gemeinde im Hochland der Anden. Da nicht immer nur Geld geschickt werden sollte, wurden von Anfang an intensive Kontakte aufgebaut. Fast jährlich reisten Neutharder oder Forster nach Peru (die erste Delegation aus Forst bildeten 1991 Maria Baur, Ursula Wiedemann und Josef Mohr) oder besuchten Peruaner Deutschland. So ergaben sich eine intensive Kommunikation und echtes Verständnis füreinander. Der seit 1989 neben dem Forster Pfarrhaus betriebene Weltladen, in dem Lebensmittel und Kunstgewerbe erhältlich sind, ist nur eine der vielfältigen Aktivitäten zur Unterstützung Yanaocas. Sie ermöglichen, dass in der peruanischn Gemeinde täglich 400 Schüler mit einem warmem Mittagessen versorgt werden.

Die evangelische Gemeinde und ihre Kirche

Dass Forst einmal zum Hochstift Speyer gehört hatte und von einem katholischen Bischof regiert wurde, war noch Anfang des 20. Jahrhunderts unübersehbar. 1911 waren von 2.792 Einwohnern 2.769 katholisch und nur 21 evangelisch (daneben gab es noch zwei „Sonstige", allerdings keine Juden). Eine erste Veränderung ergab sich erst nach dem Zweiten Weltkrieg, als nicht nur katholische, sondern auch evangelische Heimatvertriebene in Forst untergebracht wurden. Während sie jedoch noch mit allerlei Problemen zu kämpfen hatten, normalisierte sich die Situation immer mehr, als die Neubaugebiete von einer deutlich wachsenden Zahl evangelischer Christen besiedelt wurde (vgl. die Zahlen S. 137).

Evangelische Gottesdienste konnten zunächst nur in privaten Räumen abgehalten werden. Nach 1945 stellte die politische Gemeinde alte Schulräume zur

Das zum Erntedank 2009 geschmückte Innere der evangelischen Kirche.

Die Ankunft der Glocke am 5. Dezember 2004.

Ein seltener Anblick: Die im Dezember 2010 tief verschneite Dietrich-Bonhoeffer-Kirche mitsamt neuem Glockenträger und erst im Herbst 2010 aufgehängter Glocke.

en Kirche. Erst gut dreißig Jahre später erhielt sie ihre von der Karlsruher Firma Bachert gegossene Glocke. Gestimmt in F, harmoniert sie mit dem Geläute der katholischen Kirche seit sie ihren Platz in einem eigenen, schnörkellosen Glockenträger erhalten hat.

Die Forster evangelischen Christen besaßen zwar seit 1973 ihr eigenes Zentrum, wurden aber nach wie vor von Bruchsal aus mitbetreut. Für Pfarrer Bartsch war dies eine schwere Aufgabe, die mehr Kraft erforderte, als er auf Dauer aufbringen konnte. Er verstarb bereits am 23. November 1977. Im Frühjahr 1978 wurde daraufhin vom Evangelischen Oberkirchenrat eine Umstrukturierung in Angriff genommen. Ab 1. August bildeten dann Forst, Karlsdorf und Neuthard eine eigene Pfarrei, der Pfarrdiakon Bruno Häfner als erster Pfarrer zugewiesen wurde. Pfarrer Häfner betreute seine Gemeinde von 1978 bis 1991. Einen Nachfolger zu finden war nicht leicht. Erst 1994 konnte Pfarrerin Ulrike Rau eingesetzt werden. Und

Bei der auch finanziellen Verselbständigung der neuen Pfarrei im Jahre 1983 präsentierte sich Pfarrer Bruno Häfner (3. von links) mit den Forster Kirchenältesten Ferdinand Bischke, Hans Rothweiler und Edeltraud Hoffmann sowie etlichen Amtspersonen wie den Schulleitern und Bürgermeistern von Forst und Karlsdorf-Neuthard sowie den beiden Bartträgern Pfarrer Frey (links) und Dekan Hettler.

Dekan Wolfgang Brjanzew.

142

Verfügung, zuerst im heutigen Rathaus und 1952/53 in der heutigen Sprachbehindertenschule. Weitere Provisorien folgten.

Zugeteilt waren die evangelischen Christen Forsts und Ubstadts damals der Luther-Gemeinde Nord Bruchsals. Zwar konnte von der Gesamtgemeinde schon im Sommer 1959 ein Grundstück im Gewann „Birkig" für ihren Nebenort erworben werden, baureif wurde es jedoch erst im Laufe des Jahres 1966. Und bis zur tatsächlichen Bebauung vergingen noch einmal Jahre, denn die Finanzierung war nicht leicht zu bewältigen. Zwar wurden fleißig Spenden gesammelt und die Pläne bescheiden gehalten – aber selbst für einen Versammlungssaal mit nur 120 Sitzplätzen, einer Sakristei und einer Küsterwohnung waren 360.000 Mark zu veranschlagen. Ohne die großzügige Unterstützung durch die Muttergemeinde in Bruchsal (100.000 Mark) und die politische Gemeinde Forst (60.000 Mark) hätte das Projekt nie in Angriff genommen werden können. So aber konnte am 30. Oktober 1971 der Grundstein für das Gemeindehaus gelegt werden, das schon im Vorfeld den Namen Dietrich Bonhoeffers erhalten hatte. Am 23. Juni 1973 erfolgte die Einweihung der neu-

Nicht mehr aus dem Gemeindeleben wegzudenken ist vor allem der im Frühjahr 1982 auf Initiative von Edeltraud Hoffmann und Renate Bender gegründete Kirchenchor, hier nach dem Festgottesdienst am 11. Mai 1997 anlässlich seines 15jährigen Bestehens. Von 1982 bis 1988 von Gerhard Meyer und danach bis 2001 von Martin Schirrmeister geleitet, fungiert seit 2002 Dorothea Wachter als Dirigentin.

auch nach ihrer Versetzung im Jahr 2001 gab es eine jahrelange Vakanz.

Bis zum Jahr 2010 wuchs die etwas unglücklich konstruierte Pfarrei auf rund 3.000 Mitglieder, von denen etwa 1.400 in Forst leben – nicht zuletzt durch die Autobahn von Karlsdorf und Neuthard getrennt, die sich ihrerseits immer mehr auf sich zu bewegen. Die Gesamtgemeinde wird mittlerweile sogar von zwei Pfarrern betreut: Seit 2005 ist Pfarrer Thilo Bathke für die Gesamtgemeinde zuständig. Für Forst gab es im Herbst 2007 eine zusätzliche halbe Stelle, als Dekan Wolfgang Brjanzew hier seinen Dienstsitz bezog. Unterstützung findet er seit Juli 2009 durch die vor allem für Forst zuständige Gemeindediakonin Kyoung Hi Zell.

Jenseits der Gottesdienste gibt es ein breit entwickeltes Gemeindeleben, das alle Altersgruppen miteinbezieht. Es reicht von der Krabbelgruppe „Kirchenmäuse" über die Jungschar für das Grundschulalter und den Jugendtreff für die etwas Älteren bis hin zum Frauengesprächskreis und dem Familiennachmittag.

Der neue Friedhof

In alten Zeiten wurden die Toten der Gemeinde rund um die Kirche in der Ortsmitte bestattet. Weil eine Mauer fehlte, wurde der Kirchhof immer wieder von allerlei Vieh als Weide und Futterplatz genutzt, was ein ständiges Ärgernis bildete. Erst im frühen 19. Jahrhun-

Der neue Friedhof mit seiner Aussegnungshalle.

Noch immer schmücken die Gräber der beiden letzten in Forst begrabenen Pfarrer Cornel Hallbaur (+ 1894) und Alois Dörr (+ 1905) den alten Friedhof.

Rechts oben: Traditionelle Aufbahrung zu Hause – hier des mit 13 Jahren ertrunkenen Werner Schneider 1947.

ten abgeholt und im Trauerzug durch das Dorf zum Friedhof geleitet wurden. 1975/76 wurde die alte Halle durch ein riesiges Vordach erweitert.

Die weiterhin wachsende Gemeinde weckte den Wunsch nach einer ganz neuen, größeren Friedhofsanlage. Ein entsprechender Gemeinderatsbeschluss wurde am 22. Juni 1982 gefällt. Statt einem Hektar wurden nun 3,5 Hektar etwas östlich des alten Friedhofs an der Gregor-Umhof-Straße vorgesehen. 1984 wurde mit den Arbeiten begonnen, die Einweihung erfolgte am 14. September 1985. In die qualitätvolle Anlage wurden fast drei Millionen Mark investiert – allein das neue Friedhofsgebäude mit seiner großen Halle und Empore kostete mehr als eine Million Mark.

Bei den Planungen wurde von vornherein ein Urnengrabfeld für Feuerbestattungen vorgesehen, genauso wie auch die Zubettung von Urnen in bestehende Erdgräber möglich war. Beide Möglichkeiten wurden jedoch kaum in Anspruch genommen. Eine deutliche Vermehrung der Feuerbestattungen erfolgte erst, als sich die Gemeinde entschloss, nach dem Vorbild andernorts den Bau einer Urnenwand in Auftrag zu geben. Sie wurde 1994 mit 33 Bestattungsplätzen errichtet. Wie groß die Nachfrage nach diesem neuen Angebot war, ist daran abzulesen, dass die erste Urnenwand schon 1997 durch zwei neue Wände mit weiteren 66 Plätzen ergänzt werden musste. Dass auch dies nur ein Zwischenstand sein konnte, zeigt der Blick auf die Verteilung der Bestattungsformen. Im Jahr 2005 beispielsweise waren von 60 Bestattungen nur

dert wurde ein neuer Friedhof weiter östlich am Ende der Finkengasse angelegt (und auch mit einer Mauer versehen). Immer wieder wurde er vergrößert, zuletzt 1959.

1954 war dort eine erste Aussegnungshalle errichtet worden. Bis dahin mussten die Toten zu Hause aufgebahrt werden, wo sie dann von Pfarrer und Ministran-

Eine der neuen Urnenwände.

noch 24 „Beerdigungen" im ganz traditionellen Sinne. Von den 36 Urnenbestattungen wurden sechs im Grabfeld durchgeführt, aber 30 im Kolumbarium. Entsprechend wurden im Jahr 2007 zwei weitere Urnenwände mit noch einmal je 66 Kammern gebaut. Über die Gründe für diesen Trend muss man ein Stück weit rätseln: Sicherlich sind Urnenkammern preiswerter als große Grabplätze und erfordern auch weniger Unterhaltungsaufwand. Beides würde aber auch für Urnengrabplätze gelten, und die sind nach wie vor kaum gefragt.

Bundes- und Landtagswahlergebnisse

Die Details der Forster Ergebnisse von Bundes- und Landtagswahlen in den letzten 25 Jahren sind den beiden Tabellen auf S. 146 zu entnehmen. Es genügt deshalb, nur die wichtigsten Trends hervorzuheben.

Die dominierende Partei war zwar stets die CDU, jedoch verliefen die Linien nicht ganz parallel. Während bei den Bundestagswahlen der Spitzenwert von fast 66 Prozent bereits 1957 erreicht wurde, dauerte es bei den Landtagswahlen bis 1976 und 1980, bis ähnliche (und 1976 sogar noch höhere) Werte verzeichnet wurden. Erst als im Bund die CDU-Regierungen schon Vergangenheit waren, begann im Land ihre große Zeit. Seit den 1980er Jahren verlor die CDU auch in Forst

viele Wähler. Während in den Landtagswahlen jedoch die sinkenden Wahlbeteiligungen zumindest die Stimmenanteile stabilisierten, trat bei den Bundestagswahlen die Erosion unübersehbar zutage. In den letzten Wahlen konnte die Partei nicht mehr die 50-Prozent-Grenze überwinden. Dass 2009 sogar die 40 Prozent unterschritten wurden, lag sicherlich am speziellen, die FDP stark begünstigenden Kontext.

Die sehr schlechten Wahlergebnisse der CDU bei den Landtagswahlen 1992 und 1996 hingen dagegen vor allem mit dem geradezu sensationellen Abschneiden der 1983 gegründeten Republikaner zusammen, die seit 1989 für ein paar Jahre in verschiedenen Bundesländern beachtliche Erfolge erringen konnten. 1992 feierte die Ortsgruppe ihr zweitbestes Ergebnis im Landkreis (nach Kronau). Ein Anteil von 10,9 Prozent im Land sicherte der Partei 15 Mandate, 1996 gab es für 9,1 Prozent noch 14 Sitze. 2001 konnte die 5-Prozent-Hürde nicht mehr überwunden werden.

Die SPD konnte von den Schwierigkeiten nicht profitieren. Wahlergebnisse wie das bei der Landtagswahl von 1964, als sie in Forst fast 43 Prozent der Stimmen errang, sind schon lange Vergangenheit. Zwar gelang es ihr auf beiden Ebenen um die Jahrtausendwende erneut, verhältnismäßig gute Werte zu erzielen, doch folgten danach katastrophale Rückschläge: Zwischen 2001 und 2006 gingen den Sozialdemokraten in Forst bei den Landtagswahlen rund 50 Prozent der Stimmen verloren, und noch mehr waren es zwischen den Bundestagswahlen 2005 und 2009. Am Ende lag die Partei damit sogar nur noch auf dem dritten Platz – deutlich hinter der wesentlich besser abschneidenden FDP. Mit fast 25 Prozent der Stimmen erzielten die Liberalen ihr Rekordergebnis im Wahlkreis, wo sie es durchschnittlich nur auf 19 Prozent brachten.

Gab es bis zu den 1970er Jahren einen Trend hin zu einem Zwei-Parteien-System (bei den Bundestagswahlen erreichten CDU und SPD damals in Forst Stimmenanteile von über 90, ja bis zu 95 Prozent), so ist seitdem geradezu eine Umkehr zu konstatieren. 2009 erhielten CDU und SPD gerade noch die Hälfte der Stimmen. Ein eindeutiger Gewinner ist bei der sich

Ergebnisse der Bundestagswahlen 1983 bis 2009, Zweitstimmen[173]

	1983	1987	1990	1994	1998	2002	2005	2009
Wahlberechtigte	4.389	4.750	5.022	5.221				
Wähler	3.952	4.037	4.048	4.375	4.635	4.713	4.666	4.384
Wahlbeteiligung in %	90,0	85,0	80,6	83,8	85,3	85,1	82,9	76,6
gültig	3.895	3.984	3.967	4.287	4.549	4.656	4.569	4.279
CDU	2.417 (62)	2.309 (58)	2.171 (54)	2.215 (51)	1.967 (43)	2.215 (48)	2.028 (44)	1.581 (37)
FDP/DVP	244 (6)	356 (9)	404 (10)	297 (7)	373 (8)	389 (8)	631 (14)	1.049 (25)
SPD	1.048 (27)	1.006 (25)	1.058 (27)	1.289 (30)	1.537 (34)	1.566 (34)	1.251 (27)	745 (17)
Grüne	173 (5)	244 (6)	150 (4)	243 (6)	241 (5)	328 (7)	309 (7)	385 (9)
PDS/Linke	–	–	–	–	41 (1)	21	137 (3)	265 (6)
Sonstige	13	69 (2)	184 (5)	243 (6)	390 (9)	137 (3)	209 (5)	254 (6)

Ergebnisse der Landtagswahlen 1984 bis 2006[174]

	1984	1988	1992	1996	2001	2006
Wahlberechtigte	4.510	4.833	5.051	5.352	5.488	5.630
Wähler	3.301	3.569	3.811	3.708	3.565	3.093
Wahlbeteiligung in %	73,2	73,9	75,5	69,3	65,0	54,9
Gültige Stimmen	3.246	3.497	3.727	3.624	3.517	3.028
CDU	2.004 (61)	2.002 (57)	1.590 (43)	1.648 (45)	1.862 (53)	1.554 (51)
FDP	149 (5)	128 (4)	147 (4)	208 (6)	192 (5)	384 (13)
SPD	935 (29)	1.035 (30)	1.041 (28)	859 (24)	1.148 (33)	704 (23)
Grüne	150 (5)	181 (5)	231 (6)	400 (11)	143 (4)	204 (7)
Republikaner		561 (15)	472 (13)			
Sonstige	8	151 (4)	157 (4)	37	172 (5)	182 (6)

173 Statistisches Handbuch der Gemeinde; LIS. Die Ergebnisse der vorangegangenen Wahlen in Chronik, S. 533.

174 Statistisches Handbuch der Gemeinde, LIS. Die Ergebnisse der vorangegangenen Wahlen in Chronik, S. 534.

entwickelnden Vielfalt nicht auszumachen. Mehrere Parteien profitierten, wenn auch bei den verschiedenen Wahlen ganz unterschiedlich. An erster Stelle sind die Grünen zu nennen, deren Gründung 1980 ja die Abkehr vom bis dahin gewohnten Parteiensystem der Bundesrepublik bedeutete. Möglicherweise wird auch einmal die Linke dazu zählen, aber das bleibt noch abzuwarten. Wichtiger waren in der Vergangenheit dagegen immer wieder Parteien auf der Rechten. Der sensationelle Erfolg der Republikaner bei den Landtagswahlen 1992 und 1996 wurde ja schon genannt.

Nachdem jahrzehntelang der Wahlkreis im Landtag immer nur von einem Abgeordneten der CDU vertreten worden war, gab es 1992 deutliche Veränderungen.

Mit Walter Heiler zog erstmals ein SPD-Abgeordneter aus dem Kreis in den Landtag, und auch der Republikaner Heinz Troll schaffte für zwei Perioden den Sprung nach Stuttgart. Für Forst am Wichtigsten war aber die Frage nach dem CDU-Kandidaten. Seit 1972 hatte Heinz Heckmann die Partei vertreten, mit dem Forster Bürgermeister Alex Huber als Stellvertreter. 1992 trat Heckmann nicht mehr zur Wahl an, so dass die Partei einen neuen Kandidaten benötigte. Die Entscheidung fiel am 13. April 1991 in einer langen Nacht in der Kronauer Mehrzweckhalle durch eine Urwahl der anwesenden Mitglieder. Hatte es im ersten Wahlgang noch sechs Kandidatinnen und Kandidaten gegeben und im zweiten noch drei, so spitzte sich der dritte zu einer Stichwahl zwischen dem Forster Bürgermeister und dem Langenbrückener Rechtsanwalt Heribert Rech zu. Das Endergebnis war an Dramatik kaum zu überbieten. Von 1.165 gültigen Stimmen entfielen auf Alex Huber 581, während Rech gerade einmal drei mehr schaffte.[175] Letztlich war jedoch auch Rech keine schlechte Wahl. Er vermochte nicht nur in den Landtag einzuziehen (und das Mandat bis heute zu behaupten), 2001 wurde er auch zum politischen Staatssekretär im Innen-ministerium und am 14. Juli 2004 sogar zum Innenminister des Landes Baden-Württemberg berufen.

Gemeinderatswahlergebnisse

Seit Etablierung der Bundesrepublik bilden die Forster Gemeinderatswahlen einen Dreikampf zwischen CDU, SPD und Freien Wählern. Bemühungen anderer Gruppierungen blieben aufgrund ihrer minimalen Erfolge immer nur punktuell begrenzt.

Die Ergebnisse scheinen letztlich sehr stark von der Persönlichkeit der jeweiligen Bürgermeister geprägt zu sein. In den ersten Jahren der Ära Huber errang die CDU zeitweise Stimmenanteile von über 60 Prozent, danach bewegte sie sich immer noch um 50 Prozent. Zu Zeiten Bürgermeister Gregor Umhofs gab es dagegen Wahlen, in denen die Freien Wähler vorne lagen, ganz wie es 2009 unter Bürgermeister Reinhold Gsell geschah. Der SPD gelang es immerhin, in den letzten 25 Jahren ihren Stimmenanteil bei etwa 20 Prozent stabil zu halten, nachdem zuvor von Wahl zu Wahl sehr starke Ausschläge zu verzeichnen waren.

175 BNN 1. April 1991.
176 Nach den Mitteilungsblättern der jeweils anschließenden Woche.

Die Ergebnisse der Gemeinderatswahlen 1984 bis 2009[176]

	1984	1989	1994	1999	2004	2009
Wahlberechtigte	4.453	4.798	5.128	5.547	5.698	5.822
Wähler	2.999 (67 %)	3.453 (72 %)	3.777 (74 %)	3.382 (61 %)	3.527 (62 %)	3.450 (59 %)
Gültig	2.925	3.368	3.690	3.347	3.465	3.396
Stimmen	50.098	57.210	62.031	56.657	58.500 57.224	
CDU	25.353 (51 %)	25.621 (45 %)	28.386 (46 %)	27.815 (49 %)	25.155 (43 %)	22.200 (39)
	10 Sitze	8	8	9	8	7
SPD	9.899 (20 %)	12.038 (21 %)	12.836 (21 %)	10.385 (18 %)	11.638 (20 %)	10.114 (18)
	3 Sitze	4	4	3	3	3
Freie Wähler	14.846 (29 %)	19.551 (34 %)	20.809 (33 %)	17.949 (32 %)	21.707 (37 %)	24.910 (43)
	5 Sitze	6	6	6	7	8
Republikaner	–	–	–	508 (1 %)	–	–

Jenseits der in der Tabelle ablesbaren Daten sollte jedoch noch auf eine Veränderung bei den Ergebnissen hingewiesen werden, die ein weiterer Ausdruck des gesellschaftlichen Wandels ist: Obwohl bereits 1919 nicht nur das aktive, sondern auch das passive Wahlrecht für Frauen eingeführt wurde, dauerte es Jahrzehnte, bis die erste Frau auch tatsächlich gewählt wurde. Erst 1975 konnten die beiden ersten Frauen in das 18köpfige Forster Gremium einziehen, die Berufsschullehrerin Anneliese Schultheiß für die CDU und die Bankangestellte Ursula Firnkes für die SPD. An diesem Verhältnis veränderte sich lange Jahre nichts. Erst 1994 kamen zwei weitere Frauen hinzu, 1999 noch zwei, 2004 auch und 2009 eine neunte. Damit ist erstmals die weibliche Hälfte der Bevölkerung auch entsprechend im Gemeinderat vertreten. Gang und gäbe ist das noch lange nicht. Im gesamten Landkreis nimmt Forst in dieser Hinsicht eine Ausnahmestellung ein.

Forst bleibt selbstständig

In den späten 1960er Jahren sollten überall in der Bundesrepublik die Unterschiede zwischen Stadt und Land eingeebnet werden. Auch in Baden-Württemberg war klar, dass dies nur geschehen konnte, wenn die Vielzahl kleiner und kleinster Gemeinden reduziert und dadurch die Leistungskraft der Verwaltungen gesteigert wurde. Aber inwieweit war Forst mit seinen – damals – fast 5.000 Einwohnern davon betroffen?

Es dauerte bis zum 14. Dezember 1970, bis Bürgermeister Huber seinen Gemeinderat über die Rechtslage und den Stand seiner Gespräche ausführlich informierte. Letztlich sah er kurzfristig nur zwei Alternativen: Forst würde entweder von Bruchsal eingemeindet oder mit der Stadt eine Verwaltungsgemeinschaft bilden müssen. Mittelfristig gab es für ihn sogar nur eine Perspektive: *Eine spätere Eingemeindung wird ... nicht zu umgehen sein.* Nach längerer Diskussion, die klar machte, *daß nach wie vor versucht werden soll, die Selbständigkeit zu wahren,* wurde beschlossen, den

Bruchsaler Oberbürgermeister Dr. Bieringer zur Stellungnahme einzuladen.

In dieser Situation kamen Forst glückliche Umstände zu Hilfe. Andere Gemeinden hatten nicht so viele Skrupel wie Forst, sich von Bruchsal eingemeinden zu lassen. Mit dem 1. Juli 1971 wurden Ober- und Untergrombach Stadtteile, am 1. Juli 1972 folgten Büchenau und Helmsheim. Die dazu nötigen Verhandlungen beschäftigten den Bruchsaler Oberbürgermeister mehr als genug. Zum Gespräch in Forst kam es deshalb erst am 31. Juli 1972. Bieringer machte darin klar, dass er kein Interesse hatte, eine widerstrebende Bevölkerung einzugemeinden. Dazu sei Bruchsal schon genug gewachsen. Allerdings wies er auch daraufhin, dass Forst sich effektiv nur mit Bruchsal zusammenschließen können würde; jede andere Verbindung erhielte keine Genehmigung.

Die grundsätzliche Stimmung in der Bevölkerung wie im Gremium brachte Gemeinderat Roman Frank auf den Punkt: *Wir wollen unsere Selbständigkeit erhalten so lange, bis der Gesetzgeber sagt, so jetzt haben wir genug mit euch, jetzt müsst ihr zu Bruchsal gehen.* Der allseits geteilten Forderung nach einer engeren Zusammenarbeit der beiden Gemeinden vor allem bei der Bauleitplanung stand dies jedoch nicht im Weg.

Und so waren im Prinzip schon im Juli 1972 die Weichen für die Verträge gestellt, die seit Anfang 1974 unterschrieben wurden: Im Januar vereinbarten Bruchsal, Forst, Hambrücken sowie die damals noch selbständigen Gemeinden Heidelsheim, Karlsdorf und Neuthard, gemeinsam eine Gesellschaft *mit der Erstellung eines Entwicklungsplans für ihren gemeinsamen Raum und ihre Gemarkungsflächen* zu beauftragen. Und im Juni schlossen dann dieselben Gemeinden einen Vertrag über die Bildung einer Verwaltungsgemeinschaft ab dem 1. Januar 1975. Bruchsal erhielt darin die Rolle einer „erfüllenden Gemeinde" vor allem bei der Bauleitplanung und der Durchführung von Bodenordnungsmaßnahmen.[177]

Während dies Heidelsheim nicht davor bewahrte, von Bruchsal eingemeindet zu werden, und auch Karlsdorf und Neuthard fusionieren mussten, blieben Ham-

177 Die Protokolle der beiden Sitzungen im unsignierten Bestand der Gemeinderatsprotokolle im GAF, die beiden Verträge in GAF A 2213.

brücken und Forst zunächst einmal unabhängig. Und sie sind es geblieben, weil sich nach ein paar Jahren bei den übergeordneten Stellen der Reformeifer legte.

Rathaus-Modernisierung und neue Verwaltung

Zwischen dem Rathaus des Jahres 1950 und dem des Jahres 2010 liegen Welten – sowohl was die Gebäudenutzung als auch die Verwaltung selbst betrifft.

Zwar waren 1950 die Zeiten, in denen in dem 1863 erbauten (und danach mehrfach erweiterten) Gebäude auch noch die Schule untergebracht war, schon lange vorüber, aber der Verwaltung blieb nach wie vor nur ein bescheidener Teil. Um es genau zu sagen: 131 von 812 Quadratmetern (ohne Flure). Statt der Post war die Spar- und Darlehenskasse ein Mitnutzer. Aber auch sie nahm nur 22 (!) Quadratmeter in Beschlag. Die übrigen 659 Quadratmeter – also mehr als 80 Prozent der Fläche – waren als Wohnraum vermietet, und zwar an eine ganze Fülle von Mietern. Nicht nur Schulrektor Lorenz Philipp hatte hier sein zuhause (91 Quadratmeter), sondern auch die beiden Hauptlehrer Eugen Morlock und Ernst Odenwald (je rund 85 Quadratmeter) – jeweils mit ihren Familien – und schließlich noch 13 weitere Parteien!

Nach und nach übernahm die wachsende Verwaltung alle frei werdenden Räume im Rathaus – der Wohnungen genauso wie der zeitweise darin untergebrachten Post oder des Polizeipostens. Aber noch wichtiger als das quantitative Wachstum war die qualitative Veränderung. Die entscheidende Zäsur kann man auf das Jahr 1972 datieren. Damals wurde der erste Fotokopierer der Firma Rank Xerox aufgestellt – leihweise, für 200 Mark Miete im Monat. Für die Verwaltung erschien das viel zu teuer. Sie warb deshalb um Mitnutzer und gewann die Raiffeisenbank (für 30 Mark) und die Autobahnraststätte (10 Mark). Sogar die Gemeinde Hambrücken war zeitweise im Gespräch.

Außerdem hielt 1972 auch die moderne Datenverarbeitung Einzug – zumindest ansatzweise, indem sich die Gemeinde dem regionalen Rechenzentrum Karlsru-

he anschloss. Jahrelang musste jedoch noch mit Lochkarten gearbeitet werden. Für die „Textverarbeitung" standen nur Schreibmaschinen zur Verfügung. Erst 1988 wurden für die Vorzimmer des Bürgermeisters und des Hauptamtsleiters die beiden ersten IBM-PCs mit einfachen Schreibprogrammen angeschafft. 1992 folgten weitere Rechner, dazu ein erster Server, mit dem das Rathaus vernetzt werden konnte. Nicht zuletzt um die Datumsproblematik zu entschärfen, wurden im Jahr 2000 die Betriebssysteme und alle Rechner – mittlerweile 25 Stück – ausgewechselt. Zehn Jahre später sind drei Server und mehr als 35 PC im Rathaus im Einsatz.

Ohne ihn läuft heute bei der Verwaltung gar nichts mehr: der zentrale Server des Computernetzwerks.

Eine moderne Verwaltung muss jedoch nicht nur Computer verwenden, sie hat auch ein anderes Verhalten zu zeigen. Sie darf sich nicht mehr als Obrigkeit verstehen, der sich die Untertanen nur als Bittsteller nähern können, sondern soll sich als Dienstleister profilieren, der den Alltag der Bürgerinnen und Bürger wenn möglich erleichtert. Die Verwaltungsarbeit muss insgesamt auch im ganz direkten Sinne des Wortes zugänglicher werden.

Zu diesem Zweck wurde 1994 mit erheblichen Umbauarbeiten am Rathaus begonnen. Zentrale Maßnahme war der Einbau eines Personenaufzugs. Am Wichtigsten für die Verwaltung selbst war die Bereitstellung weiterer Büroräume, für die Besucher aber die Einrichtung einer Auskunfts- und Servicestelle zentral im ersten Obergeschoß seit Anfang 1995. Eine wirklich befriedigende Lösung konnte jedoch erst erzielt werden, nachdem die Post ihre im Erdgeschoß gemieteten Räumlichkeiten zurückgegeben hatte. Nicht nur das Panzerglas wurde entfernt – auch ansonsten wurde die Zusammenarbeit von Verwaltung und Bürgerschaft deutlich erleichtert. Seit Juni 2001 stehen die Mitarbeiterinnen im Bürgerbüro an drei Arbeitsplätzen mit Rat und Tat zur Verfügung.

Das charmante Gesicht der Verwaltung im Bürgerbüro: Ulrike Wickenheißer und Nicole Klär (stehend, v. l.) sowie Sabine Herzog und Birgit Leibold. Aufnahme 11. Juni 2010.

Neue Gemeinde-Aktivitäten jenseits klassischer Verwaltung

Die Gemeindeverwaltung verwaltet nicht nur. Viele vermeintliche Selbstverständlichkeiten in Forst funktionieren nur, weil die Verwaltung dafür Kräfte beschäftigt oder Hilfen gewährt. Von etlichem wurde schon berichtet (oder wird es noch), ohne dass jeweils dezidiert auf den verbundenen (Folge)Aufwand hingewiesen wurde: den Sport- und Freizeitanlagen (zu denen auch noch die Spielplätze zu zählen wären), dem Jägerhaus, der Bücherei, den Kindergärten, dem Seniorenzentrum. Ohne auf Vollständigkeit abzuzielen, muss jedoch noch mehr genannt werden, was erst in den letzten Jahren eingeführt, aber schon zur festen Tradition wurde – und ohne den Einsatz der Rathaus-Mitarbeiter kaum zu bewältigen wäre. Im Prinzip ergibt dies bereits einen kleinen jährlichen Veranstaltungskalender.

Neujahrsempfänge gibt es nicht schon immer in Forst. Der erste, damals noch in der Schul-Aula, wurde erst 1986 veranstaltet. In den folgenden Jahren gab es dann auch Versuche mit der Jahnhalle und dem Jägerhaus, aber nicht zuletzt aufgrund wachsender Teilnehmerzahlen etablierte sich immer mehr die Waldseehalle als Veranstaltungsort. Selbstverständlich wird nicht immer so viel Aufwand getrieben, wie am 1. Januar 2000, als gleich ein ganzer Feier-Tag organisiert wurde; aber auch wenn es sich nur um einen kleinen Empfang mit anschließendem Umtrunk handelt, wird nicht nur die Rede des Bürgermeisters, sondern auch noch manch helfende Hand gebraucht.

Im selben Jahr 1986 wurde auch mit Neubürger-Empfängen begonnen. Vier pro Jahr erwiesen sich als zu viel, aber zwei werden noch immer angeboten, um neu Hinzugezogene zu begrüßen und ihnen die Gemeinde vorzustellen.

Die Zeiten, in denen Kinder im Sommer auf dem Feld gebraucht wurden, sind schon lange vorbei. Aber womit beschäftigt man die Sprösslinge in den langen Ferien, wenn man nicht viel Urlaub macht? Seit 1987 organisiert die Gemeinde ein zunehmend üppigeres „Ferienprogramm". Waren es zunächst nur gut 500 Kin-

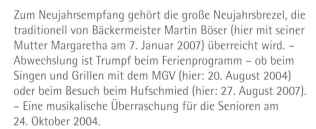

Zum Neujahrsempfang gehört die große Neujahrsbrezel, die traditionell von Bäckermeister Martin Böser (hier mit seiner Mutter Margaretha am 7. Januar 2007) überreicht wird. – Abwechslung ist Trumpf beim Ferienprogramm – ob beim Singen und Grillen mit dem MGV (hier: 20. August 2004) oder beim Besuch beim Hufschmied (hier: 27. August 2007). – Eine musikalische Überraschung für die Senioren am 24. Oktober 2004.

der bei 20 Veranstaltungen, wurde schnell (und dauerhaft) die Tausendergrenze überschritten. Selbstverständlich werden die meisten der mittlerweile mehr als 30 Angebote nicht von der Verwaltung, sondern von Vereinen und anderen Organisationen durchgeführt, aber für das Gesamtmanagement und viele Hilfen im Detail bleibt sie verantwortlich.

Nur wenige Jahre später folgte dem Angebot für die Jugend auch ein Angebot für das Alter. Seit Herbst 1991 gibt es die beliebten Seniorennachmittage und Seniorenfahrten. Katholische und evangelische Kirchengemeinde sind Mitorganisatoren, wären aber ohne die Unterstützung und tatkräftige Mithilfe der politischen Gemeinde sicherlich mit der regelmäßigen Durchführung überfordert.

Abgeschlossen wurde der Verwaltungs-Veranstaltungskalender für die Gemeinde schließlich seit 1983 für viele Jahre mit der Sportlerehrung während des großen „Sportler- oder Meisterballs" zum Jahresende in der Waldseehalle.

Neue Verkehrswege

Als im 19. Jahrhundert die Bahnlinien Heidelberg–Bruchsal–Karlsruhe und Bruchsal–Germersheim gebaut wurden, berührten sie Forst nicht unmittelbar. Trotzdem wird man in der Gemeinde dankbar über die neuen Möglichkeiten gewesen sein, die nun der Bruchsaler Bahnhof bot. Von der Autobahn, die in den 1930er Jahren durch den Forster Wald gelegt wurde, hatte man direkt auch zunächst nichts, aber der informelle Anschluss über den Rasthof legte später den Grundstock für den industriellen Aufschwung seit den 1950er Jahren.

In den 1970er und 1980er Jahren änderten sich die Gegebenheiten erheblich. Neue Verkehrswege drohten keine neuen Möglichkeiten für die Gemeinde zu schaffen, sondern nur Ressourcen zu beschneiden. Die Schnellbahn-Pläne der Deutschen Bahn, die mit einer neuen Trasse die Fahrtzeit zwischen den Ballungszentren Mannheim und Stuttgart deutlich verkürzen wollte, stießen deshalb genauso auf lokalen Widerstand wie das Projekt einer großzügigen B 35-Nordumgehung der Gemeinden Karlsdorf und Bruchsal.

Der zentrale Einwand gegen die 1975 von der Regierung genehmigte Schnellbahn-Trasse bestand darin, dass dadurch die Freizeit- und Erholungsmöglichkeiten im Norden der Gemeinde erheblich beeinträchtigt worden wären: Die direkten Zugänge zu Wald und Heidesee würden wegfallen, Tierpark und Reiterplatz von vorbeidonnernden Hochgeschwindigkeitszügen entwertet. Langwierige Verhandlungen mündeten schließlich in den Kompromiss, den für die Forster Gemarkung vorgesehenen Streckenabschnitt überwiegend in einen Tunnel zu verlegen. Das war zwar mit erheblichen technischen Problemen, vor allem wegen der hohen Grundwasserstände, und entsprechenden Mehrkosten verbunden, sicherte Forst aber ein erhebliches Stück Wohn- und Lebensqualität. Im Herbst 1983 begannen die Bauarbeiten, im Mai 1987 wurde der Abschluss der Rohbauarbeiten des Tunnels mit einem großen Fest gefeiert und am 9. Mai 1991 konnte die gesamte, 99 Kilometer lange Strecke erstmals befahren werden. Insgesamt hatte die Bahn für das Projekt rund 4,5 Milliarden Mark ausgegeben. Der 1,7 Kilometer lange Forster Tunnel, der 85 Millionen Mark kostete, ist dabei nur einer von mehreren. Insgesamt verlaufen 31 Kilometer Schienen unterirdisch.

Die B 35-Pläne waren letztlich noch älter als die der Bahn. Schon in den 1960er Jahren war die Idee entwickelt worden, die Bundesstraße als vierspurige A 80 von Germersheim bis Stuttgart auszubauen. 1980 wurde das Projekt zwar offiziell begraben, ein Teilstück dieser Planung überlebte jedoch, als vor allem Bruchsal eine Umgehungsstraße forderte. Als es 1985/86 an die konkrete Verwirklichung ging und die Pläne öffentlich ausgelegt wurden, gab es hunderte von Einwänden. Sie führten zu zahlreichen Planänderungen, die im Sommer 1989 erneut öffentlich erörtert wurden. Im April 1990 erfolgte die offizielle Planfeststellung.

Der Widerstand gegen das Großprojekt hatte 1982 die Arbeitsgemeinschaft für Natur und Umweltschutz hervorgebracht, 1985 eine Bürgerinitiative Bruchsal-Forst gegen die B 35 und schließlich verschiedene wei-

tere Vereine, um juristisch besser agieren zu können. Die Notwendigkeit dazu sah man 1990, nach der Planfeststellung. Die Klage vor dem Verwaltungsgericht, der Forst auf Beschluss seines Gemeinderats nicht beigetreten war, wurde 1992 von den Klägern gewonnen, worauf das Regierungspräsidium Berufung einlegte und die Entscheidung dem Verwaltungsgerichtshof Mannheim vorgelegt wurde.

Als auch dieser Prozess angesichts fehlender ökologischer Ausgleichsmaßnahmen für den Straßenbau von den Klägern gewonnen zu werden schien, präsentierte Bruchsals Oberbürgermeister überraschend einen Kompromissvorschlag: die Teilung des Projekts in einen West- (bis zur B 3) und einen Ost-Teil (von der B3 bis Heidelsheim) und die Beschränkung auf den Bau des für Bruchsal (und Karlsdorf) viel wichtigeren Westteils. Der Ostteil, der vor allem von den Einwänden der Naturschützer betroffen war, sollte erst nach einem völlig neuen Planfeststellungsverfahren in Angriff genommen werden dürfen. Außerdem wurden weitere Ausgleichsmaßnahmen für den Westteil in Aussicht gestellt.

Die Entscheidung für die Kläger war schwierig, wurde aber von einem drohenden, kaum zu finanzierenden Prozess in dritter Instanz überschattet. Schließlich wurde der Kompromiss aber akzeptiert, die nötigen Verträge am 22. Dezember 1994 unterschrieben und alle Klagen zurückgenommen.

Die Konsequenzen des Kompromisses für Forst waren vielfältig und in ihrer Reichweite nicht ohne weiteres abzuschätzen. Als eindeutig positiv musste vor allem bewertet werden, dass nun endlich die Verlängerung der bereits bis Weiher gebauten Kreisstraße K 3575 möglich war, die Forst vom Durchgangsverkehr Bruchsal-Weiher entlasten sollte. Sofort nach der Planfeststellung wurde im Sommer 1997 mit den Bauarbeiten begonnen. Im Juni 2001 konnte die fertige Strecke dem Verkehr übergeben werden.

Hochproblematisch war jedoch auf einmal die bislang nur nachrangige Überquerung der B 35 durch den Burgweg. Sie sollte nun so weit ausgebaut werden, dass hier der Verkehr Richtung alter B 35 aus- und eingeleitet werden konnte. Aus einer einfachen Brücke wurde nun ein riesiger Damm, der eine mehrspurige Straße zu tra-

Die Luftbilder zeigen deutlich, wie aufwändig der Tunnelbau war, aber auch wie stark Forst beeinträchtigt worden wäre, wenn die Schnellbahn-Trasse keinen Tunnel bekommen hätte.

gen hatte. Diverse Schutzmaßnahmen sollten die Lärm- und Abgasbelastungen für die im Aufbau bzw. in der Vorbereitung befindlichen Neubaugebiete Hardlach und Zeilich so gering wie möglich halten.

In mehreren Etappen konnte die Neubaustrecke um Forst herum frei gegeben werden: Am 18. Juni 1998 galt dies für das Stück zwischen Burgweg und Bruchsaler Straße, am 6. September 2000 folgte der umgebaute Burgweg, am 19. Juni 2001 war der Anschluss an die neue K 3575 hergestellt und am 18. Oktober 2002 schließlich der an die B 3. Erfreulich war zudem, dass der ursprüngliche Kostenrahmen von rund 115 Millionen Mark um etwa 20 Millionen Mark unterschritten wurde.

Dorfentwicklung und Dorfsanierung

Es dauerte bis 1980, bis man in Forst begann, sich systematisch Gedanken über die Entwicklung der Gemeinde und eventuell vorzunehmende Veränderungen zu machen. Am 1. Februar 1980 war die Gemeinde in das Dorfentwicklungsprogramm des Landes Baden-Württemberg aufgenommen worden. Danach wurde in enger Absprache mit Gemeinderat und interessierten Bürgern vom Planungsinstitut für ländliche Siedlung in Stuttgart ein örtliches Entwicklungskonzept ausgearbeitet, das am 11. Februar 1982 vom Gemeinderat gebilligt wurde. Erstmals wurde versucht, bis dahin mehr oder minder getrennte Aspekte in einem Gesamtplan zu vereinigen. Schon damals spielte Verkehrsberuhigung eine große Rolle, darüber hinaus ging es aber auch um Verkehrsraum- und Freiflächengestaltung sowie die Behandlung der vorhandenen Bausubstanz. Feste Verpflichtungen waren daraus nicht abzuleiten. Es handelte sich um Angebote, nicht zuletzt für die Bürgerschaft, die bei ihrer Annahme mit Unterstützung und gegebenenfalls finanzieller Förderung rechnen konnte.

Manche der damals entwickelten Gedanken wurden recht zügig verwirklicht, zum Beispiel die Neuordnung des Kreuzungsbereichs Schwanenstraße/Rheinstraße/ Lange Straße: Im Kontext des Musikschul-Baus wurden weitere Privathäuser gebaut, Parkplätze angelegt, die Straße zum Teil gepflastert, Bäume gepflanzt und ein gemeindeeigener Altbau abgerissen, ein weiterer dagegen vorbildlich saniert. Auch ein großes unbebautes Gelände an der Lange Straße sowie das Gelände Bruchsaler Straße 15–19 (heutige Volksbank) wurden entsprechend der Konzeption bebaut. Im Prinzip gilt dies auch für das Gebiet des alten Festplatzes zwischen Barbara-, St. Georg- und Zeiligstraße.

Anderes brauchte seine Zeit. Die schon 1980/81 entwickelten Ideen für den heutigen Waldhornweg konnten – in leicht modifizierter Form – erst ab 1997 umgesetzt werden. Und einiges blieb liegen. Die riesige Asphaltfläche der Einmündung der Wiesenstraße in die Hambrücker Straße mit dem völlig unübersichtlichen Abzweig in die Dörnigstraße ist auch nach dreißig Jahren ein Ärgernis, das wohl erst beseitigt werden kann, wenn die damit zusammenhängende Problematik der Ortsumgehung Richtung Hambrücken gelöst ist.

Auch über die Dorfmitte wurde damals nachgedacht und ein erster Vorschlag entwickelt. Bewegung kam in diese komplexe Angelegenheit jedoch erst, als mit der neuen Kreisstraße das Problem der Ortsdurchfahrt Richtung Weiher gelöst war und mit dem Bau des Seniorenzentrums in den Kirchengärten[178] die Umgestaltung des gesamten Quartiers anstand.

Nach längeren erneuten Planungsarbeiten vor allem durch das Planungsbüro Modus Consult von Frank und Elke Gericke, denen der Gemeinderat im Dezember 2002 endgültig zustimmte, wurde die Ortsmitte eineinhalb Jahre lang zur Baustelle. Betroffen war nicht nur die unmittelbare Einmündung der Weiherer Straße in die Kirchstraße, sondern der gesamte Bereich von der Einmündung der Schwanenstraße in die Kirchstraße auf der einen Seite bis hin zum Abzweig der Ubstadter Straße von der Weiherer Straße und der Einmündung der Josef- in die Bruchsalerstraße auf der anderen. Die Autos sollten nicht verdrängt, aber ihrer Dominanz beraubt werden: Die Straßen wurden verschmälert (und mit reichlich Parkraum versehen), großzügige Fußgänger-Sicherungen eingebaut und mit der Umgestaltung des Kirchplatzes unter Einbezug der

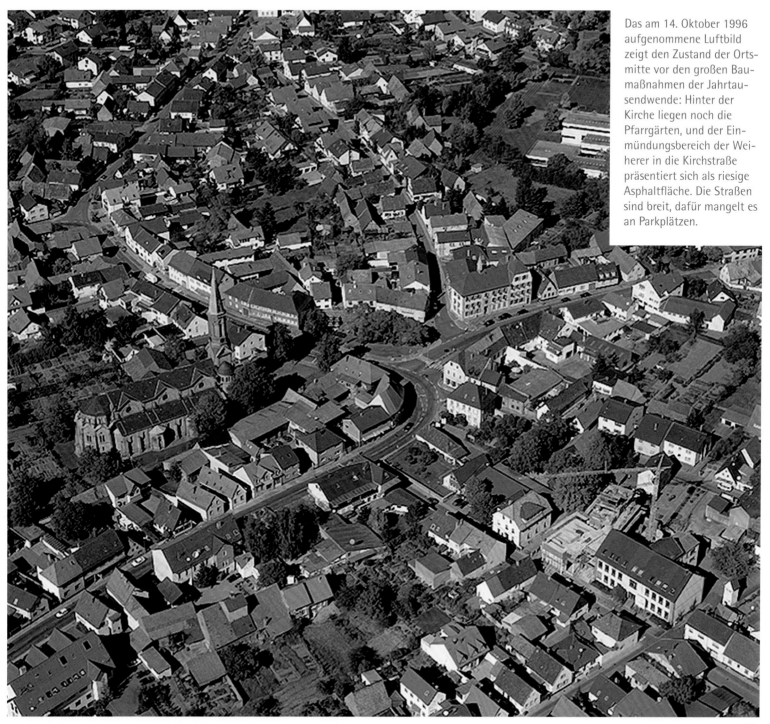

Das am 14. Oktober 1996 aufgenommene Luftbild zeigt den Zustand der Ortsmitte vor den großen Baumaßnahmen der Jahrtausendwende: Hinter der Kirche liegen noch die Pfarrgärten, und der Einmündungsbereich der Weiherer in die Kirchstraße präsentiert sich als riesige Asphaltfläche. Die Straßen sind breit, dafür mangelt es an Parkplätzen.

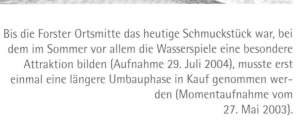

Bis die Forster Ortsmitte das heutige Schmuckstück war, bei dem im Sommer vor allem die Wasserspiele eine besondere Attraktion bilden (Aufnahme 29. Juli 2004), musste erst einmal eine längere Umbauphase in Kauf genommen werden (Momentaufnahme vom 27. Mai 2003).

Lange Straße in die Weiherer Straße fast ein Stück Fußgängerzone geschaffen.

Im April 2003 war der erste Bauabschnitt, der Rückbau der Ortsdurchfahrt Richtung Weiher, abgeschlossen, im Juli 2004 wurden mit einem Kirchplatzfest die Arbeiten beendet. Wenn die Hauptarbeiten auch von der Gemeinde initiiert und getragen wurden, darf dabei jedoch nicht vergessen werden, wie stark der Impuls von den Anliegern aufgenommen und in eigene Aktivitäten umgesetzt wurde: Manche Häuser wurden „nur" grundlegend renoviert, andere dagegen abgerissen und durch großzügige, die neuen Gegebenheiten markant akzentuierende Neubauten ersetzt. Kommunale und private Initiativen flossen zusammen, um ein lebendiges, von vielerlei Geschäften attraktiv gestaltetes Dorfzentrum entstehen zu lassen.

Die Absturz-Katastrophe

Jahre lang hatte die Gemeinde unter dem Lärm tief fliegender Kampfflugzeuge zu leiden. Im Oktober 1983 beschloss der Gemeinderat eine Resolution zur Verringerung des Fluglärms. Abhilfe wurde jedoch erst nach einer Katastrophe geschaffen. Im Frühjahr 1988, am Gründonnerstag, dem 31. März, verlor der 24jährige Pilot Thomas E. Doyle von Osten kommend die Herrschaft über seine einstrahlige F 16. Um 9.40 Uhr schlug er mit seiner Maschine auf der nördlichen Seite der Hardtstraße ein. Die Häuser Nummer 4 und 6 wurden völlig zerstört, die Häuser Nummer 2, 8 und 10 stark beschädigt, die Umgebung durch herumfliegende Trümmer in Mitleidenschaft gezogen. Davon abgesehen hielt sich die Katastrophe in Grenzen. Neben dem Piloten war nur ein Todesopfer zu beklagen, der 62jährige Theo Huber. Sekundenbruchteile hätten genügt, um ganz andere Schreckensszenarien zu entfalten, etwa wenn die Maschine in den nur wenige Meter entfernten Supermarkt gestürzt wäre oder in den ebenfalls nicht weit entfernten Kindergarten. Ob dies tatsächlich willentlich durch den Piloten hatte bewirkt werden können, muss offen bleiben, genauso auch,

Die vom Aufschlag der F 16 zerstörten Häuser in der Hardtstraße.

inwieweit er überhaupt die Chance gehabt hätte, sich per Schleudersitz zu retten. Glück im Unglück hatte die Gemeinde jedenfalls auch insofern, als beim Aufprall der Behälter mit hochgiftigem Hydrazin, das in den F 16 als Brennstoff für das Notenergieaggregat mitgeführt wird, nicht beschädigt wurde und die Anlieger deshalb schon bald in ihre Häuser zurückkehren konnten.

Wochen und Monate sorgte der Absturz für große Beunruhigung in der Gemeinde, und der Gemeinderat forderte die Einstellung der Tiefflüge, unterstützt von einer eigens gebildeten Bürgerinitiative. Weit reichende Zusagen wurden nicht gemacht, aber immerhin wurde in der Praxis für eine deutliche Verbesserung der Gegebenheiten gesorgt. Auch die Schadensregulierung erfolgte ohne größere Probleme. Die Spuren des Unglücks sind längst getilgt.

Patenschaft mit Landsberg

1988 hielt es kaum jemand für möglich, dass schon im folgenden Jahr die Berliner Mauer und der Eiserne Vorhang insgesamt fallen würden und es 1990 zur Wie-

dervereinigung der beiden deutschen Staaten käme. Als es so weit war, entstanden im Rahmen eines Besuchs einer Delegation des Bezirks Halle in Karlsruhe auch Kontakte zwischen einzelnen Gemeinden. Landsbergs Bürgermeister Horst Weigt und Forsts Bürgermeister Alex Huber knüpften schnell engere, durch wechselseitige Besuche verstärkte Verbindungen. Mit einstimmiger Billigung des Forster Gemeinderats wurde eine Patenschaft beschlossen.

Das angestrebte Ziel des Erfahrungsaustauschs auf allen Ebenen wurde zügig angegangen. Neben der Verwaltung knüpften Kirchengruppen, Vereine und Einzelpersonen Kontakte. Als besondere Unterstützung wurde der Landsberger Feuerwehr ein Tanklöschfahrzeug übergeben. Wenn es den Landsbergern geholfen hat, sich in den neuen Gegebenheiten nach der Wiedervereinigung besser zurechtzufinden, so hat sich die Patenschaft sicher gelohnt. Einen Vorteil zog – zumindest zeitweise – auch Forst aus dieser Verbindung: Horst Weigts Sohn Sven fungierte seit 1997 als Forster Hauptamtsleiter, bis man auch in Karlsdorf-Neuthard seine Qualitäten erkannte und ihn 2007 als Bürgermeister wählte.

Die Bürgermeister Alex Huber und Horst Weigt bei der Besiegelung der Patenschaft am 7. September 1990.

158

Demografische Veränderungen

Die Forster Bevölkerung vergrößerte sich während des 20. Jahrhunderts erheblich. In den letzten Jahrzehnten traten dazu auch noch beträchtliche inhaltliche Veränderungen. Drei von ihnen sollen hier besonders hervorgehoben werden: die Entwicklung des Ausländeranteils, das Schrumpfen der Haushaltsgrößen und die wachsenden Anteile älterer Menschen.

Es dauerte sehr lange, bis sich Ausländer mehr als nur vereinzelt in Forst nieder ließen. Noch bei der Volkszählung 1961 betrug ihr Anteil weniger als ein Prozent – gerade einmal 30 von 4.708. Die „Gastarbeiter", die in den 1960ern in den südeuropäischen Ländern angeworben wurden, sorgten dann für erste Veränderungen, zuerst verhältnismäßig langsam, vor allem Anfang der 1970er Jahre dann recht schlagartig. 1972 war ein Höchststand mit 312 Personen und einem Bevölkerungsanteil von sechs Prozent erreicht.

In den folgenden Jahren wuchs die Bevölkerung zwar weiter, die Ausländer trugen dazu jedoch nicht bei. Bis 1987 ging ihre Zahl sogar mehr oder minder kontinuierlich zurück, so dass ihr Anteil im Vergleich zu 1972 um ein Drittel schrumpfte.

Eine neue Phase begann 1989/90 mit dem Ende der DDR, der Umstrukturierung der Sowjetunion und ihres gesamten Machtbereichs sowie dem Zerfall Jugoslawiens. Wieder einmal nahm die Zahl der Ausländer in Forst für kurze Zeit schnell zu – vor allem durch Flüchtlinge aus Jugoslawien und Zuwanderer aus Osteuropa. Danach verlangsamten sich die Zuzugszahlen. Im Jahr 2002 betrug der Ausländeranteil in Forst maximale 7,5 Prozent, während er im Durchschnitt der Bundesrepublik fast zehn Prozent erreichte.

Ausländeranteile und Herkunftsländer[179]

	1987	1992	2002	2008
Einwohner insgesamt	6.193	6.740	7.496	7.571
davon Ausländer	246 (4 %)	426 (6,5 %)	554 (7,5 %)	494 (6,5 %)
Jugoslawien[180]	73	139	176	99
Türkei	66	78	99	109
Italien	43	48	79	74
Sonstige EU	27	35	80	72
Übrige	37	126	120	140

179 LIS & Bürgerbüro Forst.
180 Sowie aus Vergleichsgründen die späteren Folgestaaten.

159

Asylbewerber hatten daran nur kurze Zeit einen nennenswerten Anteil. Als vom Land 1993 die Zuweisungsquote auf 12,5 pro Tausend Einwohner erhöht werden musste, um dem damaligen Ansturm gerecht zu werden, wären in Forst 83 Asylbewerber unterzubringen gewesen, 76 waren es konkret. Doch schon 1994 konnte die Quote von 12,5 auf 7 reduziert werden, in Forst waren noch 41 Flüchtlinge vorhanden. In den folgenden Jahren sank ihre Zahl immer mehr. Im Jahr 2004 waren es nur noch drei.[181]

Gegenläufig zur Bevölkerungszunahme entwickelt sich schon seit Jahrzehnten die durchschnittliche Haushaltsgröße. Während sie 1961 noch genau drei Personen betrug, waren es im Jahr 2006 nur noch wenig mehr als zwei. Ein Stück weit trug dazu bei, dass die traditionellen Kernfamilien – Eltern mit Kindern – immer weniger und kleiner wurden, verstärkt wurde dies aber andererseits auch durch die Zunahme der Ein-Personen-Haushalte von älteren Mitbürgern und vor allem Mitbürgerinnen.

Die kleine Tabelle zeigt eindrücklich, wie schnell sich die altersmäßige Bevölkerungszusammensetzung verändert hat – und wie das Tempo immer mehr zunimmt. Zwischen 1961 und 1980 waren die Veränderungen noch ziemlich moderat. Die Zahl der Alten stieg zwar und ihr Anteil an der Bevölkerung auch, aber die entsprechenden Rückgänge bei den jüngeren Gruppen wurden verdeckt durch das Wachstum der absoluten Werte aufgrund des Bevölkerungswachstums. Eine Generation später muss man zur Kenntnis nehmen, dass nicht nur der Anteil der jungen Menschen dramatisch geschrumpft ist, sondern auch ihre absolute Zahl – und das trotz wachsender Einwohnerzahlen insgesamt. Am Deutlichsten wird diese Veränderung bei den Geburten: 1961 waren bei 4.238 Einwohnern noch 88 Neugeborene zu verzeichnen, 2008 waren es bei mittlerweile 7.571 Einwohnern nur noch 68!

Altenbetreuung und Seniorenheim

Demografische Veränderungen haben einen großen Vorteil: Sie folgen großen Linien, so dass man sich einigermaßen darauf einstellen kann. In Forst geschah dies in mehreren Stufen.

Den ersten Schritt bildete das Altenwerk, das von Pfarrer Alois Seidel bereits 1971 ins Leben gerufen wurde. Monatliche Veranstaltungen sollen helfen, Geselligkeit zu pflegen und Lebensmut und Lebensfreunde zu erhalten.

Ein zweiter Schritt folgte, als die Gemeinde 1991 in Zusammenarbeit mit den Kirchengemeinden Seniorennachmittage und –fahrten zu organisieren begann. Gleichzeitig wurde mit einer groß angelegten Fragebogenaktion die Lebenssituation der älteren Mitbürge-

Haushalte und Haushaltsgrößen[182]

	Einwohner insgesamt	Haushalte	Pers. pro Haushalt
1961	4.238	1.383	3,0
1970	4.708	1.616	2,9
1987	6.193	2.407	2,6
2006	7.549	3.350	2,2

Altersgruppen der Bevölkerung[183]

	Einwohner insg. (%)	unter 18 J. (%)	18–65 J. (%)	über 65 J. (%)
1961	4.238 (100)	1.185 (28)	2.717 (64)	336 (8)
1980	5.840 (100)	1.502 (26)	3.660 (63)	678 (11)
2008	7.571 (100)	1.341 (18)	4.871 (64)	1.359 (18)

181 Angaben des Einwohnermeldeamtes in den jeweiligen Jahresrückblicken der Gemeinde.
182 LIS.
183 LIS.

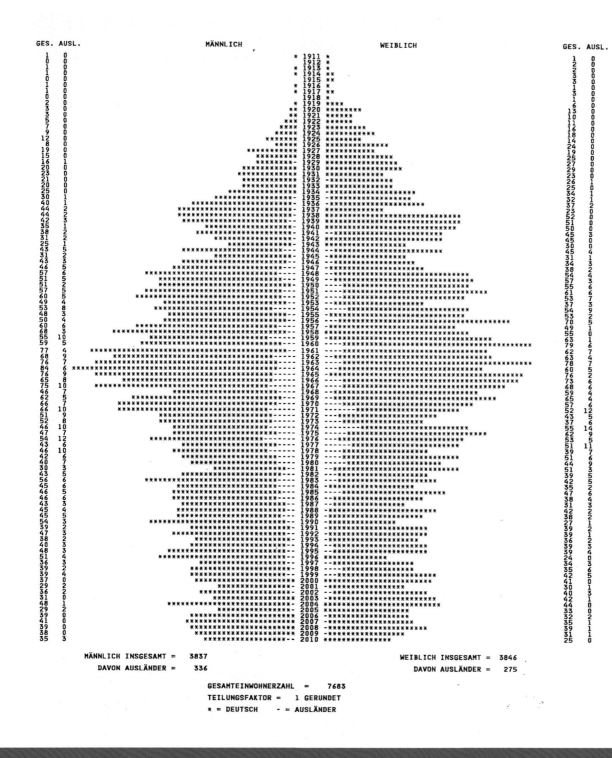

Die grafische Darstellung der Forster Bevölkerung ähnelt schon lange keiner Pyramide mehr. Ihre breiteste Basis hatte sie Anfang der 1960er Jahre. Danach wurden für mehr als ein Jahrzehnt die Jahrgänge immer kleiner, um sich seit den späten 1970er Jahren zu stabilisieren. Stichtag der Abbildung: 31. Dezember 2010.

Als Gertrud Schneider zum Frühstück bat, lagen zwischen der Wiesenstraße und der Kirche noch die Pfarrgärten. Heute steht auf ihnen das Seniorenzentrum.

Mit Gesamtkosten von rund 15 Millionen Mark ist das „Seniorenheim im Kirchengarten" das teuerste Projekt, das die Gemeinde jemals in Angriff nahm. Die Zuschüsse beliefen sich nur auf knapp 3,4 Millionen Mark.

rinnen und Mitbürger erkundet und so Material für den Bedarf an Seniorenwohnungen und Pflegeplätzen gewonnen. 1993 wurde dann vom Landeswohlfahrtsverband ein Bedarf von 36 Pflegeplätzen, zwei Kurzzeitpflegeplätzen und zehn Tagespflegeplätzen anerkannt und der Bau eines Seniorenheims in dieser Größenordnung empfohlen. Von Bürgermeister und Gemeinderat wurde dies noch um einen Gebäudekomplex mit betreuten Altenwohnungen erweitert, um eine optimale kontinuierliche Betreuung im Alter in Aussicht stellen zu können. In Absprache mit der katholischen Kirchengemeinde konnte als Baugelände das Gebiet der Pfarrgärten hinter der Kirche ins Auge gefasst werden.

1997/98 wurde die Planung vorangebracht, im Mai 1999 mit dem Bau begonnen. Zum ersten Oktober 2000 war die Anlage bereits bezugsfertig, die offizielle Einweihung erfolgte nach Fertigstellung der Außenanlagen am 29. Juni 2001.

Wie von Anfang an geplant, umfasst das Seniorenheim nicht nur einen Pflegebereich, sondern auch einen eigenen, viergeschossigen Gebäudeteil mit insgesamt 24 betreuten Wohnungen: zwölf kleineren von rund 45 Quadratmetern Fläche, acht mittleren von 55 Quadratmetern und vier größeren von 70. Alle Wohnungen sind mittlerweile an Privatleute verkauft und werden von ihnen selbst genutzt oder vermietet. Auch das Pflegeheim war schnell fast völlig ausgelastet. Aber nicht nur in dieser Hinsicht gingen die anfänglichen Kalkulationen auf. Auch finanziell lag die Gemeinde nicht daneben. Die anfänglich kalkulierten jährlichen Kosten von 1,3 Millionen Mark für Personal und 0,9 Millionen für sonstige Ausgaben haben sich mittlerweile zwar um 0,8 bzw. 0,6 Millionen Euro erhöht

(Stand 2010), entsprechende Einnahmen sorgen jedoch dafür, dass der Betrieb sich im Großen und Ganzen kostenneutral für die Gemeinde gestaltet.

Das Jugendzentrum

Die 1990er Jahre waren in Forst nicht nur durch intensives Nachdenken über die Situation älterer Menschen geprägt, auch die Jugend wurde nicht aus dem Blick verloren. Im November 1994 wurde zu einem Jugendforum eingeladen, dessen Teilnehmer sich am Meisten die Einrichtung eines eigenen Jugendtreffs wünschten. Im ersten Anlauf wurde dazu im Oktober 1996 eine frei gewordene Wohnung im Dachgeschoß des Rathauses zur Verfügung gestellt. Der Versuch war wenig erfolgreich, für einige Jahre trat das Thema in den Hintergrund.

Vergessen war es jedoch nicht. Mit der Einstellung eines Jugendsozialarbeiters wurde eine wichtige Voraussetzung dafür geschaffen, die Jugendlichen in die nötigen Vorbereitungsprozesse einzubinden. Als das Gelände der Kreisjägervereinigung übernommen werden konnte – in Ortsrandlage, aber nicht abgelegen –,

war eine weitere Voraussetzung erfüllt. Mit Unterstützung des Bauhofs wurden Container aufgestellt und diverse Ergänzungen vorgenommen. Die Innengestaltung der Räumlichkeiten von rund hundert Quadratmetern lag weitgehend in den Händen der Jugendlichen. Insgesamt wurde das Projekt von der Gemeinde mit 140.000 Euro unterstützt. Im Dezember 2008 wurde das neue Jugendhaus eröffnet.

Mittlerweile betreut von Sonja Weiß und Kassandra Stiefel, ist das Jugendhaus montags und mittwochs bis freitags Nachmittags bis gegen Abend geöffnet, wobei die Hauptzielgruppe die mindestens Zwölfjährigen bilden.

Immer mehr Kindergärten

Während überall über zurückgehende Kinderzahlen geklagt wird, werden in Forst immer neue Kindergärten gebaut. Allerdings ist dies nicht auf ganz ungewöhnliche Geburtenzahlen zurückzuführen, sondern auf das durch Neubaubaugebiete geförderte kontinuierliche

Selbstverständlich hat „For Ju" auch eine Spalte im Mitteilungsblatt der Gemeinde, viel wichtiger dürften für die Kids aber die Infos im Internet sein.

Hinter der recht nüchternen Fassade des St. Franziskus-Kindergartens verbergen sich liebevoll gestaltete Räume und ein attraktiver Außenbereich, Aufnahme 4. Oktober 2010.

Das mit viel Holz verkleidete „Spatzennest" präsentiert sich als architektonisches Schmuckstück.

Großzügig konzipiert und mit viel Holz gestaltet sind die Räume der neuen Kindertagesstätte „Bundstift", in der Silke Höft (links) mit zehn Mitarbeiterinnen (im Bild: Lena Schneckenburger) seit dem 1. März 2011 zur Betreuung des Forster Vorschul-Nachwuchses beiträgt.

Wachstum der Gemeinde. Und so erhielt das Baugebiet „Birkig" schon 1966/67 seinen eigenen Kindergarten an der Egerstraße – damals noch ein Bau mit vier Gruppenhäusern und drei Wohnungen für die Kindergärtnerinnen. Nach gut zwanzig Jahren war damit nicht mehr auszukommen. Die Gruppenräume mussten vergrößert und Platz für eine weitere Gruppe geschaffen werden, indem die nicht mehr benötigten Wohnungen aufgegeben wurden. Bis Herbst 1992 waren die Arbeiten abgeschlossen, die fast 900.000 Mark kosteten, von denen die politische Gemeinde 70 Prozent trug. Bei der Einweihungsfeier bekam der Kindergarten auch seinen heutigen Namen „St. Franziskus".

Als die Kapazität der Kindergärten „Ulrika" und „St. Franziskus" nicht mehr ausreichte und ein neuer Kindergarten geplant werden musste, fällte der Gemeinderat die Entscheidung, das neue Haus nicht von der katholischen Kirche betreiben zu lassen, sondern in Gemeinderegie zu übernehmen. In Betrieb genommen wurde der im Neubaugebiet „Hardlach" gebaute neue Kindergarten „Spatzennest" am 1. Januar 1999.

Ökonomisch bestehen nur geringe Unterschiede. In allen Kindergärten zahlen die Eltern nur den kleineren Teil der tatsächlichen Kosten. Bei den beiden kirchlichen Kindergärten werden die verbleibenden Defizite inzwischen von der Gemeinde zum größten Teil, beim „Spatzennest" dagegen ganz getragen. Konkret bedeutet dies, dass die Gemeinde für das „Spatzennest" zunächst jährlich rund 190.000, zuletzt (2008) aber bereits über 250.000 Euro aufwendete, obwohl die Deckungsquote, d. h. der von den Eltern getragene Anteil von 33 auf 40 Prozent erhöht werden konnte.

Um die zunehmend gewünschte (und gesetzlich festgeschriebene) Betreuung auch von Kindern unter drei Jahren in größerem Stil zu ermöglichen, musste schließlich noch der Bau eines vierten Kindergartens (ebenfalls in Gemeinderegie betrieben) in Angriff genommen werden. Er wurde Anfang 2010 am Rand des Neubaugebiets Zeilich an der Bruchsaler Straße begonnen.

Die Lußhardtschule

Die Forster Schulgeschichte wird durch zwei Zäsuren deutlich gegliedert. Die rund 200 Jahre dauernde Frühgeschichte war durch recht bedrückende Verhältnisse gekennzeichnet, in denen der Unterricht in äußerst beengten Verhältnissen von nur wenigen Lehrern bewältigt werden musste.[184] Dies änderte sich erst, als im August 1906 ein erstes eigenes Gebäude in der Josefstraße bezogen werden konnte. In den acht Sälen konnten nun acht Lehrer tätig sein. Der Verbesserung der äußeren Bedingungen entsprach jedoch kein Wandel des Unterrichtsstils. Nach wie vor war der von militärischer Strenge und viel Gewalt geprägt. Prügel standen auf der Tagesordnung, die erste Bank galt vielen Schülern als „Schafott".

Vor diesem Hintergrund markiert der Umzug in das neu errichtete moderne Schulzentrum an Schlesier-

Forst bei Bruchsal/Baden

Das Detailfoto rechts oben zeigt das Schulgebäude in der Josefstraße in seinem alten Zustand.

Forster Schülerinnen und Schüler um 1900.

184 Vgl. dazu ausführlich: Chronik, S. 321–337

und Sudetenstraße im Januar 1970 mehr als nur einen Ortswechsel, der aufgrund gewachsener Schülerzahlen erforderlich war. Auch die pädagogischen Vorstellungen hatten sich grundlegend gewandelt. Nicht zuletzt war dies mit ganz anderen Anforderungen an die räumliche Ausstattung verbunden. Selbstverständlich hatte es auch in der alten Schule einen gewissen Turnunterricht gegeben. In der neuen Anlage gab es dafür aber nun ganz andere Voraussetzungen mit eigener Turn- und Schwimmhalle und einer großzügigen Sportanlage. Weiterhin bot das Schulhaus selbst nicht nur Raum für die Klassensäle, sondern auch Platz für

eine Aula samt Bühne, eine Schülerbücherei und mehrere Spezialräume, darunter für den Kochunterricht.

Mit der einmaligen Investition für den Neubau war es jedoch nicht getan. Kontinuierlich wurde die Schule mit allem Nötigen ‚nachgerüstet' und auch um einen Anbau mit vier weiteren Klassenzimmern versehen. Im Detail braucht darauf nicht weiter eingegangen zu werden. Erwähnt werden muss jedoch die Generalsanierung der Jahre 2003 bis 2005, für die insgesamt rund fünf Millionen Euro aufgewandt werden mussten: knapp drei Millionen Euro für das Schulgebäude und rund 1,8 Millionen für die Turn- und Schwimm-

Im späten 19. Jahrhundert gab es keine Fachnoten, sondern nur Bewertungen der allgemeinen Leistungen (und dies in allen Klassen). Der kleine August Huber war in der ersten Klasse „zl. gut" (= ziemlich gut, heute: befriedigend) in seinem Fleiß und seinen Fortschritten. Typisch war damals die „Lokation": Unter 31 Schülern stufte ihn sein Lehrer an 21. Stelle ein. Im Laufe der Jahre arbeitete er sich jedoch konsequent nach vorne. In der 7. Klasse befand er sich an 5. Stelle.

Lehrer Holzmann mit Schülerinnen und Schülern des Jahrgangs 1915, Ende der 1920er Jahre. Fest montierte Tische und Bänke sorgten für wenig Bewegungsspielraum.

halle. Mit den 290.000 Euro, die für eine neue Überdachung des Eingangsbereichs ausgegeben wurden, steigt die Summe sogar auf über fünf Millionen, zu denen es nur wenig mehr als 100.000 Euro Zuschüsse für Energiesparmaßnahmen gab.[185]

Die Rasanz, mit der sich die Schülerzahlen in Forst in den letzten Jahrzehnten veränderten, ist beeindruckend. War 1975 mit 691 Schülerinnen und Schülern das Maximum erreicht, so folgte das Minimum gerade einmal elf Jahre später mit einem fast halbierten Wert! Beide Schularten hatten dazu nahezu gleichmäßig beigetragen, die Grundschule etwas weniger, die Hauptschule etwas mehr. Seitdem liefen die Trends jedoch auseinander: Während die Grundschule wieder – aufgrund der Bevölkerungszunahmen – wuchs, verharrte die Hauptschule bei ihren niedrigen Zahlen, weil immer mehr Grundschülerinnen und Grundschüler nach der vierten Klasse auf Realschulen und Gymnasien wechselten.

Schülerzahlen 1969 bis 2009[186]

	insgesamt	Grundschule	Hauptschule
1969	589	350	239
1975	691	386	305
1979	616	316	300
1986	372	235	137
1989	412	280	132
1999	484	338	146
2009	377	274	103

Die Astrid-Lindgren-Schule

Seit Januar 1970 stand die nun „alte" Schule in der Josefstraße leer. Ein Nutzungskonzept gab es nicht. Die Gemeinde war froh, dass sich die kleine Firma von Adolf Klotz einmietete und begann, Teppichbodenreiniger herzustellen. Auch der Musikverein erhielt ein Klassenzimmer als Proberaum.

1972 beschloss der Kreistag, im nördlichen Teil des Kreisgebiets eine Schule für sprachbehinderte Kinder einzurichten. Als Standort war eigentlich Bruchsal vorgesehen, aber dort standen kurzfristig keine Räumlichkeiten zur Verfügung. Und so kam 1974 Forst mit seiner alten Volksschule zum Zuge. Allerdings musste zuvor noch kräftig renoviert werden. Die Arbeiten waren noch längst nicht beendet, als am 26. Juni 1975 schon die ersten Kinder unterrichtet wurden.

Wie groß der Bedarf war, zeigt sich vor allem daran, dass mit 15 Kindern in zwei Klassen begonnen wurde, im nächsten Schuljahr 1976/77 aber schon 105 Schülerinnen und Schüler in neun Klassen zu unterrichten

Seit dem 18. Oktober 1990 trägt die Forster Grund- und Hauptschule den Namen „Lußhardtschule" (Aufnahme 4. Oktober 2010).

185 Auskunft des Rechnungsamts der Gemeinde.
186 Auskunft der Schulleitung (die Zahlen für 1969 bis 1982 lückenlos auch in Chronik, S. 474).

Am 15. September 1997 wurde mit dem Schulbetrieb im neuen Gebäude der Astrid-Lindgren-Schule begonnen. In die renovieren Erdgeschoß-Räume des Altbaus zog am 24. Oktober 1997 der bis dahin in Bad Schönborn ausgelagerte Sprachheilkindergarten ein.

waren. Jahrelang war dies mit immer mehr Improvisation im alten, wenn auch grundlegend renovierten Schulgebäude zu bewältigen. Am 20. Juli 1995 wurde vom Kreistag endlich ein Erweiterungsbau genehmigt. Gleichzeitig erhielt die Schule auch ihren Namen – als Würdigung der großen schwedischen Kinderbuch-Autorin Astrid Lindgren (1907–2002).

Sprachheilkindergarten und Sprachheilschule sind jeweils Ganztagseinrichtungen. Sie bemühen sich, schwerwiegende Sprachbehinderungen durch intensive Therapie- und Fördermaßnahmen soweit zu beheben, dass die betroffenen Kinder in ihren lokalen Grundschulen eingeschult bzw. dort und an den weiterführenden Schulen weiter unterrichtet werden können.

Ein gutes Jahrhundert Vereinsgeschichte

Manchen mag es scheinen, dass es Vereine schon immer gegeben haben muss, so wichtig sind sie heute für das gemeindliche Leben. Bei genauerem Hinsehen stellt man jedoch fest, dass die Geschichte der Vereine nicht allzu weit zurückreicht. Und in Forst war man zunächst sogar besonders zurückhaltend. Erste Vereinsgründungen vollzogen sich in den ländlichen Räumen Badens bereits in den 1850er und 1860er Jahren. Aber erst als in den 1870er Jahren eine Welle von Kriegervereinsgründungen durch das neue Kaiserreich schwappte, schloss man sich in Forst an. Der 1872 gegründete Veteranenverein war wohl der älteste weltliche Zusammenschluss (den katholischen Kirchenchor also einmal ausgenommen). Dann wurde die Abneigung gegen die neumodischen Geselligkeitsformen zunehmend überwunden. Nach dem Männergesangverein (1882) folgten 1888 Musikverein und Feuerwehr und 1897 der Turnverein. Im 20. Jahrhundert entfaltete sich das Vereinswesen immer mehr – in Kaiserreich und Weimarer Republik noch recht bescheiden, im NS-Staat mehr bedrückt als gefördert, in der Bundesrepublik jedoch völlig ungehindert und alle möglichen Tätigkeiten und Bereiche erfassend.

Sie alle angemessen behandeln zu wollen, würde ein eigenes Buch erfordern. Mehr als ein knapper Überblick kann deshalb hier nicht gegeben werden. Die älteren und ältesten Vereine treten dabei etwas in den Hintergrund, weil sie bereits in Chronik (S. 480–490) und etlichen Drehscheib'-Beiträgen behandelt wurden.

(M)GV Frohsinn

1882 war es noch reine Männersache, das deutsche Liedgut zu pflegen. Immerhin hatte der Verein 1890 schon mehr als hundert Mitglieder, allerdings betätigte sich nur ein Viertel aktiv. Voller Stolz wurde 1892 die erste Vereinsfahne für 350 Mark angeschafft. Das war damals eine Menge Geld, etwa ein halber Jahreslohn eines Arbeiters.

Im Zentrum der Vereinstätigkeit stand selbstverständlich das Singen, wobei auf besondere Disziplin Wert gelegt wurde: Wer nicht regelmäßig probte, wurde mit Strafen belegt und schließlich ausgeschlossen. Auftritte gab es bei Preissingen, diversen Festivitäten anderer Vereine und besonderen Anlässen. Eigene Konzerte waren lange Zeit unüblich.

Spätestens seit 1909 wurde aber auch Theater gespielt, zumeist in der Fastnachtszeit und an Weihnachten. Diese Tradition wurde auch nach der Vereinsneugründung nach dem Zweiten Weltkrieg noch einige Jahre fortgeführt.

Der reine Männergesang war das erste Mal bereits 1920 aufgegeben und ein gemischter Chor gegründet worden. Das geriet zwischendurch in Vergessenheit, wurde aber 1989 wieder aufgegriffen. Neben den 60 aktiven Sängern gehören derzeit auch 50 Sängerinnen zum Chor. Die musikalische Leitung liegt in lange bewährten Händen. Schon seit 1983 amtiert Musikdirektor Bernhard Riffel.

Kein Wunder, dass unter diesen Umständen auch ambitionierte Projekte in Angriff genommen werden konnten. Zu den Höhepunkten zählte eine Aufführung der Operette „Zum weißen Rössl" in der Waldseehalle, wobei für den Orchesterpart das aus der hiesigen Musikschule entwachsene Salonorchester „Schwanen" verpflichtet worden war.

Besondere Akzente im Vereins-, aber auch im Dorfleben werden darüber hinaus aber auch immer wieder durch die Feier großer Jubiläen gesetzt, zuletzt des 125jährigen im Jahr 2007.

Musikverein

Seine förmliche Gründung als selbständiger Verein erlebte der Musikverein erst 1912. Seine musikalischen Wurzeln reichen jedoch viel weiter zurück. Schon in den 1840er Jahren soll eine kleine Kapelle um Josef Kritzer entstanden sein und in den 1870ern folgte eine zweite. 1888 oder 1889 wurde dann ein erster Verein gegründet, der jedoch noch eng mit der Feuerwehr verbunden war. 1912 erfolgte dann die definitive Tren-

Die älteste bislang bekannte Fotografie des Chors entstand 1932 anlässlich seines 50. Geburtstags. Mit viel Mühe konnten zumindest die meisten Sänger in der ersten Reihe identifiziert werden. Von links als zweiter: Josef Kritzer, daneben Hermann Lackus, Franz Epp, Herrmann Bucher und Franz Müller. Der Siebte blieb unbekannt. Dann stehend: Josef Spänle, Dirigent Adrian und Alfons Weindel. Wieder sitzend: Ludwig Brückel, unbekannt, Josef Taylor, unbekannt, Thomas Klostermayer, Leopold Weindel, unbekannt.

Auch beim Ausflug der Vereinsfamilie durften die Instrumente nicht fehlen. Wie das MGV-Bild stammt das des Musikvereins aus dem Jahr 1932.

nung, die nicht zuletzt durch die Anlage eines eigenen Protokollbuches dokumentiert wurde. Die Umstände waren günstig. In nur wenigen Monaten traten 128 neue Mitglieder dem Verein bei.

Auch nach Erstem Weltkrieg und Inflation behielt der Verein seine Anziehungskraft. 1929 wurden 207 Mitglieder gezählt, davon 29 Aktive. Eigenes Musizieren besaß in einer Zeit ohne allgegenwärtige Musik-Berieselung hohen Stellenwert – auch wenn das Leistungsvermögen damals sicherlich noch nicht so hoch war wie heute.

Wie der MGV, so spielte auch der MV mit Leidenschaft Theater. Zeittypisch waren zunächst lange Theaterabende, in denen zwei oder gar drei Stücke nacheinander geboten wurden. Seele des MV-Theaters war Albert Schneider, auch noch lange nach 1945. Als er erkrankte, ging eine Ära zu Ende.

Allmählich veränderte sich das musikalische Programm des Vereins. Lange Zeit hatte das Volkstümliche dominiert, vor allem als auch noch Ernst Mosch mit seinen Egerländern im Juni 1963 anlässlich des 75jährigen Vereinsjubiläums in Forst auftrat. Nicht zuletzt aufgrund viel besserer Ausbildung war es möglich, immer anspruchsvollere Blasmusikliteratur zu interpretieren. Die Leistungsfähigkeit der Forster Kapelle ist allgemein anerkannt, und nicht zuletzt zeigt sich dies bei der Resonanz, die ihre Einladungen finden. Als das 100jährige 1988 mit dem zweiten Verbandsmusikfest des Blasmusikverbands Karlsruhe gefeiert wurde, versammelten sich mehr als 5.000 Musiker in Forst.

Mittlerweile zählt der Verein mehr als 500 Mitglieder, darunter mehr als hundert Aktive.

Die Feuerwehr und ihr Gerät

Am 15. Dezember 1888 wurde vom großherzoglichen Bezirksamt in Bruchsal genehmigt, dass in Forst die Brandbekämpfung von einer Truppe von Freiwilligen übernommen wird. Zu diesem Zweck wurde auch eine erste, bis heute gepflegte Handspritze angeschafft. Mehr als 50 Jahre lang war sie das einzige nennenswerte Gerät, über das die Forster Wehr verfügte. Erst

seit März 1943 stand eine Motorspritze zur Verfügung, die dann auch gleich nach einigen Luftangriffen in benachbarten Städten zum Einsatz kam. Von einem Fahrzeug war jedoch noch immer keine Rede.

Das erste Löschfahrzeug, ein umgebauter Opel Blitz, auf dem neben dem Löschgerät auch neun Feuerwehrleute Platz hatten, konnte erst am 30. Juli 1954 erworben werden. Nun erst war der Bau eines Feuerwehrgerätehauses erforderlich. Es entstand neben dem Rathaus in der Lange Straße und konnte der Wehr am 6. Juli 1958 übergeben werden. Rund fünfzig Jahre konnte es seine Zwecke erfüllen, so vorausschauend war geplant worden. Es bot auch Platz für ein Tanklöschfahrzeug (seit Anfang 1964) und einen Mannschaftswagen (seit April 1973). 1977 wurde das alte Löschfahrzeug erneuert, 1988 das Tanklöschfahrzeug.

Anfang des 21. Jahrhunderts waren die Grenzen des alten Feuerwehrgerätehauses erreicht. Längst hatte sich die Forster Feuerwehr von ihrer ursprünglichen Bestimmung wegentwickelt. Selbstverständlich löscht sie noch immer Hausbrände; viel häufiger ist sie jedoch bei Verkehrsunfällen – und vor allem auf der nahe gelegenen Autobahn – im Einsatz. Dazu bedurfte sie eigentlich eines modernen Hilfeleistungslöschfahrzeugs HLF 20/16, das jedoch im alten Heim nicht unterzubringen war. Für die teure Neuanschaffung, die zugleich das Löschfahrzeug von 1977 ersetzte, wurde schließlich ein neues Feuerwehrhaus gebaut. Die Kosten von fast einer Million Euro wurden vom Land immerhin mit 200.000 Euro unterstützt. 2009 wurde auch der 1973 angeschaffte Ford Transit durch einen neuen Gerätewagen ersetzt.

Aber was nützten die besten Geräte ohne die Menschen, die sie bedienen? Zur systematischen Nachwuchsförderung wurde am 1. Dezember 1988 eine Jugendfeuerwehr gegründet. Ende 2008 zählte sie 23 Mitglieder, die Aktiven 45 und die Altersmannschaft 15.

Auf Kommandant Manfred Burkhardt (1982–1997), folgten Harald Huber (1997–2009), Volker Müller (2009/10) und seit 2010 Timo Obhof.

Das alte Feuerwehrhaus als Vereinsheim

Die Entscheidung, was mit dem alten Feuerwehrgerätehaus geschehen sollte, fiel bereits, noch ehe mit
dem Neubau begonnen wurde: Die Gemeinde würde
damit wieder einmal ihre Vereine unterstützen. Nach
entsprechender Bedarfsermittlung wurde der Bau der
DLRG, dem DRK, dem FFC und den Schachfreunden
zur Verfügung gestellt. Bis zur Nutzung als Vereinsheim bedurfte es jedoch noch einer Menge Planung
und noch mehr Eigenarbeit. Nach 18 Monaten groß-
en Einsatzes konnte das gründlich modernisierte und
den Bedürfnissen der vier Vereine angepasste Gebäude am 5. Juli 2009 der Öffentlichkeit vorgestellt und
gleich darauf für die Vereinsarbeit genutzt werden.

Zusammen mit dem gleich daneben liegenden „Haus im
Hirtengarten", das bereits seit 1998 vom „Frohsinn" und
dem DRK genutzt werden kann, und der damit verbundenen Gemeindebücherei hat sich mit dem alten Feuerwehrhaus ein weiteres Forster Kulturzentrum etabliert.

Seit Anfang 2008 sind die
Gerätschaften der Forster
Feuerwehr am Standort
Freiherr-von-Drais-Straße 7
untergebracht.

TV

Über die Notwendigkeit der Körperertüchtigung war man sich schon länger einig, aber es dauerte doch bis zum 7. August 1897, bis sich 25 Männer zur Gründung des Turnvereins im „Deutschen Kaiser" (heute: „La Botte") zusammenfanden. Jahre und Jahrzehnte konnte man das gemeinsame Turnen nur unter primitivsten Bedingungen praktizieren. Ein Fortschritt war es schon, als man Anfang des 20. Jahrhunderts im Sommer neben der damals neuen Schule in der Josefstraße trainieren durfte. Im Winter blieben weiterhin nur Wirtshaus-Nebenräume oder noch bescheidenere Behelfe. Trotzdem wurden beachtliche Leistungen erzielt. 1922 konnte man beim Gaugruppenturnen in Neckarau unter 120 teilnehmenden Vereinen den ersten Platz belegen!

Einen beträchtlichen Aufschwung nahm das Vereinsleben, als 1929 ein Stück Wald an der Hambrücker Straße für die Anlage eines Sportplatzes gepachtet werden konnte. Man kann sich vorstellen, dass die dazu nötigen Arbeiten längere Zeit jedes Krafttraining entbehrlich machten. Und ähnlich dürfte es gewesen sein, als 1952 begonnen wurde, mit dem Bau einer eigenen Halle das „Winterloch" zu stopfen. Fast zwei Jahre lang wurden alle Arbeiten an der Jahnhalle per Hand und in Eigenleistung ausgeführt – vom Ausheben der Baugrube bis zu den Dachdeckerarbeiten.

Unter diesen Umständen konnte sich das Tätigkeitsfeld des Vereins breit entfalten. Zum traditionellen Turnen, das schon früh um Handball und Leichtathletik

ergänzt worden war, traten nach und nach eine Tischtennis- (1956), eine Volleyball- (1974) und eine Triathlon-Abteilung (1988) hinzu. Weniger leistungsorientiert sind die Abteilungen für Boule und Indiaca, ganz dem Breitensport verschrieben haben sich die Wanderabteilung sowie die gleich drei Fitness-Abteilungen.

1952–1954 erbaut, wurde die Jahnhalle mehrfach erweitert und umgebaut. Zuletzt wurde auch der davor liegende Spielplatz von der Gemeinde ganz neu gestaltet.

Die Turnerinnen des TV um 1930, von links: Maria Nekermann, Maria Schneider, geb. Laub, Anna Firnkes, Klara Blumhofer, geb. Weisinger, Ida Burger und Maria Hoffmann, geb. Weisinger.

Die alte Fahne von 1910 wird noch immer in Ehren gehalten und hier von Bernhard Lampert, Reinhard Stockenberger und Arnold Lampert (v. l.) präsentiert.

Anlässlich des 25. Vereins-Geburtstags gab es für die Teilnehmer des „Gaugruppen-Probeturnens" eine wunderschöne, mit dem Porträt von „Turnvater" Jahn geschmückte Urkunde.

X. Deutscher Turnkreis. ✠ Kraichturngau.

1897–1922   Gut Heil!

Turnverein forst

Bei dem anläßlich des 25jährigen Stiftungsfestes abgehaltenen

Gaugruppen-Probeturnen

erhielt Turner

Franz Luft

von   Forst

in der Unterstufe Neunkampf mit 98 Punkten

∽ den 36. Preis ∽

forst, den 25. Juni 1922.

Hubert Böser, 1. Vorstand.

Der Gauturnrat: Für das Kampfgericht:
Albert Siegel, 1. Gauvertreter.   Fr. Komm, 1. Gauturnwart.

DRK-Ortsverein

Das 20. Jahrhundert hatte gerade begonnen, da wurde in Forst am 31. März 1901 eine „Freiwillige Sanitätskolonne" gegründet. Ab Mai wurde der erste Ausbildungskurs für bereits 32 Mitglieder durchgeführt. Auch die Sanitätskolonne war lange ein reiner Männer-Verein. Erst 1936/37 konnte eine Frauenabteilung aufgebaut werden.

Nach dem Zweiten Weltkrieg wurde der Verein neu gegründet und erhielt auch einen neuen Namen: „Ortsverein vom Roten Kreuz". Nur die alte, 1926 geweihte Vereinsfahne wurde als wertvolles Stück Tradition beibehalten.

1960 wurde ein weiteres Tätigkeitsfeld eröffnet. Am 20. Januar wurde die erste Blutspendeaktion durchge-

führt. Mehr als fünfzig solcher Aktionen folgten bislang, an denen sich rund 10.000 Blutspenderinnen und Blutspender beteiligten.

Ein Meilenstein war die Anschaffung des ersten, gebrauchten Gerätewagens 1970. Zuvor hatte man nur über eine fahrbare Trage verfügt. Nun waren auch eigene Räumlichkeiten nötig, die 1974 im damaligen Feuerwehrgerätehaus bezogen werden konnten.

1977 erfolgte die Erweiterung durch ein eigenes Jugendrotkreuz. Unter Leitung von Karl Grau wurde nicht nur die Jugendarbeit organisiert, sondern 1983 auch die alte Tradition des Theaterspiels wieder belebt.

Ihre bislang größte Bewährungsprobe hatten die Vereinsaktiven 1988 beim Flugzeug-Absturz zu beste-

Nur ständiges Üben (hier mit der Feuerwehr am 4. Mai 2008) sorgt für vollkommene Einsatzbereitschaft im Ernstfall.

hen.[187] An fünf Tagen waren 25 Mitglieder über 200 Stunden im Einsatz.

Um noch schneller (und effizienter) präsent sein zu können, wurde eine spezielle Notfallhilfe eingerichtet, die am 1. Oktober 2006 ihren Betrieb aufnahm.

Die DRK-Aktiven stehen bei vielen Veranstaltungen und Festen anderer Vereine zur Verfügung. Sie verstehen es jedoch auch selbst groß zu feiern. Schon der 75. Geburtstag 1976 war ein Ereignis, das vor allem durch das Konzert der 33. US-Army-Band aus Heidelberg vielen Forstern in Erinnerung blieb. Mittlerweile ist auch schon der große 100. Geburtstag des Jahres 2001 vorbei der 110. steht vor der Tür ...

100 Jahre Fußball in Forst

Beinahe wäre die Geschichte ziemlich traurig verlaufen. Sicher, dass der Verein schon 1909 gegründet wurde, war etwas besonderes. Aber die Glanzzeiten lagen doch schon ziemlich lange zurück. Wieder einmal hätte man sich nur an den alten Triumphen erbauen können – dem Aufstieg in die erste Amateurliga nach der Spielzeit 1962/63 und den Meisterschaften 1966 und 1969. An sich wäre auch die Aufstiegsserie in den 1980er Jahren erwähnenswert gewesen, die 1987 mit der Rückkehr in die Verbandsliga endete – aber dazu hätte auch die Abstiegsreihe in den1970ern gehört, die bis in die Bezirksliga hinunterführte. Und außerdem wäre anzuschließen gewesen, dass auch die 1990er Jahre nicht sehr erfolgreich waren und das neue Jahrtausend mit ein paar Jahren in der Kreisliga begonnen werden musste.

Aber dann war alles anders gekommen, konnte man das Ende des ersten Jahrhunderts Vereinsgeschichte doch noch mit besonderen Leistungen krönen. Die erste Überraschung gelang beim Pokal des Badischen Fußballverbands 2007/08. Die mittlerweile wieder in der Landesliga spielende erste Mannschaft fand sich nach Siegen gegen die Verbandsligisten Schwetzingen, Oberhausen und Rot sowie den Landesliga-Mitstreiter Sandhausen II auf einmal im Halbfinale, wo im Waldseestadion der Oberligist SV Waldhof Mannheim emp-

fangen werden konnte. Die Forster waren im Spiel gleichwertig und im entscheidenden Elfmeterschießen dank ihres Torwarts sogar überlegen. Leider verlief das anschließende Finale gegen den Verbandsliga-Meister Durlach nicht ganz so glücklich. Aber immerhin – das Endspiel erreicht zu haben, war ein Novum in der Vereinsgeschichte.

Welches Potential die Mannschaft besaß, zeigte sie dann im Jubiläumsjahr 2009. Am 6. Juni, dem letzten Spieltag, lag es allein an ihr die Rückkehr in die Verbandsliga perfekt zu machen. Mit zwei Punkten lag man hinter Tabellenführer Östringen, der jedoch seine Serie schon abgeschlossen und spielfrei hatte. Die Chance wurde durch einen 1:0-Sieg über den 1. FC Bruchsal genutzt. Pünktlich zum Jubiläum hatte die Mannschaft wieder ihre alte Höchstklasse erreicht. Leider war diese Leistung nicht von Dauer. Nach nur einer Spielzeit musste die Mannschaft wieder absteigen.

Es wäre jedoch ungerecht, die Geschichte der „Germania" nur auf die Erfolge ihrer ersten Mannschaft zu reduzieren. Drei Aspekte müssen zumindest noch kurz gestreift werden. Zum ersten schweben die beiden Herrenmannschaften nicht im luftleeren Raum, sondern ruhen auf dem Fundament jahrzehntelanger intensiver Jugendarbeit. Eigentlich muss man nur Laufen können, um bereits eine Mannschaft zu finden – von den Minis und den Bambinis über die F-, E-, D- und C-Jugend bis hin zur B- und A-Jugend. Und seit 2007 ist dies nicht nur auf Jungs beschränkt. Auch für Mädchen gibt es wieder Angebote, und sie finden so viel Resonanz, dass die Juniorinnen bereits alle Altersstufen von der A- bis zur E-Jugend besetzen können.

Zum zweiten ist der FC zwar ein leistungsorientierter Fußball-Club, misst dem Freizeit-, Breiten- und Gesundheitssport aber doch erhebliche Bedeutung zu. Seit dem Jahr 1975, als damit begonnen wurde, die Frauen und Freundinnen der Fußballspieler mit einer Damengymnastikgruppe zu aktivieren, wurde unter unermüdlichem Einsatz von Abteilungsleiter Gerhard Eiseler ein breites Feld von Angeboten entwickelt, das von „Tanz und Bewegung für Kindergartenkinder" über

Die ersten Mannschaften des FC 1963 und 2008/09. Fotos wie Informationen entstammen der Vereins-chronik zum 100. Geburts-tag, die nicht nur gedruckt, sondern auch Maßstab set-zend als DVD vorliegt.

Kunstradfahrer als Forster Attraktion.

das „Damen-Fitness-Mix" bis hin zum „top-fit" für schon etwas bejahrtere Männer reicht.

Als drittes ist schließlich noch auf einen Zusammenschluss hinzuweisen, auf den andere Vereine nur neidisch sein können. Schon 1993 fand sich auf Initiative Hubert Leibolds aus Rentnerkreisen eine „Helfertruppe" zusammen, die seitdem nicht nur die Sportanlagen in Ordnung hält, sondern bei Bedarf auch andernorts in der Gemeinde zupackt, wo es nötig ist.

Radfahrerverein Germania

2011, wenn Forst den 850. Jahrestag seiner Ersterwähnung feiert, steht dem Radfahrerverein immerhin am 5. August sein 100. Geburtstag ins Haus – eine lange Zeit, in der sich so manches veränderte. Weggefallen ist zum Beispiel das alte Korsofahren, wo man sich in Zweierreihen mit festlich geschmückten Rädern und manchmal auch noch Hörner blasend über die Straßen bewegte. Auch das Reigen Fahren ist längst vergessen. Kunstradfahren schien zwar zwischendurch in der Versenkung zu verschwinden, wurde aber in den letzten Jahren wiederbelebt.

Kontinuierlich betrieben wurde dagegen das Radballspiel – auch wenn es vor dem Bau der Waldseehalle nicht immer einfach mit dem Training war. Auch Radrennen wurden immer gefahren. Vorbei sind allerdings die Zeiten, in denen man ohne Gangschaltungen in die Pedale treten musste. Die kamen 1949/50 auf den Markt.

Ganz ist die anfängliche Aktivität allerdings nicht verschwunden. Auch wenn das Korsofahren mittlerweile nicht mehr erlaubt ist, hat es in der zunehmend gepflegten breitensportlich orientierten Radtouristik eine gewisse Nachfolge gefunden.

Der Hinweis darf jedoch nicht fehlen, dass es noch einen zweiten, sogar noch etwas älteren Radfahrerverein in Forst gegeben hat. Nach dem SPD-Ortsverein scheinen sich die Arbeiterradfahrer als erster Arbeiter-Freizeitverein in Forst formiert zu haben. Das geschah wohl 1906, denn 1931 konnten sie schon ihr 25jähriges feiern. Zwei Jahre später ging der Verein nach der Machtergreifung der Nationalsozialisten unter.

Vereinsgründungen in der Weimarer Republik

Der Erste Weltkrieg hatte das Leben der bestehenden Vereine lahm gelegt und Neugründungen verhindert. Sein Ende bedeutete in beiderlei Hinsicht einen Neubeginn. Als erstes fanden sich diejenigen zusammen, die unter dem Krieg am meisten gelitten hatten. Im Juni 1919 wurde eine Ortsgruppe des Reichsbundes der Kriegsbeschädigten und Hinterbliebenen gegründet. Weil der Reichsbund der Sozialdemokratie nahe stand, wurde er 1933 verboten. Nach dem Zweiten Weltkrieg konnte er sich jedoch auch in Forst neu formieren, jetzt unter dem Namen Verband der Kriegsbeschädigten,

Kriegshinterbliebenen und Sozialrentner. Tätigkeitsfeld und ausführlicher Name des Vereins haben sich seitdem deutlich erweitert, die Abkürzung VdK gilt jedoch noch immer.

Auch als im Frühjahr 1922 ein Kaninchenzuchtverein und im Frühjahr 1924 ein Obstbauverein gegründet wurden, sollten damit mehr die wirtschaftlichen Nöte nach dem Ersten Weltkrieg reduziert als Freizeit gestaltet werden: Die Mitglieder wollten ihr Wissen bei der Tierzucht und Obstbaumpflege erweitern, um zu mehr Fleisch und besseren Ernten zu gelangen. Auch nach dem Zweiten Weltkrieg waren dies entscheidende Kriterien. Allmählich wandelten sich dann die Interessen. Die Selbstversorgung trat hinter der Freude an züchterischen und gärtnerischen Erfolgen zurück. Auch die Vereine kamen zu einem gewissen Wohlstand. 1961 konnten die Kleintierzüchter die alte Dreschhalle der

Gesamtvorstandschaft des Sozialverband VdK - Ortsverband Forst von links nach rechts: Rudi Beining, Rainer Berg, Maria Hörner, Reinhold Gsell, Doris Huber, Hilde Beining, Hugo Holzer, Margit Holzer, Pirmin Braun, Horst Müller und Ulrich Zübert. Aufnahme vom Februar 2010.

Vor allem im Herbst zeigt sich die OGV-Anlage in voller Pracht (Aufnahmen vom 10. bzw. 12. September 2010).

Den Kern der Halle der Kleintierzüchter bildet die alte Dreschhalle der Gemeinde.

Anfang der 1960er Jahre war die Anlage des Reitervereins nicht nur deutlich einfacher als heute, sie lag noch dazu allein auf weiter Flur am Waldrand.

Gemeinde erwerben, die sie an den heutigen Standort an der Kronauer Allee versetzten. Und 1989/90 verwirklichte der Obst- und Gartenbauverein den Bau seines Vereinsheims mit Mustergartenanlage schräg gegenüber.

Aber nicht nur bei den Kleintierzüchtern und den Obst- und Gartenfreunden wandelten sich die Gründungsmotive. Auch Schützen und Reiter vertreten mittlerweile ganz andere Positionen als zu Vereinsgründungszeiten. Schützen- und Reitervereine entstanden in der Weimarer Republik vor allem, um die Entmilitarisierungsauflagen des Versailler Vertrags zu umgehen. Wenn das Deutsche Reich schon kein großes Heer mehr unterhalten durfte, so sollten doch die Fähigkeiten des Schießens und Reitens zumindest sportlich trainiert werden können. Auch in Forst wurden

diese Überlegungen gepflegt, als 1923 ein Schützen- und 1932 ein Reit- und Fahrverein gegründet wurde. Heute sind derartige Gedanken längst vergessen, steht das sportliche Element im Vordergrund. Die räumlichen Voraussetzungen für die jeweiligen Tätigkeiten sind mittlerweile optimal. Nachdem der Reiterverein 1958 eine erste Halle bauen konnte, folgte 1980 gleich daneben eine zweite größere. Auch die Schützen, die zunächst einen Schießstand am Heuweg besaßen, verfügen seit 1970 über ein neues eigenes Heim am Heidesee mit seitdem kontinuierlich ausgebauter Schießanlage, die mittlerweile über 4.000 Quadratmeter Fläche bereitstellt. Um neuen Tätigkeitsfeldern gerecht zu werden, wurde für das Schießen mit großkalibrigen Waffen 1991 ein formal selbstständiger Verein der Ordonnanz- und Kurzwaffenschützen gegründet. Das

Bogenschießen, das sich wachsender Beliebtheit erfreut, wird dagegen nur als eigene Abteilung geführt.

Nur hingewiesen sei schließlich auf die Tatsache, dass in den 1920er Jahren noch andere Vereine gegründet wurden, die dann jedoch nationalsozialistischen Verboten zum Opfer fielen und nach dem Zweiten Weltkrieg nicht erneuert wurden. Im Vorfeld der katholischen Kirche entstand 1928 nicht nur eine Ma-

rianische Jungfrauenkongregation, deren bis zu hundert Mitglieder sich vor allem Näharbeiten für Arme widmeten, sondern auch eine Ortsgruppe der Deutschen Jugendkraft (DJK), damit die jungen Männer Sport treiben konnten. Ihr 1929 angelegter Sportplatz wurde 1937 übrigens vom Reiterverein übernommen.

Vereinsgründungen 1945 bis 1982

Nachdem der Zweite Weltkrieg das Vereinsleben genauso unterbrochen hatte wie der Erste, war man danach erst einmal mit Vereins-Wiedergründungen beschäftigt. In den ersten unmittelbaren Nachkriegsjahren gab es darüber hinaus nur eine wirkliche Neugründung, 1947 durch die Reisetaubenzüchter. Danach verstrichen noch ein paar Jahre, bis 1951 die Hundefreunde und 1953 die Vogelliebhaber (damals noch als „Kanarienzüchter- und Vogelschutzverein") folgten.

Schon 1926 war für die „klassenbewusste Arbeiterschaft" ein Arbeitersängerbund gegründet worden, der wohl auf Anhieb 60 Mitglieder zählte, wie eine am 26. August 1926 im Karlsruher „Volksfreund" veröffentlichte kleine Notiz verrät.

Bruchsal

Gründungsfest des Arbeitersängerbundes Forst. Nach jahrelangen, wechselnden Versuchen ist es endlich gelungen, hier einen Arbeitergesangverein ins Leben zu rufen. Erfreulicherweise haben sich die darauf gesetzten Hoffnungen erfüllt. In kurzer Zeit sammelten sich 60 Sangesfreunde zur Pflege des freien Gesanges und der junge Verein ist in der Lage, am kommenden Sonntag sein Gründungsfest zu begehen. Es soll eine wirkungsvolle Kundgebung für die Arbeitersache werden. Neben gesanglichen Vorträgen des hiesigen und der auswärtigen Brudervereine ist für Unterhaltung durch allerlei Volksbelustigungen Sorge getragen. Es wird erwartet, daß die klassenbewußte Arbeiterschaft der näheren Umgebung die Veranstaltung durch ihre Teilnahme unterstützt.

Die prächtig gekleideten Böllerschützen des Schützenvereins mit ihrer liebevoll restaurierten Kanone, die 1937 von der Gemeinde zum Salut-Schießen angeschafft worden war.

In Forst hat nicht nur manche bunte Vogel ein zu Hause gefunden, auch Freunde des Hochgebirges fühlen sich sichtbar wohl (Aufnahmen im Tierpark am 10. September 2010). Auch die Hundefreunde des Jahres 1955 wären ziemlich erstaunt, welch ansehnliche Anlage ihr Verein mittlerweile sein eigen nennt.

Gewisse Differenzen führten schließlich bei letzteren 1960 zu einer Abspaltung. 1966/67 erhielten Hunde-, Vogel- und Tierfreunde von der Gemeinde Gelände an der Kronauer Allee, um große Vereinsanlagen schaffen zu können. Nebeneinander entstanden der Vogelpark, der Tierpark und der Hundesportplatz, die im Laufe der Jahre auch alle noch um mit viel Eigeneinsatz geschaffene eigene Vereinsheime erweitert wurden.

Die 1960er Jahre verstrichen fast ganz ohne Vereinsgründungen. Erst 1969 gab es weiteren Nachwuchs für die Forster Vereinsfamilie, als sich die Aquarien- und Terrarienfreunde zusammenfanden. Im November 1971 versammelten sich dann ein paar Hobby-Schachspieler im damaligen „Wiener Hof" (Bruchsaler Straße 62) zur Gründung der Schachfreunde; in langen Jahren konnten viele Erfolge gefeiert werden, der größte aber

war die Badische Meisterschaft von Claus Fohler 1990. Für viel Aufsehen sorgte zeitweise auch der 1975 gegründete Angelsportverein, der seit 1978 den damaligen Bühler-Baggersee (und heutigen Heidesee) als Fischwasser nutzen konnte. Sicherlich trug dazu auch ein Stück weit die sehr schön gelegene Fischerhütte bei, die man 1981/82 hatte bauen können; viel mehr aber der konsequente Einsatz für die Ökologie der beiden größten Forster Baggerseen – um ihren drohenden Kollaps zu verhindern wurden 1990 im Heidesee und 1992 im Waldsee zwei sehr aufwändige Tiefenwasserbelüftungsanlagen eingebaut.

Aber nicht nur die Angler machten sich am Heidesee zu schaffen. Seit den frühen 1980er Jahren gehören noch zwei weitere Vereine zu seinen Nutzern. Im Oktober 1977 schlossen sich ein paar Taucher – damals

Sportliches Aushängeschild des Athletenclubs war Jahre lang Jürgen Spieß, der nach einem 9. Platz bei den Olympischen Spielen in Peking die Europameisterschaft im Zweikampf erringen konnte.

In Forst gibt es manchen dicken Fisch. Diesen 85 cm langen und gut 15 Pfund schweren Rapfen konnte Klaus Henke am 30. Mai 2006 aus dem Heidesee ziehen – es war der größte 2006 in Deutschland gefangene Fisch dieser Art.

Schach hält bis ins hohe Alter – wie 2008 der damals 84jährige Franz Fohler (2. v. links) demonstriert. Daneben (v. links) Alfred Hügel (damals 63), Günter Zumbach (67) und Wolfram Apel (70).

Im prächtigen Terrarium Peter Krenklers werden südamerikanische Pfeilgiftfrösche gehalten.

Aus den frühen 1980er Jahren stammt diese Aufnahme der Forster Taucher. Sie zeigt von links: Jürgen Struller, Michael Swiduruk, Martin Heretsch, Fritz Zimmermann, Stefan Bellm, Jürgen Reinehr, Michael Lakus, Alfred Hillenbrand, Werner Hillenbrand, Dirk Heitkamp, Barbara Loseries, Günter Loseries und Willi Westermann. Getragen werden die damals üblichen Tarierhilfen, die heute Jackenform besitzen.

Falls jemand fragen sollte, warum man im Heidesee taucht, ist hier die Antwort: Man kann Fische von bis zu zwei Meter Länge bestaunen – wie hier einen Wels, der von Alfred Hillenbrand am 10. Juni 2009 fotografiert wurde.

noch am Walther-Baggersee – zum Tauchsportclub „Bathyscaphe" zusammen, und im Frühjahr 1980 formierte sich eine Ortsgruppe der DLRG, der Deutschen Lebensrettungsgesellschaft. Der Tauchsport fand begeisterte Aufnahme, so dass bereits 1983 eine eigene Jugend-Abteilung „Buddy-Diver" eingerichtet wurde. 1987 wurde ein erstes Heim an der Kronauer Allee gebaut, damals noch auf der Basis einer gebrauchten Holzhütte. Die DLRG sorgt schon seit vielen Jahren für mehr Sicherheit beim Badebetrieb am Heidesee. Seit 2005 verfügt sie dafür auch über ein eigenes Boot. Aber das Boot muss im Winter untergestellt werden, und für den Transport bedarf es eines Fahrzeugs. So ist es kein Wunder, dass die Ortsgruppe froh war, in den

Nutzerkreis des alten Feuerwehrhauses in der Lange Straße aufgenommen worden zu sein.

Schließlich ist noch ein letzter Verein für diesen Zeitraum zu nennen, der mit seinen Leistungen Forst schon nach wenigen Jahren national und international bekannt machte: der Athleten-Club. Gegründet am 31. Oktober 1978, profilierte sich der Verein schnell als Ausrichter von hochkarätigen Veranstaltungen für die nationale und internationale Gewichtheber-Elite. Schon 1979 wurde die erste Deutsche Meisterschaft in Forst veranstaltet und seit 1984 wurde soviel Erfahrung mit internationalen Wettkämpfen gesammelt, dass 2007 sogar die EU-Meisterschaften in Forst ausgetragen wurden. Daneben machte man sich aber auch

Der FFC machte mit vielen kleinen oder größeren, aber stets originellen Aktionen schnell auf sich aufmerksam – sein Aushängeschild blieben aber die großen Prunksitzungen in der stets voll besetzten Waldseehalle, wo nicht nur die schwungvolle Prinzengarde für viel Stimmung sorgte (Aufnahme vom 6. Februar 2010).

bald einen Namen mit den eigenen Kräften, die in immer höheren Klassen antreten konnten. Von 2003 bis 2008 war die AC-Mannschaft Teilnehmer in der ersten Bundesliga. 2005/06 gab es als schönsten Erfolg im Bereich Mitte den ersten Platz und bei der Endrunde den dritten. Über eine eigene Halle verfügt der Verein seit 1990.

Vereinsgründungen seit 1982

Wer da glaubte, nach hundert Jahren Vereinsgeschichte gäbe es keine Möglichkeiten mehr für Neugründungen, musste sich enttäuscht sehen. Die Ideen für neue Zusammenschlüsse scheinen so gut wie unerschöpflich zu sein. In früheren Abschnitten wurde schon die Gründung des evangelischen Kirchenchors

(1982), des Tennisclubs (1983), des Gewerbevereins (1985) und des Heimat- und Kulturvereins (1988) erwähnt. Nachzutragen wären noch die Trucker, CB- und Countryfreunde (1985).

Nicht vergessen werden darf daneben, dass in den 1980er Jahren auch eine ganze Reihe von Gemeinschaftsaktivitäten begonnen wurde. Als eine Art Generalprobe dazu kann der Bau der Waldfesthütte im Frühjahr 1975 betrachtet werden, an dem neben Mitarbeitern des Bauhofs die Mitglieder von elf Vereinen mehr als tausend Arbeitsstunden einbrachten. 1986 fand dann das erste Dorffest statt, seit 1988 für einige Jahre um das historische Jägerhaus veranstaltet, ehe es 1997 an die Waldseehalle verlegt wurde.

1986 wurde auch das erste Gemeinschaftskonzert der musizierenden Vereine veranstaltet – und damit

Die Stobblhobblä kurz vor dem Start des Mainzer Rosenmontagszugs 2009, im Hintergrund der Komiteewagen des Mainzer Carneval Vereins.

Insgesamt 13 Jahre waren die „Uffmugga" aktiv; die Faschingsperiode 2010 war ihre (vorerst?) letzte. Der Verein besteht jedoch weiterhin.

eine schöne Tradition begonnen, die bis heute fortgesetzt wird.

Genannt werden sollen aber auch Vereinsaktionen, die der Bevölkerung insgesamt zugute kommen: 1987 organisierte der Angelsportverein die erste Schnittholz- und Reisigsammlung; Radfahrer und FC machen sich mehrmals jährlich um die Altpapier-Entsorgung verdient. Und seit 2002 wird nahezu jährlich von Schülern und Vereinsmitgliedern die Gemarkung von Tonnen von allem möglichen achtlos weggeworfenen Müll befreit.

In den 1990er Jahren brachten gleich drei neue Vereine viel Farbe und noch mehr Musik nach Forst. In dichter Folge wurden am 11. November 1990 der Fastnachts- und Tanzclub und am 22. Mai 1992 die Guggemusig Stobblhobblä gegründet. Dies fand so großen Anklang, dass sich schon 1996 als weitere Guggemusig-Gruppe die „Uffmugga" formieren konnten.

Für den FFC steht ganz die Bewegung im Vordergrund – sei es in Form des Gardetanzes, dem Rathaussturm, dem „Schlumpeln in de kloi Gass" oder auch nur der Gehirnzellen und Sprechwerkzeuge bei geschliffenen Büttenreden. Lautstarke Unterstützung fanden die Forster Fastnachter schon bald durch die „Stobblhobblä" mit ihrer schrägen, durch Blechbläser und Rhythmusinstrumente geprägten, jedem eingängigen Musik, bei der es nicht so genau auf Notenlängen und Notenhöhen ankommt, sondern vor allem auf mitreißenden Schwung. Natürlich ist davon nicht der optische Eindruck zu trennen, der von wild-fantasievollen, alle drei Jahre erneuerten Kostümen geprägt ist. Die mittlerweile 40 Aktiven (die von ungefähr genauso vielen Passiven unterstützt werden) sind überall gern gesehene Gäste, am meisten aber vielleicht in der Fastnachtshochburg Mainz. Seit 1994 sind sie dort regelmäßig und immer umfangreicher engagiert. An den drei tollen Tagen des Jahres 2009 standen zwölf Auftritte und Umzüge auf dem Programm!

Seit 2002 veranstalten die Stobblhobblä jährlich am 30. April eine „Gugge-Hexenacht", die schnell großen Anklang fand.

Ob das 21. Jahrhundert ein ähnliches Jahrhundert der Vereine wird wie das 20., ist noch nicht abzusehen. Viele Vereine haben damit zu kämpfen, überhaupt

2010 probt der Gospelchor fleißig für sein nächstes Musical-Projekt im Forster Jubiläumsjahr 2011: „Mamma Lou".

Nachwuchs zu finden, und Ehrenämter zu besetzen, wird immer schwieriger. Aber die Sache ist nicht hoffnungslos. Schließlich werden noch immer neue Vereine gegründet. In Forst waren es zuletzt der Gospelchor im Jahr 2000, die Billard-Freunde 2006 und der Circus Confetti 2009.

Die Geschichte des Gospelchors reicht sogar noch ein paar Jahre ins 20. Jahrhundert zurück. Bereits 1995 begannen die Eltern einiger Kinder, die an der Forster Musikschule unterrichtet wurden, unter Leitung Klaus Heinrichs Gospels zu singen. Die Vereinsgründung erfolgte aber erst ein paar Jahre später, im Jahr 2000. Besonders auf sich aufmerksam machte der mittlerweile 40köpfige Chor regelmäßig mit größeren Musical-Aufführungen – 2004 „Hair", 2006 „Sister Act III" und 2008 „Jesus Christ Superstar".

Auch die Billard-Freunde haben schon eine längere Geschichte hinter sich. Zu den Wurzeln zählt der in den frühen 1980er Jahren gegründete Poolbillard-Club Leimen, der sich nach einem Umzug 1986 in 1. PBC Rot-Malsch umbenannte. Als 1996 die erste Mannschaft in die 2. Bundesliga aufstieg, war ein weiterer Umzug fällig, dieses Mal nach Forst. Hier wurde 1997 der PBC Forst gegründet, der 1998 mit dem 1. PBC Rot-Malsch fusionierte, um die Ligazugehörigkeit zu erhalten. 1999 gelang sogar der Aufstieg in die 1. Bundesliga. Zur Konsolidierung erfolgte 2001 die Fusion mit dem BSF Kurpfalz. 2006 entschloss man sich jedoch zu einem Neubeginn als PBV Forst und nahm in Kauf, wieder ganz von vorne in Kreis- und Bezirksliga beginnen zu müssen.

Auf Initiative von Birgit Brückel, Andrea Giek, Gudrun Lampert-Stoß und Irmgard Weindel wurde Anfang Januar 2009 das Projekt „Circus Confetti" geboren: Unter Leitung eines erfahrenen Zirkus- und Theaterpädagogen, Markus Krohne aus Weinheim, sollten Kinder und Jugendliche zwischen 8 und 16 Jahren ein eigenes Zirkusprogramm erarbeiten – und dabei nicht nur ihre eigenen artistischen Fähigkeiten trainieren, sondern auch soziales Miteinander und Freude an der gemeinsamen Leistung erfahren. Das Angebot fand so viel Anklang, dass im Mai 2009 ein eigener Träger-Verein gegründet wurde.

Forst am Vorabend seines Jubiläumsjahres: Aufnahme von Mario Vormittag am 26. Oktober 2010 (www.mario-airline.de).